本书获山西省高等教育百亿工程项目：山西医科大学"双一流"创建行动
（子项目：省级重点马院培育项目）资助

辽朝东南部地区治理问题研究

武宏丽 ◎ 著

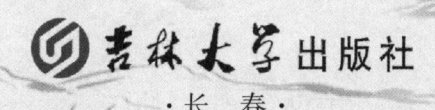

吉林大学出版社

·长春·

图书在版编目（CIP）数据

辽朝东南部地区治理问题研究 / 武宏丽著． -- 长春：吉林大学出版社，2024.10.--ISBN 978-7-5768-4163-3

I. D691

中国国家版本馆 CIP 数据核字第 2024YM8863 号

书　　名：辽朝东南部地区治理问题研究
　　　　　LIAOCHAO DONGNANBU DIQU ZHILI WENTI YANJIU
作　　者：武宏丽
策划编辑：卢　婵
责任编辑：卢　婵
责任校对：闫竞文
装帧设计：文　兮
出版发行：吉林大学出版社
社　　址：长春市人民大街 4059 号
邮政编码：130021
发行电话：0431-89580036/58
网　　址：http://www.jlup.com.cn
电子邮箱：jldxcbs@sina.com
印　　刷：武汉鑫佳捷印务有限公司
开　　本：787mm×1092mm　　1/16
印　　张：19.25
字　　数：270 千字
版　　次：2024 年 10 月　第 1 版
印　　次：2024 年 10 月　第 1 次
书　　号：978-7-5768-4163-3
定　　价：106.00 元

版权所有　翻印必究

前　言

辽太祖开疆拓土，开始经略辽东地区；辽太宗统治时期，辽朝加强了对辽东南部地区的治理；辽兴宗统治时期，辽朝东南部与高丽的边界确立。关于辽朝的东南部地区研究，学界一直对辽朝与高丽的关系较为关注，但对辽朝东南部地区的治理尚未有系统的研究。本书以辽朝东南部地区治理为研究对象，论述辽朝在不同阶段对东南部地区的治理。

本书共六章。第一章为绪论部分，主要介绍四个方面的内容：第一，叙述全书的写作缘起、学术及应用价值；第二，对国内外研究现状进行详细的论述；第三，概述研究涉及的相关概念及研究方法等；第四，归纳本书写作的创新点及难点。

第二章的题目为"契丹对辽东地区的经略"。本章首先探讨7—9世纪辽东地区的地域格局；其次，概括契丹族占据辽东地区的过程、作用与影响；再次，论述契丹族占据辽东地区后，耶律阿保机（辽太祖）对辽东南部地区采取的诸多军政等方面的措施，包括设置府州、采取军事措施、迁徙女真族、经济开发等；最后，阐述了东丹国的建立、南迁、废除。

第三章的题目为"辽朝对东南部地区的行政管理"。本章主要论述辽朝东南部地区民族的分布，并对辽朝采取的治理措施进行了剖析。首先，本章叙述自唐中后期开始辽朝东南部地区的民族分布状况，包括唐代辽东地区的民族分布，以及辽朝初期、中后期东南部地区的民族分布；其次，深入研究辽朝对汉人、渤海人的治理，包括不同时期中央到地方的行政建置；再次，详细论述辽朝对东南部地区内女真族、部族、奚族的治理措施；最后，对辽朝东南部地区的整体治理方略进行梳理。

第四章的题目是"辽朝对东南部地区的军事统辖"。本章主要阐述辽朝东南部地区的军力部署状况，对辽朝东南部地区的防御方略与军路设置进行详细的分析，并对辽朝东南部地区军事防御体系进行了全面论述。首先，本章剖析辽朝东南部地区的军力部署；其次，对辽朝中后期的政治形势进行详细的论述；再次，对辽朝东南部地区的军事防御体系进行全面深入的研究；最后，论述辽朝末期的主要矛盾，包括体制矛盾、民族矛盾、边境矛盾。

第五章的题目为"辽朝对东南部边界地区的管控"。首先，本章对辽朝与高丽的三次冲突进行详细的论述；其次，深入讨论保州交涉问题；再次，详细论述辽朝对东南部地区边界的管理模式，包括行政管理与军事部署；最后，论述辽朝与高丽的往来，包括政治、经济、文化方面。

第六章为总结，深入分析与总结辽朝对东南部地区的治理。

武宏丽

2024年6月

目 录

第一章 绪 论 ·· 1

    第一节 选题缘起、价值 ······································ 1

    第二节 国内外研究现状 ······································ 3

    第三节 本书研究目标与方法 ································· 29

    第四节 创新点与难点 ······································· 31

第二章 契丹对辽东地区的经略 ································· 35

    第一节 7—9世纪辽东地区的地域格局 ························ 35

    第二节 契丹族染指辽东地区 ································· 41

    第三节 耶律阿保机对辽东地区的治理 ························ 46

第四节　东丹国对辽东地区的统治 …………………………… 53

小　结 ………………………………………………………………… 64

第三章　辽朝对东南部地区的行政管理 …………………………… 65

第一节　辽朝东南部地区的民族分布 ………………………… 65

第二节　辽朝对汉人、渤海人的治理 ………………………… 74

第三节　辽朝对女真、部族的治理 …………………………… 109

第四节　辽朝东南部地区的治理方略 ………………………… 126

小　结 ………………………………………………………………… 136

第四章　辽朝对东南部地区的军事管辖 …………………………… 139

第一节　辽朝东南部地区的军事机构与军事力量 …………… 139

第二节　辽朝东南部地区的防御方略与诸军路的设置 ……… 150

第三节　辽朝东南部地区防御体系的确立 …………………… 156

第四节　辽朝末期东南部地区的多重矛盾 …………………… 176

小　结 ………………………………………………………………… 183

第五章　辽朝对东南部边界地区的管控 …………………………… 185

第一节　辽朝与高丽冲突及双方边界的确定 ………………… 185

第二节　保州交涉问题 …………………………………… 199

　　第三节　辽朝东南部边界地区的管理模式 …………………… 210

　　第四节　辽朝与高丽的往来 …………………………………… 216

　　小　结 …………………………………………………………… 245

第六章　总　结 …………………………………………………… 247

参考文献 …………………………………………………………… 251

附　录 ……………………………………………………………… 273

后　记 ……………………………………………………………… 293

第一章 绪 论

第一节 选题缘起、价值

　　一个政权/朝代从建立到衰亡，都面临着地区治理问题。20世纪90年代后，辽朝的地区治理问题逐渐被国内学界关注，特别是林荣贵的《辽朝经营与开发北疆》问世后，更是推动了辽朝地区治理研究的发展。近年来，学界对辽朝东南部地区较为关注，研究成果相继问世，研究内容主要围绕着辽朝与高丽的关系。10—12世纪，契丹族建立了一个时间跨度两百多年的多民族政权——辽朝。辽太祖开疆拓土，加强了对辽东地区的经略，直至辽朝灭渤海国后，为了管理这片幅员辽阔的土地，辽朝设东丹国。到辽太宗统治时期，辽朝为加强对辽朝东南部地区的管辖，将东丹国南迁，升东平郡为辽朝的南京。而辽世宗、辽穆宗、辽景宗统治时期，因内乱频仍，朝政混乱，辽朝无暇东顾。辽圣宗统治时期，辽朝对高丽发动了三次战争。辽兴宗统治时期，辽朝与高丽之间发生了多次军事摩擦，各自均设置防御设施，最终确定了辽朝与高丽的边界。本书将辽朝对东南部地区的治理作为一个整体进行了系统性研究，尝试研究辽朝对东南部地区的治理理念、治理影响，从而加深对辽朝东南部地区治理的整体认识。

一、学术价值

第一，弥补辽朝区域史研究的不足。本书出版之前，学界还暂没有研究辽朝区域史的论著，学界主要是从五京体制等角度分析辽朝东京道，并且着重讨论辽朝与高丽的关系。本书的研究，对于辽朝区域史的研究，特别是辽朝东南部地区史的研究起到补充作用。

第二，有利于辽史研究的深入。本书以辽太祖、辽太宗对辽东地区的占领与管理、辽朝东南部地区民族分布状况、辽朝对东南部地区不同民族的治理措施、辽朝与高丽边界的确立过程、辽朝东南部地区治理体系的完善、辽朝东南部地区军事防御体系的建立为研究对象，为研究辽朝的政治体制、民族政策、区域政策等提供了独特的视角。特别是在研究辽朝民族与区域的相关问题时，辽朝东南部地区的民族与区域问题更是不可忽视的重要因素。

第三，推动对辽朝东南部地区治理问题的研究。辽朝东南部地区分布着众多民族，辽朝采用"因俗而治"的方针管理辽朝东南部地区的各个民族。本书动态分析了辽朝在不同时期对汉人、渤海人从中央到地方的治理，对女真人的治理等，这有助于研究的深化。例如，辽朝中后期，东南部地区军事防御体系的建立，是研究辽朝东南部地区治理问题的关键一环。可见，对辽朝东南部地区军事防御体系的研究，对于辽朝东南部地区治理的研究具有推动作用，值得深入研究。

二、现实意义

第一，辽朝大规模迁徙汉人、渤海人，并将其安置在东南部地区，这些移民与契丹人、奚人、女真人等混居。同时，辽朝将汉人、渤海人安置在南面官体系的管辖之下，管理方法简单却行之有效，维护了辽东南部地区的稳定。这对当下我国如何解决人口流动量大等问题，具有一定启示作用。

第二，辽朝通过"因俗而治"的民族政策，对汉人、渤海人、女真人、奚人等进行有效的治理，维护了辽东南部地区的稳定。这对于当下我国制定民族政策有重要的意义。

第三，辽朝东南部地区建立的军事防御体系，北边防御生女真，南边防御北宋，东南边防御高丽，这种在东南部地区设立的军事防御制度，仍然具有一定的现实意义。

第二节　国内外研究现状

辽朝历时两百多年，其统治者都非常重视对辽朝东南部地区的治理。辽太祖占据并经略辽东地区；辽圣宗出征高丽；辽兴宗统治时期，辽朝与高丽边界才最终确定下来。而关于辽朝对东南部地区的治理问题，也逐渐受到学术界的关注，笔者根据前人研究成果，对辽朝对东南部地区的治理做一简要综述。

一、契丹对辽东地区的经略

（一）耶律阿保机经略辽东地区前，辽东地区的归属问题

关于耶律阿保机经略辽东地区，学界主要的争论焦点是耶律阿保机经略辽东前辽东地区的归属问题。到目前为止，这一问题尚未得到很好的解决。

关于这一问题，学界主要有以下两种观点。

一种观点认为辽朝是从渤海国手中取得的辽东地区。这一观点的代表人物是日本学者津田左右吉，他在《辽朝对辽东的经略》中最早提及唐

朝末期辽东地区的归属问题。他推测，唐朝末年，以今辽阳一带为中心的辽东地区归渤海国所有，辽朝通过对渤海国作战最终得到辽东地区。①白鸟库吉等日本学者也认同他的观点。②这种观点在我国也有支持者，他们通过对史料等方面的深入分析，对这一问题进行了详细的补充与论述。魏国忠、朱国忱和郝庆云在《渤海国史》中进一步探讨了渤海人进入辽东的时间及渤海人最终完全占领辽东地区的时间，他认为开元二年（714年）安东都护府移治平州时，唐朝已经在事实上放弃了辽东地区，并默认渤海人进据辽东。唐朝末年，随着安东都护府的撤销，安史之乱后，渤海人完全占领辽东地区。③都兴智深入挖掘了有关辽东的史料，他根据《契丹国志》《辽史》《辽东行部志》《贾师训墓志》等史料，提出9世纪中叶以后，渤海国已占领辽东地区，经过血战二十余年，到公元900年前后，这一地区被契丹政权所夺取。④

另一种观点认为辽不是从渤海国手中获得的辽东地区，而是因为唐朝在辽东地区无力管辖甚至于放弃，导致辽朝有可乘之机，从而占据了辽东地区。这一观点的代表学者是金毓黻先生，他作为东北史研究的开拓者、奠基人，在《东北通史》中提出，在唐朝武则天统治时期之后，辽东地区虽然归唐朝所有，但唐朝无力管辖，渤海人虽然想要将其据为己有，但始终不敢行动，新罗虽然逐渐统一了朝鲜半岛，也不敢越过鸭绿江向西发展。他认为，辽朝取得辽东地区，是由于唐朝的放弃，而不是从渤海国手中获得的。他还对史料进行辨析，提出《辽史》所载"力战二十余年乃得东京者"，可能是采自《契丹国志》，不可信。⑤金殿士则从时间角度

---

① 津田左右吉：《辽朝对辽东的经略》，《满鲜地理历史研究报告》第三册，东京帝国大学文学部，1916年。

② 白鸟库吉等：《满洲历史地理》第二卷第一册，东京丸善株式会社，1940年。

③ 魏国忠，朱国忱，郝庆云：《渤海国史》，北京：中国社会科学出版社，2006年。

④ 都兴智：《唐末辽东南部地区行政归属问题试探》，《辽宁师范大学学报（社会科学版）》，2004年第1期。

⑤ 金毓黻：《东北通史》，重庆：五十年代出版社，1981年。

分析，认为契丹占有辽东在前，耶律阿保机灭渤海国在后，故契丹不是从渤海国手中获得辽东地区的；又从空间角度分析渤海国疆域西南至鸭绿江泊汋口（今辽宁省丹东市九连城），渤海国边界未到辽东地区腹地，后因唐朝主动减弱了对辽东地区的统治力度，契丹人乘机取得辽东地区。①王绵厚在《唐末契丹进入辽东的历史考察》中认为，在唐朝末期和五代时期契丹兵不血刃进入辽东的外部历史条件与契丹内部因素为：从契丹内部因素看，契丹处于部落联盟向奴隶制国家发展的上升期；从外部环境看，安史之乱后，契丹控制了辽西通向中原的交通干线以及辽太祖迁民政策的成功。②

可见，尽管学界对耶律阿保机经略辽东地区前辽东地区的归属问题进行了深入的讨论，但这一问题仍有进一步探讨的空间。

（二）耶律阿保机经略辽东地区

学界对耶律阿保机经略辽东地区的研究可分为两个方面，一是耶律阿保机经略辽东地区的原因，二是耶律阿保机对辽东地区的经略措施。

关于耶律阿保机经略辽东地区的原因，杨雨舒认为：首先，辽东地区具有先天的地理区位优势。辽东位于东北的南部，控制着中原与东北地区之间的陆上通道（即河西走廊）和海上通道，地处中原和东北北部地区通往辽东半岛、朝鲜半岛以及日本的交通要冲，交通便利。其次，辽东地区有自然经济优势。辽东境内有东北地区三大平原之一的辽河平原，平原上河流众多，矿产（尤其是铁）以及盐、鱼等资源都很丰富。最后，辽东地区还有重要的战略价值。自战国到唐朝，辽东地区一直都有重要的战略价值。③姜维公在《〈辽史·地理志〉东京辽阳府条记事谬误探源》中通过对《辽史·地理志》东京辽阳府记事谬误的深入辨析，首次提出这些错误

---

① 金殿士：《试论辽太祖耶律阿保机经略辽东》，《沈阳师范大学学报（社会科学版）》，1984年第1期。
② 王绵厚：《唐末契丹进入辽东的历史考察》，《社会科学辑刊》，1993年第2期。
③ 杨雨舒：《东丹南迁刍议》，《社会科学战线》，1993年第5期。

是辽人为炮制箕子继承表造成的,契丹建国后也以箕子的继承者自居,是契丹早期统治者谋求领土扩张的需要。这一观点,为研究耶律阿保机经略辽东地区的原因提供了一个全新的视角。①

关于耶律阿保机经略辽东的措施,学界关注较多的是镇东海口长城。关于"镇东海口",即《辽史·地理志》所载东京道中的"镇海府",其具体位置所在,学界众说纷纭。金毓黻认为其在辽宁"金复二县"②;金殿士推测在鸭绿江入海口的娘娘城③;王绵厚认为其在"今渤海湾中的大清河口"④;田广林认为"镇东海口"就是辽朝的"镇东关",镇东海口长城在"今辽宁省大连市甘井子区大连湾镇南起盐岛村,北至土城子村的烟筒山一线"⑤。而关于镇东海口长城的功能,金殿士认为筑长城是为东防渤海国入侵,南阻渤海国向唐朝朝贡必走的水上航道,同时也为向幽、蓟进攻减少了后顾之忧⑥;田广林认为,辽朝在辽东半岛的南端大连修筑镇东海口长城,目的是强化对辽东半岛与山东半岛之间的海上通道的管理。⑦此外,金殿士还对耶律阿保机经略辽东的其他措施进行了论述,包括发展农业手工业等。⑧杨福瑞则按照不同的历史时期对辽朝经略辽东进行了详细论述,主要论述了辽朝建国前对辽东地区的管理,包括建东楼、置龙化州(今内蒙古自治区通辽市市区至科尔沁左翼后旗一线的潢河之

---

① 姜维公:《〈辽史·地理志〉东京辽阳府条记事谬误探源》,《中国边疆史地研究》,2011年第2期。

② 金毓黻:《东北通史》,重庆:五十年代出版社,1981年。

③ 金殿士:《试论辽太祖耶律阿保机经略辽东》,《沈阳师范大学学报(社会科学版)》,1984年第1期。

④ 王绵厚:《唐末契丹进入辽东的历史考察》,《社会科学辑刊》,1993年第2期。

⑤ 田广林:《辽朝镇东关考》,《社会科学战线》,2006年第4期。

⑥ 金殿士:《试论辽太祖耶律阿保机经略辽东》,《沈阳师范大学学报(社会科学版)》,1984年第1期。

⑦ 田广林:《辽朝镇东关考》,《社会科学战线》,2006年第4期。

⑧ 金殿士:《试论辽太祖耶律阿保机经略辽东》,《沈阳师范大学学报(社会科学版)》,1984年第1期。

南）及筑长城于镇东海口。辽太祖建国后，在辽东地区设置了诸州县，形成以东平郡为中心的辽东地区行政区划的基本框架。①

（三）东丹国的建立及废除

辽朝灭渤海国后建立东丹国，从而加强了对辽东地区的统治。关于东丹国的建立，金毓黻在《东北通史》中详细论述了东丹国的建立及其制度，认为"东丹之名，盖与契丹对举，义犹东契丹，以其建国于契丹之东也。"并提出，东丹国左右大次四相及百官之制，均源于渤海国，而渤海国官制取法于唐朝。②后世学者基于此，逐渐开始注意石刻资料的运用。魏国忠、朱国忱和郝庆云在《渤海国史》中充分运用石刻资料对东丹国的政权机构及特点作了系统的详细论述。③刘浦江分析契丹大小石刻资料中的"丹国"，认为是东丹国的简称，而关于"东丹"一名的取义，亦同金毓黻的观点。④他还对《耶律元宁墓志》作了初步考释，并列"耶律元宁家族世系表"，指出世选制在辽朝北面官的选官制度中的主导地位。⑤他还将关注点放在东丹国的政权性质上，认为东丹国尽管是契丹王朝的一个附庸之国，但在政治和外交上却享有高度的自治权并具有一定的独立性。⑥

辽太宗即位后，为进一步加强对辽东地区的统治，南迁东丹国。金毓黻在《东北通史》中提出，东丹南迁，实质为渤海遗民之大转徙也，他专门列"渤海诸州迁徙表"，统计出东丹国总共有四十一个府州城被移民迁

---

① 杨福瑞：《试论辽朝对辽东地区的经略》，《内蒙古民族大学学报（社会科学版）》，2008年第2期。
② 金毓黻：《东北通史》，重庆：五十年代出版社，1981年。
③ 魏国忠，朱国忱，郝庆云：《渤海国史》，北京：中国社会科学出版社，2006年。
④ 刘浦江：《再谈"东丹国"国号问题》，《中国史研究》，2008年第1期。
⑤ 刘浦江：《辽〈耶律元宁墓志铭〉考释》，《考古》，2006年第1期。
⑥ 刘浦江：《辽代的渤海遗民——以东丹国和定安国为中心》，《文史》，2003年第1辑。

徙，指出"除鸭渌府所属诸州外，余皆南徙，大部在今辽宁省，辽河迤东之地。"①后继学者在继承金氏研究方法的基础上，开始注意到了东丹南迁的原因、东丹南迁后的变化等问题。杨雨舒在《东丹南迁刍议》中专门就辽太宗南迁东丹作了研究，他还提出东丹南迁的原因，包括瓦解渤海遗裔的反抗基础、防止耶律倍威胁皇权、增加南下中原辅助力量等。同时，文中还对耶律德光选择辽东地区为迁入地的原因作了归纳：一是辽东地区四通八达的优越地理位置；二是辽东地区有发展农业生产的自然条件；三是契丹在辽东地区有比较深厚的经营基础。杨雨舒对这一问题的研究十分细致。②范树梁和程尼娜在《辽代东丹国设置浅析》中论述，东丹南迁后，在辽朝廷的严密控制下，其政权机构削减，独立自主性日渐衰弱。③

关于东丹国废除时间，最先进行研究的是金毓黻，他在《东北通史》中根据《辽史·圣宗纪》乾亨四年（982年）十二月"省置中台省官"的记载，推断此年"辽朝罢中台省，东丹国除"。④在金毓黻研究的基础上，后世学者开始有了不同的认识。日本学者高井康典行在《東丹國と東京道》中指出，乾亨四年（982年）圣宗仅裁减了中台省的官员，而并未废除中台省，他推测东丹国废除应在太平九年（1029年）大延琳起义之后。⑤刘浦江亦认为东丹国及中台省废除的时间在统和十六年（998年）后。⑥杨雨舒认为在会同元年（938年），东丹国成为东京道的一部分，东

---

① 金毓黻：《东北通史》，重庆：五十年代出版社，1981年，321页。
② 杨雨舒：《东丹南迁刍议》，《社会科学战线》，1993年第5期。
③ 范树梁，程尼娜：《辽代东丹国设置浅析》，冯永谦，孙文政《辽金史论集》第十一辑，长春：吉林文史出版社，2008年。
④ 金毓黻：《东北通史》，重庆：五十年代出版社，1981年，326页。
⑤ 高井康典行：《東丹國と東京道》，《史滴》，1996年第18号。
⑥ 刘浦江：《试论辽朝的民族政策》，《辽金史论》，沈阳：辽宁大学出版社，1999年；《辽代的渤海遗民——以东丹国和定安国为中心》，《文史》，2003年第1辑；《辽〈耶律元宁墓志铭〉考释》，《考古》，2006年第1期。范树梁、程尼娜《辽代东丹国设置浅析》一文亦认为东丹国应在辽圣宗朝被废，见《辽金史论集》第11辑，长春：吉林文史出版社，2008年。

丹国的官吏成为东京道的官吏，东丹国名存实亡。①康鹏则从东丹国中台省的变迁、东丹国外交往来两方面，提出会同元年（938年）十一月后，辽太宗的一系列改革使东部地区由通过东丹国间接治理变为通过地方政府直接治理，于是东丹国之南京被改为辽朝之东京，原东丹国中台省也改隶于东京，至此东丹国已被废去；天禄五年，随着政局的剧烈变动，东丹国名实俱亡。②

综上，学界对辽朝对辽东地区的经略已作了详细研究，但在耶律阿保机对辽东地区的治理措施方面，学界的研究略显不足，仍具有挖掘空间。

二、辽朝对东南部地区的行政管理

经过辽太祖对辽东地区的治理，辽太宗对辽东地区地位的重视，辽朝加强了对东南部地区的行政管理。关于辽朝对东南部地区的行政管理这一议题，国内外学者的研究，主要集中在以下几个方面。

（一）汉人、渤海人的分布及辽朝对其的治理

学界对辽朝时东南部地区渤海、汉人的研究较少，主要集中在东京道的行政设置及南北官制等问题上，其研究涉及辽朝对汉人、渤海人的治理，但研究缺乏系统性。

关于辽东南部地区汉人、渤海人的分布情况，学界在研究辽代东京道州城地理位置时有所涉及，这些研究成果有金毓黻的《东北通史》③，张博泉的《东北历代疆域史》④，谭其骧的《〈中国历史地图集〉释文汇编

---

① 杨雨舒：《辽代东丹国废除问题辨析》，《东北史研究》，2004年第2期。
② 康鹏：《东丹国废罢时间新探》，《北方文物》，2010年第2期。
③ 金毓黻：《东北通史》，重庆：五十年代出版社，1981年。
④ 张博泉：《东北历代疆域史》，长春：吉林人民出版社，1981年。

（东北卷）》①，张修桂、赖青寿的《辽史地理志汇释》②，余蔚的《中国行政区划通史（辽金卷）》③等，在研究辽代东京道州城地理位置时，对汉人、渤海人的分布情况进行了考证，颇具借鉴意义。

关于辽朝对汉人、渤海人的治理，学界从一般州县、隶宫州县、头下军州等方面进行了详细考察。

1.一般州县

一般州县的管理机构，由南枢密院（汉人枢密院）管理。关于契丹南枢密院、汉人枢密院，学界观点不一：部分学者认为契丹南枢密院、汉人枢密院不同，如杨树森的《辽史简编》④、张博泉的《关于辽代枢密院的几个问题》⑤、何天明的《辽代汉人枢密院探讨》⑥、宋暖的《辽金枢密制度比较研究》⑦等；但多数学者认为南枢密院与汉人枢密院为同一机构，如日本学者岛田正郎的《大契丹国：辽代社会史研究》⑧、傅乐焕的《辽史丛考》⑨、杨若薇的《契丹政治军事制度研究》⑩、武玉环的《辽制研究》⑪等。而关于南枢密院的权限，日本学者岛田正郎提出，州县最高行政统治机关为南枢密院或汉人枢密院，凡是汉人即农耕定居之民要服

---

① 谭其骧：《〈中国历史地图集〉释文汇编（东北卷）》，北京：中央民族学院出版社，1988年。

② 张修桂，赖青寿：《辽史地理志汇释》，合肥：安徽教育出版社，2001年。

③ 余蔚：《中国行政区划通史（辽金卷）》，上海：复旦大学出版社，2012年。

④ 杨树森：《辽史简编》，沈阳：辽宁人民出版社，1984年。

⑤ 张博泉：《关于辽代枢密院的几个问题》，《北方文物》，1984年第1期。

⑥ 何天明：《辽代汉人枢密院探论》，《社会科学辑刊》，1999年第5期。

⑦ 宋暖：《辽金枢密制度比较研究》，辽宁大学硕士学位论文，2012年。

⑧ 岛田正郎：《大契丹国：辽代社会史研究》，何天明译，呼和浩特：内蒙古人民出版社，2007年。

⑨ 傅乐焕：《辽史丛考》，北京：中华书局，1984年。

⑩ 杨若薇：《契丹王朝政治军事制度研究》，北京：中国社会科学出版社，1991年。

⑪ 武玉环：《辽制研究》，长春：吉林大学出版社，2001年。

从于南枢密院即汉人枢密院的管辖。①杨树森认为契丹北、南枢密院,是辽朝最高行政机关,南枢密院掌文铨、部族、丁赋之役,凡契丹人民皆属焉。②杨军以石刻资料为依据,亦认同此观点。③

在地方,东京留守是重要的京官。关于东京留守的研究,日本学者河上洋的《辽五京的外交机能》论述了在辽朝与高丽的外交事务中,东京留守作为辽朝的代表,承担着对高丽的军事上征战、政治上统治、和平时期交往的任务。④王民信在《辽"东京"与"东京道"》一文中,提出东京留守的主要职责在于安民、抚民,认为东京留守在辽朝与高丽的关系中,无论是战争时期还是和平年代,都处于重要的地位。⑤杨若薇通过对史料的梳理,对辽代东京留守任职人员进行了列表汇总。⑥林荣贵也论及东京留守的职掌,为戍本土、征高丽、统女真。⑦王旭东的《辽代五京留守研究》在前人研究的基础上,专门论述了五京留守的职掌,考释五京留守任职人员,分析辽代五京留守的选任,推断留守的更换频率,对留守的去职进行了分类,总结出辽代五京留守基本概况,阐述了五京留守历史地位和作用。⑧

节度使则是重要的地方官。关于辽朝节度使,林荣贵的《从房山石经题记论辽代选相任使之沿革》最早对辽朝节度使的类型作了详细的研究,包括南面方州官属、北面部族官属、北面边防官属、北面属国官属、

---

① 岛田正郎:《大契丹国:辽代社会史研究》,何天明译,呼和浩特:内蒙古人民出版社,2007年。

② 杨树森:《辽史简编》,沈阳:辽宁人民出版社,1984年。

③ 杨军:《辽朝南面官研究——以碑刻资料为中心》,《史学集刊》,2013年第3期。

④ 河上洋:《辽五京的外交机能》,姜维公、高福顺:《中朝关系史译文集》,长春:吉林文史出版社,2001年,第321—327页,译自《东洋史研究》第52卷第2号1993年。

⑤ 王民信:《辽"东京"与"东京道"》,王民信:《王民信辽史研究论文集》,台湾大学出版中心,2010年,第339—344页。

⑥ 杨若薇:《契丹王朝政治军事制度研究》,北京:中国社会科学出版社,1991年。

⑦ 林荣贵:《辽朝经营与开发北疆》,北京:中国社会科学出版社,1995年。

⑧ 王旭东:《辽代五京留守研究》,吉林大学博士学位论文,2014年。

遥领官属等，并提出南面方州官属，在辽朝，"某州某军节度使"实际上仅指某一州为某节度使所领任。辽制与宋略同，只是辽朝于州称后普遍加军号。他还进一步对节度使的源流进行了考察，认为辽朝方州节度使源于唐朝后期具有某些州长性质的节度使，辽朝在继承唐朝制度的基础上，把方州节度使发展为一种名副其实的州长。他对方州节度使的职掌进行了考察，提出节度使主管军政民事，辽朝的方州节度使为带兵军官，同时又是主管行政民事的一州之长。朝廷对节度使的考核，不仅看军功，而且观政绩。他还认为方州节度使从选举制上看，都有一定的任期，并进一步提出了方州节度使与部族节度使的不同，方州节度使为南面官，部族节度使是北面官。部族节度使在本部中，既是领兵军官，又是有一定任期的行政长官。部族节度使是朝廷委任管理辽境内北方各少数民族的长官，与各部族酋长合作治政，部族因此被赋有一定的自治权。[①]王立凤对州军节度使列表并作了说明。[②]

关于辽朝刺史、观察使、防御使等，日本学者岛田正郎提出，州的长官根据州的大小分别称为节度使、观察使、防御使、团练使以及刺史等。刺史乃唐朝制度，是唐初设置的纯粹的地方性长官，中期实行节度使制度以后，两者同有兵权。观察使本来是为了监察州县官而设的，后来，也成为管民政的长官。防御使是设在大郡、要地的军政长官。团练使是比节度使重要性低的州县的军政长官，后来兼行民政官的职务。在辽朝，州县长官的任务主要体现在民政事务方面，在兵事上没有重要的地位。其官称之由来虽然不是源于军政长官，但进士出身的文官任职之事例颇多。在契丹大军调动之际，其部署情况也与州没有什么联系，而且作为这些地方官署的中央统治机关，南枢密院没有兵权。他提出，在辽制之中，州同时附有军号，也应当看作是单纯的、从形式上继承唐末、五代之制的结果。由于

---

① 林荣贵：《从房山石经题记论辽代选相任使之沿革》，陈述：《辽金史论集》第一辑，上海：上海古籍出版社，1987年。

② 王立凤：《辽代节度使制度研究》，吉林大学硕士学位论文，2008年。

文武之间并不是十分清楚地划分职能，而是因人和具体情况而定，参与兵事的事也会存在。①林荣贵则认为，辽方州节度使和刺史都是州长，节度使、刺史、观察使和防御使是不同称呼的州长。一般情况，上中州多置节度使，下州多置节度使和刺史，不列等州多置刺史、观察使和防御使，节度使是四类州长中级别最高的。他们性质相同，级别有差异。②

关于五京乡丁，武玉环对其人员构成、管辖机构、主要任务作了详细论述。五京乡丁，是由辽五京中隶属州县的丁壮所组成，包括汉人、渤海人等，由南枢密院及诸军司统领，其主要任务是随军砍伐园林、填修道路等，负责战前辅助性的工作，不是辽朝的主力军。③麻铃认同其观点。④

2.隶宫州县

日本学者岛田正郎认为，宫官系负责斡鲁朵（行宫）事务者的总称，在中央有诸行宫都部署院，统辖契丹行宫诸部署司与汉儿行宫诸部署司，包括各斡鲁朵的事务，是管理天子的私民与私产的机关。⑤杨若薇最早提出，诸行宫都部署院属修《辽史》者杜撰，诸行宫都部署乃汉人行宫都部署或契丹行宫都部署之简称，汉人行宫都部署和契丹行宫都部署是南北面最高官署，在此之上没有更高的总辖机构。⑥武玉环对州县斡鲁朵户的来源、斡鲁朵户承担的生产、军事等方面的职责进行了全面考察。她还提出诸行宫都部署在汉人行宫都部署、契丹行宫都部署之上，为辽朝北、南面

---

① 岛田正郎：《大契丹国：辽代社会史研究》，何天明译，呼和浩特：内蒙古人民出版社，2007年。

② 林荣贵：《从房山石经题记论辽代选相任使之沿革》，陈述：《辽金史论集》第一辑，上海：上海古籍出版社，1987年。

③ 武玉环：《辽制研究》，长春：吉林大学出版社，2001年。

④ 麻铃：《辽朝因俗而治的治边思想》，韩世明：《辽金史论集》第十辑，北京：中国社会科学出版社，2007年。

⑤ 岛田正郎：《辽朝北面中央官制的特色》，《大陆杂志》，1964年第29卷12期，转引自李锡厚：《临潢集》，保定：河北大学出版社，2001年。

⑥ 杨若薇：《契丹王朝政治军事制度研究》，北京：中国社会科学出版社，1991年。

宫官中的最高管理机构。①李锡厚认为契丹行宫都部署和汉人行宫都部署之上设有诸行宫都部署，诸行宫都部署超越北、南面之上，是行宫官，而非宫官。②

3.头下军州

关于头下军州，日本学者岛田正郎提出，头下军州又称为"头下州"或"投下州"，是以部内有权势的私城作为基础的。③陈述在《头下考（上）》中提出头下州之建置，即所谓私城也，亦如头下兵之为私甲。头下主为诸王外戚大臣，头下户则为私奴与俘掠。唯州军之义未显，按《百官志》所称，州、军、县、城、堡，显有大小之别，然皆头下之单位。④学界在此基础上，对头下军州作了详细考察。刘浦江认为头下领主的自主权较小，而朝廷对头下军州的控制权较大。⑤武玉环对头下军州的设置，管辖，性质等作了详细论述。她认为头下军州是辽朝特有的一种制度，头下军州在军政管辖方面由朝廷任命节度使掌握，在行政管理方面由头下主委官自理。在经济方面，凡市井之赋均归头下，惟酒税归于朝廷。头下主的权力受到朝廷的限制。头下军州的建置可分为州、军、县、城、堡五种类型，主要依据各州的大小、人口的多少、地理位置等因素而设立相应的类型。她还详细论述了头下军州的设立及其性质，头下军州是辽初耶律阿保机所创立，是为了适应辽朝初期被占领领地的汉人、渤海人及其他民族人口规模而设立的。头下户除了战争俘户、私奴以外，还有由部下、媵臣户所建成的头下军州。头下军州的建置要经过皇帝的批准，方可建立。王室贵族、朝廷大臣、公主驸马才能建立头下军州。头下军州的性质，是封建领主制下的农奴制。头下军州的管理，是由朝廷派节度使来管理，刺史

---

① 武玉环：《辽制研究》，长春：吉林大学出版社，2001年。
② 李锡厚：《论辽朝的政治体制》，《临潢集》，保定：河北大学出版社，2001年。
③ 岛田正郎：《大契丹国：辽代社会史研究》，何天明译，呼和浩特：内蒙古人民出版社，2007年。
④ 陈述：《头下考（上）》，《历史语言研究所集刊》第八册，北京：中华书局，1987年。
⑤ 刘浦江：《辽朝的头下制度与头下军州》，《中国史研究》，2000年第3期。

以下由本之部曲来充任。①麻铃基本认同武玉环的观点。②

（二）女真的分布及辽朝对其的治理

学界对女真的研究较多，多从女真分布、辽朝对女真的治理两方面进行研究。

1.女真的分布

辽朝女真分布广泛，依居住地被命名为曷苏馆女真、南女真、北女真、长白山女真、鸭绿江女真、蒲卢毛朵女真等。

关于曷苏馆女真的研究，张博泉、苏金源、董玉瑛认为，曷苏馆女真分布在今辽宁省辽阳市以南盖州东北一带地区。③

关于南女真、北女真的研究，苏金源认为北女真分布在辽河中游一带，南女真分布在辽东半岛④；《〈中国历史地图集〉释文汇编（东北卷）》认为南女真分布在卢州、归州、苏州、复州，北女真分布在韩州、肃州、安州、咸州、同州、银州、双州、辽州⑤。

关于长白山女真的分布研究，陈述和朱子方⑥、苏金源⑦、张博泉和苏金源、董玉瑛⑧均认为长白山女真分布在长白山一带；董万崙认为，长白山女真分布的地域大致在朝鲜半岛东北部铁岭（安边稍北）至咸关岭（咸兴与洪原之间）之间，中心居住区在城川江流域的咸兴平原⑨；刘子敏、

---

① 武玉环：《辽制研究》，长春：吉林大学出版社，2001年。
② 麻铃：《辽朝因俗而治的治边思想》，韩世明：《辽金史论集》第十辑，北京：中国社会科学出版社，2007年。
③ 张博泉，苏金源，董玉瑛：《东北历代疆域史》，长春：吉林人民出版社，1980年。
④ 苏金源：《辽代东北女真和汉人的分布》，《社会科学战线》，1980年第2期。
⑤ 谭其骧：《〈中国历史地图集〉释文汇编（东北卷）》，北京：中央民族学院出版社，1988年。
⑥ 陈述，朱子方：《辽会要》，上海：上海古籍出版社，2009年。
⑦ 苏金源：《辽代东北女真和汉人的分布》，《社会科学战线》，1980年第2期。
⑧ 张博泉，苏金源，董玉瑛：《东北历代疆域史》，长春：吉林人民出版社，1981年。
⑨ 董万崙：《关于辽代长白山女真几个问题的探讨》，《民族研究》，1989年1月。

金星月认为，长白山女真的居地主要是今鸭绿江上游、长白山主峰、图们江上游一线以南的山区地带，其西以今狼林山脉为界与鸭绿江女真（西女真）为邻，其东同居于沿海平原的蒲卢毛朵女真相接，其南则应到达高丽长城线之地[1]。

关于蒲卢毛朵部女真，金毓黻研究最早，他在《东北通史》中认为，蒲卢毛朵在今吉林省东南境[2]；张博泉认为蒲卢毛朵部分布在今海兰河流域及今朝鲜咸镜道一带[3]；苏金源认为曷懒河即今图们江上游的海兰河，蒲卢毛朵部主要分布在海兰河流域[4]；《〈中国历史地图集〉释文汇编（东北卷）》认为，蒲卢毛朵分布在今吉林省海兰河至朝鲜咸兴平野之间[5]；孙昊认为蒲卢毛朵部分布于今图们江流域至朝鲜半岛东北之间的地域[6]。

关于黄龙府女真分布的研究，张博泉认为黄龙府女真分布在今吉林省长春市农安县周围一带。[7]

关于鸭绿江女真分布的研究，陈述和朱子方[8]、苏金源[9]、张博泉和苏金源、董玉瑛[10]认为其分布在今鸭绿江流域，包括今辽宁省丹东市宽甸满族自治县、吉林省集安市、吉林省临江市。刘子敏、金宪淑专门论述了鸭绿江女真的分布情况，认为鸭绿江女真的居地北到鸭绿江两岸，南到朝鲜

---

[1] 刘子敏，金星月：《辽代女真长白山部居地辨》，《延边大学学报（社会科学版）》，1998年第4期。

[2] 金毓黻：《东北通史》，重庆：五十年代出版社，1981年。

[3] 张博泉：《东北历代疆域史》，长春：吉林人民出版社，1981年。

[4] 苏金源：《辽代东北女真和汉人的分布》，《社会科学战线》，1980年第2期。

[5] 谭其骧主编，张锡彤等编：《〈中国历史地图集〉释文汇编（东北卷）》，北京：中央民族学院出版社，1988年。

[6] 孙昊：《辽代女真族群与社会研究》，兰州：兰州大学出版社，2014年。

[7] 张博泉：《东北历代疆域史》，长春：吉林人民出版社，1981年。

[8] 陈述，朱子方：《辽会要》，上海：上海古籍出版社，2009年。

[9] 苏金源：《辽代东北女真和汉人的分布》，《社会科学战线》，1980年第2期。

[10] 张博泉，苏金源，董玉瑛：《东北历代疆域史》，长春：吉林人民出版社，1981年。

大同江北岸,西滨大海,东以今狼林山脉为界。他们进一步指出,后由于高丽北扩,鸭绿江女真的居地逐渐缩小,至辽朝末期,其居地仅存今朝鲜慈江道大部及平安北道部分地区。①孙昊则认为鸭绿江女真是指分布于鸭绿江下游两岸及其附近地区的女真人的统称。②

2.辽朝对女真的治理

关于辽朝对女真的治理,最具有代表性的著作是程尼娜的《辽代女真属国、属部研究》,文中对辽代曷苏馆女直国大王府、南女直国大王府、鸭绿江女直大王府、北女直国大王府、黄龙府女直部大王府、长白山女直国大王府、蒲卢毛朵部大王府逐一考察,并将南女直国大王府、鸭绿江女直大王府、北女直国大王府、黄龙府女直部大王府归为曷苏馆女直大王府一类,指出,据《辽史》记载,详稳司管理这些女直大王府;辽朝还设置了北女直兵马司、南女直汤河司、东北路女直兵马司掌管这一地区的军事防务,并进一步提出辽朝对女直大王府实行具有一定自治特征的羁縻统治。但长白山女直大王府和蒲卢毛朵大王府等则不同。长白山女直国大王府对辽朝所奉行的义务,一是向辽朝称臣纳贡;二是若遇辽朝有大规模战事,女直大王府则需出兵助战。女真部族兵组成的军队被称为"属国军"。长白山女直大王府是由东京留守司管理其贡纳、授爵秩、征兵等事务。蒲卢毛朵部大王府,则附庸于辽朝,时叛时服。③关树东亦对熟女真进行了详细论述,熟女真的义务为朝贡、助军出征,还要承担赋役义务。他分析了治理诸部女真的机构,有北女真兵马司、南女真兵马司、黄龙府兵马都部署司、东北统军司等。④康鹏在前代学者基础上,从五京体制的角度,论述了东京境内的女真诸部情况。军事上,熟女真应归南女直汤河司节制,负责备御高丽;回跋女真所处的地域则由黄龙府兵马都部署

---

① 刘子敏,金宪淑:《辽代鸭绿江女真的分布》,《东疆学刊》,1998年第1期。
② 孙昊:《辽代女真族群与社会研究》,兰州:兰州大学出版社,2014年。
③ 程尼娜:《辽代女真属国、属部研究》,《史学集刊》,2004年第2期。
④ 关树东:《辽代熟女真问题刍议》,原载韩国《宋辽金元史研究》第13号,2008年。

司、咸州兵马详稳司两个军事机构分别统率；生女真诸部则主要由东北路（都）统军司负责镇抚。①

（三）部族分布及辽朝对其的治理

辽朝东南部地区内有以下部族：乌隗部、涅剌部、稍瓦部、曷术部、隗衍突厥部。但碍于史料有限，故学界多对辽整体部族分布和管理情况进行研究，对东南部地区进行专门研究的成果较少。

1.部族分布

关于部族的分布情况，学界主要对辽朝部族居住地与镇戍地进行了较为宽泛的研究。日本学者岛田正郎对各部族的居住地、戍守地进行了考证。他推测乌隗部的牙帐在郝里河流域；涅剌部的活动地域是契丹原驻地的东北到西北；稍瓦部牙帐在辽河东岸，离辽阳府不太远；曷术部衙门设在铁矿产量最高的首山。②舒焚在《辽史稿》中着重对辽圣宗统治时期部分部族的戍守地和居住地进行了详细介绍。③张宏利将统和二十二年（1004年）作为一个时间节点，系统论述了辽朝部族的居住地与镇戍地。④

2.部族管理机构

北枢密院作为契丹的最高权力机构，与部族的管理关系极为密切。日本学者岛田正郎提出，辽朝的部族既是行政单位，又是军事单位，北枢密院是最高统率机关。⑤何天明对北枢密院的设置、职官、特点等进行了全

---

① 康鹏：《辽代五京体制研究》，北京大学博士学位论文，2007年。
② 岛田正郎：《大契丹国：辽代社会史研究》，何天明译，呼和浩特：内蒙古人民出版社，2007年。
③ 舒焚：《辽史稿》，武汉：湖北人民出版社，1984年。
④ 张宏利：《辽朝部族制度研究》，吉林大学博士学位论文，2015年。
⑤ 岛田正郎：《大契丹国：辽代社会史研究》，何天明译，呼和浩特：内蒙古人民出版社，2007年。

面研究。①此后，何天明又详细探讨了北枢密院的职能变化。②张国庆、王孝俊均认为辽代部族民户的户籍，在中央应由北枢密院具体负责。③此外，王建军、方广梅、宋暖等的硕士论文也均论及北枢密院。④

北、南宰相府是北枢密院下负责管理部族事务的具体机构。日本学者岛田正郎认为，北、南宰相府是管理部族行政事务的最高中央机构。⑤李锡厚亦认为北、南宰相府居于北枢密院之下，辽朝皇帝通过北枢密院把一切政令贯彻到二府以至各部族。⑥何天明指出北宰相府主管部族的行政、经济等事务。⑦唐统天、何天明、武玉环、肖爱民、杨军均考察了北、南宰相府的设立时间、职官设置等。⑧黄为放在其硕士学位论文中对北、南宰相府作了系统梳理研究。⑨

关于地方部族管理机构及其职官节度使，日本学者岛田正郎认为小

---

① 何天明：《辽代契丹北枢密院的设立、职官设置及其特色》，《社会科学辑刊》，1995年第3期。

② 何天明：《试探契丹北枢密院的职能及历史作用》，《内蒙古社会科学》，1997年第2期。

③ 张国庆：《辽代社会史研究》，北京：中国社会科学出版社，2006年；王孝俊：《辽代人口研究》，郑州大学博士学位论文，2007年。

④ 王建军：《辽朝枢密使研究》，河北大学硕士学位论文，2007年；方广梅：《辽代枢密院制度探析》，长春师范学院硕士学位论文，2011年；宋暖：《辽金枢密制度比较研究》，辽宁大学硕士学位论文，2012年。

⑤ 岛田正郎：《大契丹国：辽代社会史研究》，何天明译，呼和浩特：内蒙古人民出版社，2007年。

⑥ 李锡厚：《辽代宰相制度的演变》，《民族研究》，1987年第4期。

⑦ 何天明：《试探辽代北宰相府的职能》，《内蒙古社会科学》，1998年第8期。

⑧ 唐统天：《关于契丹北、南宰相府的几个问题》，《民族研究》，1988年第5期。何天明：《辽代北宰相府的设立及职官设置探论》，《社会科学辑刊》，1997年第5期。何天明、麻秀荣：《辽代南宰相府探讨》，《黑龙江民族丛刊》，1999年第4期。武玉环：《辽代部族制度初探》，《史学集刊》，2000年第1期。肖爱民：《中国古代北方游牧民族两翼制度研究》，北京：人民出版社，2007年。杨军：《辽代的宰相与使相》，《学习与探索》，2012年第2期。

⑨ 黄为放：《辽代北面宰相制度研究》，长春师范学院硕士学位论文，2011年。

部族的长官一律被称为节度使，总辖其部内的军民两政。①林荣贵指出部族节度使是地方行政长官，有一定的自治权，职掌军政民事，并定期选任。②武玉环总结了节度使的变更过程，提出部族节度使以军事职责为主。③王孝俊认为部族节度使负有部族户口的基层管理职责。④王立凤也对部族节度使作了论述。⑤

关于司徒的职责范围及作用等，学界有所讨论。魏特夫、冯家昇提出大小部族都设有司徒一职，小部族还设有司空作为部族财政的管理者。⑥关树东认为司徒负责管理留后户，为前方戍军提供必要的后勤服务。⑦武玉环认为地方部族管理机构，以部为单位，每部设节度使，与详稳主管军事、兼理狱讼，司徒负责管理部族民事。⑧此外，赵振绩、韩滨娜等学者在其论著中也涉及部族的职官设置及其职掌。⑨

部族基层组织有石烈、弥里。日本学者岛田正郎指出石烈和弥里是部族的基层组织，源于建国前的契丹社会，在辽圣宗统治时期被确定下来，他还列举了部族所辖石烈的数量、名称，对石烈的长官称谓作了简要论述。⑩张国庆认为石烈下边有弥里、瓦里等组织，而弥里、瓦里的职

---

① 岛田正郎：《大契丹国：辽代社会史研究》，何天明译，呼和浩特：内蒙古人民出版社，2007年。

② 林荣贵：《从房山石经题记论辽代选相任使之沿革》，陈述：《辽金史论集》第一辑，上海：上海古籍出版社，1987年。

③ 武玉环：《辽代部族制度初探》，《史学集刊》，2000年第1期。

④ 王孝俊：《辽代人口研究》，郑州大学博士学位论文，2007年。

⑤ 王立凤：《辽代节度使制度研究》，吉林大学硕士学位论文，2008年。

⑥ Karl A. Wittfogel and Feng Chia-sheng: History of Chinese Society Liao（907-1125），Lancaster Press ING，Reprinted 1961，p310.

⑦ 白寿彝：《中国通史》第七卷《中古时代·五代辽宋夏金时期》，上海：上海人民出版社，1999年。

⑧ 武玉环：《辽代部族制度初探》，《史学集刊》，2000年第1期。

⑨ 赵振绩：《中国历史图说·辽金元》，世新出版社，1984年。韩滨娜：《略论辽代地方行政区划制度》，《东北师大学报》，1993年第2期。

⑩ 岛田正郎：《大契丹国：辽代社会史研究》，何天明译，呼和浩特：内蒙古人民出版社，2007年。

责为管理户籍、司法、经济等。①杨军指出契丹部族组织很早就分为部、石烈、弥里三级，辽朝建国后，部、石烈、弥里演变为地方行政建置的三个单位。他认为石烈官存在两套称谓：第一，长官称"夷离堇"，副职称"达剌干"或"石烈达剌干"；第二，长官称"弥里马特本"或"辛衮"，副职称"麻都不"。石烈官的第一套称谓借自突厥官名，第二套称谓是契丹语的本名。②

可见，国内外学者就辽朝对汉人、渤海人、女真、部族等的分布与治理等情况进行了一系列研究，但较为分散。

三、辽朝东南部地区的防御体系

关于辽朝东南部地区的防御体系，学界研究较为薄弱。学界主要从以下几方面进行了研究。

（一）军事机构与军事力量

关于方面性军事机构，日本学者岛田正郎指出：黄龙府、东京两都部署司，本来是统率州县的统治机构，出于方便而成为统率部族的统治机关。③关树东认为诸部落分属北、南宰相府统领，同时又分隶诸路详稳司、统军司、招讨司。④何天明认为北宰相府所管辖的部族，在军务方面又分别归属于六个方面性边防军政机构。这些机构主要负责某一地区或与某些地区相邻政权的军务，对部族的行政、经济等也有一定的管理权。

---

① 张国庆：《辽代社会基层聚落组织及其功能考探——辽代乡村社会史研究之一》，《中国史研究》，2002年第2期。

② 杨军：《契丹部落组织中的石烈》，《黑龙江社会科学》，2011年第6期。

③ 岛田正郎：《大契丹国：辽代社会史研究》，何天明译，呼和浩特：内蒙古人民出版社，2007年。

④ 关树东：《辽朝部族军的屯戍问题》，《中央民族大学学报》，1996年第6期。

北枢密院是总辖"兵机"的部门,方面性军政机构当然也在其管辖之下,与北宰相府形成双重管辖的状况。方面性边防军政机构多从事军务的执行工作,而北宰相府则执行、督办所辖部族军务。在镇戍以及执行军事任务时,各招讨司可以调动隶属自己管辖的部族军队,有些部族军队屯驻于所属招讨司管制的地区内。①

关于辽朝在东南部地区设置的军事机构,学界作了以下研究。

(1) 东北路统军司:关于东北路统军司设置的时间,学界观点不一。康鹏认为东北路统军司大约建立于辽圣宗开泰年间(1012—1021年)②;余蔚认为详稳司设置于统和末、开泰初,咸雍、大康年间被改为东北路都统军司③;王雪萍、吴树国认为东北路统军司的前身是东北路详稳司,东北路统军司的军事职能更加凸显,其确立时间应在辽咸雍七年至大康三年期间(1071—1077年)④。关于东北路统军司的驻地,余蔚认为最有可能在宁江州,辖境东到混同江,西跨金山,与乌古敌烈部都统军司辖境相接,掌控着东北的生女真与辽的核心地区的通道⑤;王雪萍、吴树国认为其管辖区域以泰州、长春州为中心,北至乌古敌烈部都统军司,南毗邻黄龙府⑥。关于东北路统军司的职责,康鹏提出是为镇抚生女真诸部。⑦

(2) 黄龙府都部署司:学界研究成果相对较少。对于黄龙府都部署司的设立时间,康鹏认为在辽圣宗太平年间(1021—1031年);余蔚推测

---

① 何天明:《试探辽代北宰相府的职能》,《内蒙古社会科学》,1998年第1期。
② 康鹏:《辽代五京体制研究》,北京大学博士学位论文,2007年。
③ 余蔚:《中国行政区划通史(辽金卷)》,上海:复旦大学出版社,2012年。
④ 王雪萍,吴树国:《辽代东北路统军司考论》,《中国边疆史地研究》,2014年第1期。
⑤ 余蔚:《中国行政区划通史(辽金卷)》,上海:复旦大学出版社,2012年。
⑥ 王雪萍,吴树国:《辽代东北路统军司考论》,《中国边疆史地研究》,2014年第1期。
⑦ 康鹏:《辽代五京体制研究》,北京大学博士学位论文,2007年。

为开泰九年（1020年），并对黄龙府都部署司的设置目的、官职、职责进行了探讨，认为黄龙府都部署一职由知黄龙府事兼任，主要职责是镇抚东京路北部的渤海、兀惹、铁骊、蒲卢毛朵、五国等部[①]。

（3）东京都部署司：康鹏认为可能是辽朝后期东京地区的最高军事机构，都部署一职当由东京留守兼任。[②]

关于辽朝的军事力量研究，武玉梅、张国庆在《辽朝军、兵种考探》中对辽朝的军种、兵种进行了详细论述，认为军种包括禁军、宫卫军、私甲、部族军、五京乡丁、属国军、汉军等，兵种包括骑兵、步兵、水师、后勤兵等，并指出了军队在契丹立国及巩固政权中的重要地位。[③]还有一些论文有所涉及，如关树东的《辽朝的兵役和装备给养述略》[④]、李龙的硕士学位论文《辽朝军队军需装备研究》[⑤]、陈凯军的硕士学位论文《辽代边境防御策略与军事部署研究》[⑥]。

（二）辽东京道的军路问题

向南、杨若薇首先对辽朝的"路"制作了研究，研究侧重于各"路"所设的财政管理机构，并且将"道"大体等同于"路"。[⑦]关树东认为辽代的路不是一级政区，而是一个财务督理区。[⑧]康鹏的博士论文《辽代五京体制研究》对辽朝的军事区划进行了划分，较为全面、细致地研究了辽

---

① 余蔚：《中国行政区划通史（辽金卷）》，上海：复旦大学出版社，2012年。
② 康鹏：《辽代五京体制研究》，北京大学博士学位论文，2007年。
③ 武玉梅，张国庆：《辽朝军、兵种考探》，《黑龙江民族丛刊》，1999年第1期。
④ 关树东：《辽朝的兵役和装备给养述略》，转引自宋德金：《辽金西夏史研究》，天津：天津古籍出版社，1997年。
⑤ 李龙：《辽朝军队军需装备研究》，辽宁大学硕士学位论文，2013年。
⑥ 陈凯军：《辽代边境防御策略与军事部署研究》，渤海大学硕士学位论文，2013年。
⑦ 向南，杨若薇：《辽代经济结构试探》，《文史》第17辑，北京：中华书局，1983年。
⑧ 关树东：《辽朝州县制度中的"道""路"问题探研》，《中国史研究》，2003年第2期。

代的五京体制。① 余蔚对辽代"路"的体制进行了全面分析，认为辽代的军事路、财赋路与五京道是并行的高层区划体制，并对黄龙府路、咸州路、南路、保州路的设置时间、主管机构、所辖范围、防御对象等进行了较为系统的研究。②

（三）辽东南部地区的防御设施

关于黄龙府地区的防御设施，在学界研究辽朝的边壕时有所涉及。景爱、苗天娥对辽朝的边壕进行了详细论述。③ 张国庆对辽朝的边铺进行了较为全面的研究，包括边铺的设置、作用、管理部门等方面。④ 其他学者的研究，也涉及烽燧等方面，如项春松的《辽代历史与考古》。⑤

关于保州地区的防御设施，黄为放的博士论文《10—12世纪渤海移民问题研究》所作论述较为系统，但内容相对简略。⑥ 其他学者在研究辽丽关系、战争、边境纠纷等问题时，也有所涉及，但并不全面，如魏志江的《辽金与高丽关系考》⑦、赵永春、玄花的《辽金与高丽的"保州"交涉》⑧。有学者在研究辽朝边防体系、东京道行政设置时，也谈及了保州地区的防御体系，如余蔚《中国行政区划通史（辽金卷）》⑨、杜鹃的硕士学位论文《辽朝边防研究》⑩。另有部分学者在研究高句丽、渤海国、辽金山城及考古问题时，在对山城及文物作年代判定、性质及功能论述

---

① 康鹏：《辽代五京体制研究》，北京大学博士学位论文，2007年。
② 余蔚：《中国行政区划通史（辽金卷）》，上海：复旦大学出版社，2012年。
③ 景爱，苗天娥：《辽金边壕与长城》，《东北史地》，2008年第6期。
④ 张国庆：《辽朝边铺探微》，《中国边疆史地研究》，2016年第2期。
⑤ 项春松：《辽代历史与考古》，呼和浩特：内蒙古人民出版社，1996年。
⑥ 黄为放：《10—12世纪渤海移民问题研究》，长春师范大学博士学位论文，2017年。
⑦ 魏志江：《辽金与高丽关系考》，香港：香港天马图书有限公司，2001年。
⑧ 赵永春，玄花：《辽金与高丽的"保州"交涉》，《中国边疆史地研究》，2008年第1期。
⑨ 余蔚：《中国行政区划通史（辽金卷）》，上海：复旦大学出版社，2012年。
⑩ 杜鹃：《辽朝边防研究》，辽宁大学硕士学位论文，2014年。

时，谈及了保州地区的边防，如曹汛的《叆河尖古城和汉安平瓦当》①、项春松的《辽代历史与考古》②，李龙彬、华玉冰、崔丽萍的《辽宁丹东凤凰山山城首次发掘取得重大收获》③、张翠敏的《大连地区辽代考古发现与研究》④。

关于辽东半岛的军事防御体系，刘一在《略论辽朝辽东半岛海防》中对辽东半岛的海防设施、水军、海防观念等进行了较为系统的探讨。⑤另有学者在研究东京道海事、苏州关等问题时，对辽东半岛的军事防御体系有所涉及，如田广林的《辽朝镇东关考》⑥、孙玮的《辽朝东京海事问题研究》⑦。另有部分学者在研究高句丽、渤海国、辽金山城及考古问题时，在对山城及文物作年代判定、性质及功能论述时，谈及了辽东半岛地区的边防，如项春松的《辽代历史与考古》⑧、张翠敏的《大连地区辽代考古发现与研究》⑨。

综上，学界对于辽朝东南部地区军事防御体系的研究，较为薄弱，需要进一步全面系统深入研究。

---

① 曹汛：《叆河尖古城和汉安平瓦当》，《考古》，1980年第6期。

② 项春松：《辽代历史与考古》，呼和浩特：内蒙古人民出版社，1996年。

③ 李龙彬，华玉冰，崔丽萍：《辽宁丹东凤凰山山城首次发掘取得重大收获》，《中国文物报》，2007年3月23日第二版。

④ 张翠敏：《大连地区辽代考古发现与研究》，《辽金历史与考古》（第三辑），沈阳：辽宁教育出版社，2011年第5期。

⑤ 刘一：《略论辽朝辽东半岛海防》，《辽宁师范大学学报（社会科学版）》，2017年第2期。

⑥ 田广林：《辽朝镇东关考》，《社会科学战线》，2006年第4期。

⑦ 孙玮：《辽朝东京海事问题研究》，辽宁师范大学硕士学位论文，2011年。

⑧ 项春松：《辽代历史与考古》，呼和浩特：内蒙古人民出版社，1996年。

⑨ 张翠敏：《大连地区辽代考古发现与研究》，《辽金历史与考古》（第三辑），沈阳：辽宁教育出版社，2011年第5期。

四、辽朝与高丽战争及纠纷问题

学界对辽朝与高丽的战争及纠纷等问题多有研究，主要分为几个方面。

（一）辽朝与高丽战争

关于辽朝与高丽战争等问题的研究，国外学者关注较早，如池内宏在《辽圣宗对高丽的征伐》中详细论述了辽圣宗对高丽的征伐情况[①]。随后，韩国学者对辽朝与高丽战争展开研究，如金渭显在《契丹的东北政策——契丹与高丽女真关系之研究》中对辽朝与高丽的战争作了比较深入的研究。[②]学界对辽朝与高丽战争的研究，主要从战争的起因、性质、阶段划分等方面进行探究。关于战争的起因，魏志江认为辽朝是为了迫使高丽臣服于他。[③]我国学者赵永春、玄花在《辽金与高丽的"保州"交涉》中，通过对辽朝与高丽争夺保州的考证，认为辽的战争不具有侵略性[④]，曹中屏持相似观点。关于战争阶段的划分，韩国学者金渭显等均认为辽朝与高丽的战争主要分为三个阶段[⑤]，而我国学者武玉环则将其划分为四个阶段[⑥]。

[①] 池内宏：《辽圣宗对高丽的征伐》，《满鲜史研究》中世第2册，吉川弘文馆，1979年。

[②] 金渭显：《契丹的东北政策——契丹与高丽女真关系之研究》，台北：华世出版社，1981年。

[③] 魏志江：《论辽与高丽关系的分期及其发展》，《扬州师范学院学报（社会科学版）》，1996年第1期。

[④] 赵永春，玄花：《辽金与高丽的"保州"交涉》，《中国边疆史地研究》，2008年第1期。

[⑤] 金渭显：《契丹的东北政策——契丹与高丽女真关系之研究》，台北，华世出版社，1981年。

[⑥] 武玉环：《论辽与高丽的关系及辽的东部边疆政策》，《吉林大学社会科学学报》，2001年第4期。

（二）辽朝与高丽边界

关于辽朝与高丽边界的研究，国外学者较为关注，其中韩国学者涉及最早。韩国学者金渭显、卢启铉均详细论述了高丽出于军事防御的目的，最终修筑了高丽长城。韩国学者金渭显论述了高丽自建国后向北部边界开拓的过程，并论述了高丽对契丹的防御措施，其中有筑造高丽长城，目的是防御契丹与女真，该长城起于西海的鸭绿江入海处，经威远、兴化、静州、宁海、宁德、宁朔、云州、安水、清塞、平房、宁远、安戎、孟州、朔州等十三城，又接连耀德、静边、和州等三城，直到东海滨之都连浦。①卢启铉论述了高丽修筑千里（高丽）长城，它"始自鸭绿江入海口，由东经威远（义州地区）、兴化（义州地区）、静州（义州地区）、宁海（义州地区）、宁德、宁朔、云州（云山）、安水（价川）、清塞（熙川）、平房、宁远、定戎、孟州（孝山）和朔州等十四城，到耀德（永兴地区）、静边（永兴地区）和和州（永兴地区）等诸城，延伸到定平（定州）海岸的都连浦（广浦），绵延一千多里（1里=500米）。城高25尺（1尺≈0.33米），宽25尺"②。这是朝鲜历史上规模最大的城墙。

我国学者杨昭全和孙玉梅对辽朝与高丽的边界进行了详细论述，认定930年辽朝与高丽的边界已从唐朝时期以浿水（大同江）为界，北退至以清川江为界；高丽已将领土的北界，由前期新罗时的浿水（大同江）向北扩张至清川江流域。③他的研究使学界对辽朝与高丽边界的研究进一步深化。林荣贵从统一多民族国家历史发展的实际情况出发，探述北宋与辽朝并立时期的中国疆域格局。他认为993年后辽朝与高丽的边界，靠东泥河一段不变，而靠西一段向西北移至鸭绿江下游东岸的保州（在今朝鲜

---

① 金渭显：《契丹的东北政策——契丹与高丽女真关系之研究》，台北：华世出版社，1981年，79、82、111、113页。
② 卢启铉：《高丽外交史》，延边大学出版社，2002年，159页。
③ 杨昭全、孙玉梅：《中朝边界史》，长春：吉林文史出版社，1993年。

平安北道义州至新义州间)、宣州(今朝鲜平安北道义州城)、定州(在今朝鲜平安北道义州以东)三州以东地带。①武玉环认为终辽之世,保、定二州成为辽朝东部边疆的前沿阵地,拱卫着辽朝的东大门。②麻铃认为1038年后清川江和朝鲜古长城成为辽与高丽的分界线。③赵永春、玄花认为1021年后以高丽长城为界,定州以北地区归属辽朝控制的女真,以南归属高丽;高丽长城西起鸭绿江入海口,东至高丽定州都连浦(广浦),中经威远、兴化、静州、宁海、宁德、宁朔、云州、安水、清塞、平虏、宁远、定戎、孟州、朔州十四城,以及耀德、静边、和州等地。④张猛基本认同赵永春、玄花的观点。⑤

(三)保州问题

关于保州修建的时间,中外学界观点不一。韩国学者卢启铉在《高丽外交史》中称,统和二十三年(1005年),保州设榷场,但他又指出,辽朝于1015年在鸭绿江东岸修建了保州。⑥这种说法前后自相矛盾,并将原保州之地说成是高丽领土,显然是不对的。日本学者三上次男认为保州修筑于983—1012年,辽圣宗时期保州曾一度归高丽领有,开泰元年(1012年)辽朝又以武力夺取。⑦这个说法显然也是不准确的。关于这一问题,我国学者赵永春、玄花根据史料记载,认为保州是在开泰三年(1014

---

① 林荣贵:《北宋与辽并立时期的疆域格局》,《中国边疆史地研究》,1998年第3期。

② 武玉环:《论辽与高丽的关系及辽的东部边疆政策》,《吉林大学社会科学学报》,2001年第4期。

③ 麻铃:《辽、金与高丽的战争》,东北史地,2004年第12期。

④ 赵永春,玄花:《辽金与高丽的"保州"交涉》,《中国边疆史地研究》,2008年第1期。

⑤ 张猛:《从保州问题看辽中期与高丽关系》,《佳木斯教育学院学报》,2012年第5期。

⑥ 卢启铉:《高丽外交史》,紫荆,金荣国译,延吉·延边大学出版社,2002年。

⑦ 三上次男:《金初与高丽的关系》,《历史学研究》1939年9卷4号;三上次男:《金代女真研究》,金启琮译,哈尔滨:黑龙江人民出版社,1984年。

年）发动第三次大规模征伐高丽战争之初所修筑的，并且是高丽在辽朝所赐的"鸭绿江东数百里地"所建"六城"之外由辽朝重新修建的一个州城。①

关于辽朝、金朝与高丽的保州交涉问题。魏志江的《辽金与高丽关系考》②、《中韩关系史研究》③等论著对此问题有所论及。赵永春、玄花根据《辽史》《金史》《高丽史》等的文献记载，通过保州的设置、发展及归属的变化，探讨辽金、高丽的外交思想与政策的变化，这一研究，对于辽朝、金朝与高丽的保州交涉问题有重要的启示。④

可见，国内外学者已经就辽朝与高丽战争、辽朝与高丽边界、保州等问题进行了深入的研究。韩国学者多站在己方立场上，主观色彩较浓；而中国学者的研究更为客观、准确。笔者认为，在研究辽丽战争等问题时，应充分运用石刻资料，对其进行深入分析；而关于辽朝与高丽边界、保州等问题，应该从史料出发，尊重客观史实。

第三节 本书研究目标与方法

一、研究目标

第一，梳理出辽东地区在7—9世纪的地域格局状况；第二，分析出辽东地区在唐朝末期的归属情况，以及辽朝是如何进入辽东地区；第三，梳

---

① 赵永春，玄花：《辽金与高丽的"保州"交涉》，《中国边疆史地研究》，2008年第1期。
② 魏志江：《辽金与高丽关系考》，香港：香港天马图书有限公司，2001年。
③ 魏志江：《中韩关系史研究》，广州：中山大学出版社，2006年。
④ 赵永春，玄花：《辽金与高丽的"保州"交涉》，《中国边疆史地研究》，2008年第1期。

理辽朝不同时期东南部地区民族分布状况；第四，全面动态分析辽朝对东南部地区汉人、渤海人、女真人、部族等的治理；第五，分析辽朝与高丽的边界确定过程；第六，全面论述辽朝东南部地区军事防御体系。

二、本书相关概念的研究范围

本书的"辽朝东南部地区"主要包括以辽东京辽阳府为中心，北到黄龙府，南至辽东半岛南端的苏州关，东南部到鸭绿江入海口保州的广大地区，即今辽宁省中部、东部、南部地区，吉林省中部、南部地区，朝鲜半岛北部的鸭绿江流域地区等。这一地区位于辽朝版图的东南部，是东京道的核心区域，分布着多个民族，还与宋朝、高丽接壤，又与女真相邻，极具战略价值。故这一地区发生的历史事件，均在本书的研究范围之内。

三、研究方法

第一，运用二重证据法。在充分利用史籍的同时，本书还使用了大量辽代石刻资料及考古材料以补充文献的不足，更为全面地研究辽朝军事防御州城情况。第二，运用考据学研究法。虽然前人在研究辽朝对东南部地区治理问题时，对史料的运用比较充分，但是仍有个别缺漏。本书对相关的古代文献进行搜集与对比研究，以期取得新的突破。第三，本书运用统计学的方法，对辽朝的汉人、渤海人、所建府州县的分布及性质等进行分析。第四，除历史学的研究方法外，本书还综合运用考古学、历史地理学等其他学科的研究方法，考察辽朝东南部军事防御体系的建设情况，并挖掘军事防御体系对辽朝东南部地区治理的影响，以求取得学术创新。

第四节 创新点与难点

一、创新点

本书将辽朝对东南部地区的治理作为一个整体进行系统考察，重点关注契丹如何占领并控制辽东地区，以及辽朝对东南部地区不同民族在不同时期的治理，并总结辽朝东南部地区治理体系的完善以及军事防御体系的建立。

首先，本书叙述7—9世纪辽东地区的地域格局，以进一步探讨辽朝初期统治者对这一地区的控制、治理。这一时期，高句丽已经灭亡，整个辽东地区包括唐朝、渤海国、新罗三方势力。其中，唐朝一度控制着大同江以北及辽阳附近地区，唐朝势力退出后，其影响力依然存在。新罗仅控制大同江以南地区；而渤海国则控制鸭绿江流域大部分地区，其治下的部族则已经进入辽东地区居住。在此基础上，本书系统论述了辽太祖进入辽东地区的原因及对辽东地区的治理措施，包括设置州府、实施军事措施、迁徙女真、经济开发等。本书还从不同角度分析契丹占领辽东地区与渤海国灭亡的关系：第一，契丹在占据辽东地区的过程中，不断消耗渤海国的实力；第二，耶律阿保机控制渤海国的咽喉要道，抓住了有利的战机。同时，本书还补充了"重新设置职官，完善东丹国的管理机制""继承先祖战略思想，巩固辽东地区的地位"两个辽太宗南迁东丹国的原因。

其次，动态研究辽朝东南部地区民族分布状况及辽朝的治理措施。学界对辽朝东南部地区的民族分布状况研究较少，多是静态研究不同民族的分布状况。笔者根据史料及石刻材料，动态分析唐朝中后期至辽朝末期的东南部地区的民族分布状况，并分析不同时期政治形势下民族分布的变化。笔者根据辽朝的南北官制系统，对东南部地区不同民族的治理措施进行了详述，这些治理措施在辽朝不同时期也有着变化。对于渤海人、汉人的治理，辽朝从中央到地方的治理措施都体现了大量渤海国的治理痕迹。道一级管理机构一度保留了大东丹国的设置，其下中台省也经历了权力的下降。地方上，则长期保留府以及府州并行的设置，为的是安抚渤海人，以及有效治理汉人。对于女真各部，辽朝则根据其亲疏远近，分别设置大王府，并采用不同的管理模式。至辽朝末期，辽朝东南部地区已经形成了一套完善的治理体系，但是从天祚帝到各级官员已经十分腐败，这一体系已经无法维持东南部地区的稳定。辽朝中后期，辽朝因治理政策失误，辽朝治下的渤海遗民频频起义，对辽朝东南部地区破坏巨大。女真各部也积蓄势力，特别是萧海里事件的推波助澜，使女真快速占领了东南部地区。

再次，本书系统研究了辽朝东南部地区军事防御体系的构建。本书运用考古、石刻等材料，全面深入地研究辽朝东南部地区针对不同敌人而设置的军事防御体系：以东京辽阳府为中心，北有黄龙府地区军事防御体系，在黄龙府都部署司的管辖下，各州县、城、壕、堡、军形成了一个防御生女真的边防体系；东北有咸州地区军事防御体系，防御回跋女真；西南有辽东半岛军事防御体系，在南汤河女真司的管辖下，以苏、复州为核心，各州县、山城、军形成了一个防御熟女真、宋朝的边防体系；东南有鸭绿江口军事防御体系，在保州路都统军司的管辖下，各州县、城、关铺、壕等形成了一个防御高丽的边防体系。至辽朝末期，东南部地区的边界防御体系已十分完善，但给戍边的军民以巨大压力，加之与高丽边境摩擦不断以及境内渤海人、女真人纷纷起兵，边境地区军事防御体系在这一时期随之瓦解。

最后，详细论述辽朝与高丽的三次战争及纠纷。笔者根据石刻及史料对辽朝与高丽的三次战争原因、过程、战后谈判等进行研究与补充。学界对于辽朝征伐高丽的原因多有论述：高丽北进，以及辽朝为收容渤海国移民，平灭定安国、女真诸部，解除后顾之忧。本书在此基础上认为辽朝与高丽"战略思想上的敌对"，也是辽征伐高丽的原因之一。本书还根据石刻及史料，对辽丽边界的确定过程进行了详细论述。学界对保州问题的研究主要集中在外交及战争的角度，笔者则单独对辽丽双方争夺保州的原因进行了深入分析，在"地理位置重要"这一原因的基础上，还补充了"战略思想不同""军事摩擦不断"两个原因。

二、难点

第一，《辽史》记载缺漏严重，笔者对其史料需要进行深入的辨析，同时，还要对《高丽史》等其他史料进行综合考证，这增加了写作的难度；第二，动态研究辽朝东南部地区的民族分布、治理，使本书的研究难度有所增加。

第二章　契丹对辽东地区的经略

668年，唐朝灭高句丽，在平壤设立安东都护府，对原高句丽统治地区——朝鲜半岛北部及辽东地区进行控制。至唐朝中后期，随着渤海国与新罗的发展壮大，安东都护府的管辖范围逐渐缩小，府治先后迁至辽阳、抚顺等地，辽东地区及朝鲜半岛形成了新罗、渤海国与唐朝三足鼎立的格局。这种局面一直维持到唐朝末期。随着契丹族的兴起，墓志记载，唐朝末年耶律阿保机出兵占领辽东地区，并采取了一系列治理措施。辽太宗南迁东丹，进一步控制了辽东地区。笔者根据史料及石刻资料，对这一时期的诸多问题进行探讨并加以分析。

第一节　7—9世纪辽东地区的地域格局

高句丽灭亡后的二百余年时间内，在朝鲜半岛北部和辽东地区[①]存在着唐朝、渤海国、新罗三个政权，分别控制不同的区域。高句丽其旧有疆域被重新划分，辽东地区的地域格局随之改变。

高句丽是中国古代历史上的一个地方民族政权，公元前37年在浑江

---

① "辽东"在历史上有广义和狭义两种概念：广义辽东包括今河北省东北部、辽宁省全部、吉林省南部和朝鲜半岛北部一带的广大地区；狭义辽东则指辽河以东、辽阳及其以南地区。本书中的辽东取其广义概念。田广林：《辽朝镇东关考》，《社会科学战线》，2006年第4期。

流域建国，后经三次迁都，最后定都朝鲜半岛的平壤城。①高句丽疆域最大时，其西部已达辽河流域（今辽宁省沈阳市、铁岭市一线）；北部到辉河（松花江流域）；东部濒临日本海；南部已跨过大同江，直达汉江流域。②总章元年（668年），唐朝灭高句丽后，在高句丽都城"平壤城"设安东都护府，任命右武卫大将军薛仁贵"以检校安东都护，总兵二万"。③这一时期，原属于高句丽的疆域大多在唐朝的控制之下，安东都护府的府治设置在高句丽都城平壤。唐朝以此地为中心，控制从辽东地区到大同江以北的广大地区，并震慑南部的新罗。唐朝的这一做法与新罗的统一朝鲜半岛的目标相冲，双方军事冲突不断。在唐罗战争（669—676年）中，新罗最终攻取了原属于高句丽的南境，即大同江以南地区。故安东都护府的统辖范围西起辽河，南至今朝鲜半岛大同江，与新罗接壤④；新罗的北部边界在大同江界线到江原道德源附近⑤。

唐罗战争后，唐朝将安东都护府治所由平壤迁往辽东地区。仪凤元年（676年）二月，安东都护府正式迁往辽东故城（今辽宁省辽阳市老城）⑥。在此之前，安东都护府曾移治辽东州。辽东城与辽东州不同，辽东州虽然是因"辽东城"而得名，"而府治之在州境，初无定所，故不必与辽东城俱在一地。"⑦仪凤二年（677年）二月，唐朝又将安东都护府迁到新城（今辽宁省抚顺市高尔山山城），同时任命高藏为辽东都督，封朝鲜郡王。之后，由于高藏谋叛，唐朝改派泉男生任辽东都督，稳定了唐朝

---

① 王禹浪，程功，刘加明，等：《近十年来中国高句丽民族历史问题研究成果综述（2000—2012）》，《哈尔滨学院学报》，2012年第12期。

② 耿铁华，倪军民：《高句丽历史与文化》，长春：吉林文史出版社，2000年，第87页。

③ 刘昫：《旧唐书》卷三十九《地理志二》，北京：中华书局，1975年，第1526页。

④ 程尼娜：《唐代安东都护府研究》，《社会科学辑刊》，2005年第6期，第128页。

⑤ 朝鲜民主主义人民共和国科学院历史研究所：《朝鲜通史》上卷，贺剑城译，北京：三联书店，1962年，第52页。

⑥ 郑毅：《唐安东都护府迁治探佚》，《社会科学辑刊》，2008年第6期。

⑦ 金毓黻：《东北通史》，重庆：五十年代出版社，1981年，第237页。

在辽东地区的统治。安东都护府府治不断北迁，主要是由于当时唐朝面临东西两线作战，而唐高宗认为西北战线的重要性大于东部战场，故"承认新罗三国统一的既成事实"①。这一时期，唐朝彻底放弃了大同江以南原属于高句丽的南境地区，将统治重心放在辽东地区。新罗则实现了统一的目标，并与唐朝划大同江为界，直至唐朝末期其势力尚不敢北进。

随后，唐朝在辽东地区的局势开始动荡起来。万岁通天元年（696年），"营州之乱"爆发，契丹向辽东地区大举进攻，但唐朝挫败了契丹进军辽东的企图。粟末靺鞨首领大祚荣则乘机返回故地，于698年在旧国（今吉林省敦化市东牟山）建国，自号震国王。大祚荣建国后，虽然唐朝在辽东地区仍有相当力量，但主要是对突厥、契丹用兵，并未对其进行征讨。大祚荣为得到唐朝的承认，以提高其在东北地区的政治影响，于713年接受唐朝的册封，改国号为渤海。唐朝于开元二年（714年），将安东都护府迁至平州（今河北省秦皇岛市卢龙县）境内，这样唐朝削弱了在辽东地区的政治、军事力量，而渤海国得到了长足的发展，成为"地方五千里，户十余万，胜兵数万"②的海东大国。渤海国虽然已经发展强大，但其仍然碍于唐朝势力的震慑。渤海国疆域最大时，其西南境也只是在泊汋口一带（今辽宁省丹东市九连城），始终没有达到以辽阳为中心的辽东腹地。③渤海国南境与新罗接壤，双方不断发生战争，最终以泥河（龙兴江）及浿水（大同江）为界。④

---

① 拜根兴：《七世纪中叶唐与新罗关系研究》，北京：中国社会科学出版社，2003年，第125页。

② 欧阳修、宋祁：《新唐书》卷二百一十九《北狄·渤海传》，北京：中华书局，1975年，第6179—6180页。

③ 关于渤海国的疆域研究，有王承礼：《渤海的疆域和地理》，《黑龙江文物丛刊》，1983年；魏国忠：《渤海疆域变迁考略》，《求是》，1984年；陈显昌：《论渤海国的疆域》，《学习与探索》，1985年第2期。

④ 李殿福、孙玉良：《渤海国》，文物出版社，1987，第41页。方学凤：《渤海的疆域和行政制度研究》，延边大学出版社，1996年，第18—24页。魏国忠，朱国忱，郝庆云：《渤海国史》，中国社会科学出版社，2006年，第182页。以上著作认为渤海后期大仁秀时期，与新罗的边界在龙兴江，大同江一线。

根据史料记载，学界认为渤海国的势力曾进入过辽东地区，对其进入时间进行了探讨。一说，渤海国最晚在8世纪初已经控制了渤海沿岸[①]；一说，为大彝震统治后期[②]；一说，在安东都护府内徙和撤销时[③]。笔者在诸位学者研究的基础上，认为渤海国势力进入辽东的时间应不晚于开元二年（714年）。但学界对到底是渤海国的哪股势力进入辽东地区，以及契丹是从谁的手中得到的这一地区，尚有争议。想弄清这一问题，先要看一段史料的记载。

《辽史》指出："东京故渤海地，太祖力战二十余年乃得之。"[④]

《契丹国志》指出："东京乃渤海故地，自阿保机力战二十余年始得之，建为东京。"[⑤]

从这两段史料中，可以看出一些相似的记载，它们均认为辽东地区是契丹与渤海"力战二十余年"方才得到。从史源学角度看，这两条史料极为相似，且《契丹国志》为宋人所修，是元人修《辽史》的史料来源之一，故这条史料也应是宋人观点。[⑥]但根据学界研究，渤海国的疆域并未到达辽东地区[⑦]，更不可能建立地方行政机构，且契丹与渤海血战二十余年，必然有巨大影响，不应仅有这一条孤证。可见，《契丹国志》的这个记载应存在一定问题，而元代史官著书仓促，并未进行辨伪，即将这段史

[①] 孙英钟：《渤海的西部边界》，李东源译，《渤海史译文集》，转引自《历史科学》1980年第1期。

[②] 孙进己，冯永谦：《东北历史地理》第2卷，哈尔滨：黑龙江人民出版社，1989年，第355页。

[③] 魏国忠，朱国忱，郝庆云：《渤海国史》，北京：中国社会科学出版社，2006年，第180页。

[④] 脱脱等：《辽史》卷二十八《天祚皇帝二》，北京：中华书局，1974年，第334页。

[⑤] 叶隆礼：《契丹国志》卷十《天祚皇帝上》，贾敬颜，林荣贵点校，上海：上海古籍出版社，1985年，第108页。

[⑥] 冯家昇：《辽史证误三种》，北京：中华书局，1959，第1—73页。

[⑦] 魏国忠，朱国忱，郝庆云：《渤海国史》，北京：中国社会科学出版社，2006，第182页。

料抄录。那么，应如何理解《契丹国志》中关于"东京乃渤海故地"的记载？笔者认为，这一史料应不是作者杜撰，其记载必有来源。再看《契丹国志》的成书情况，其虽为宋人修纂，但其中多有误载[①]，"东京乃渤海故地"这一记载也应属于此种情况。宋人对渤海国及其治下的靺鞨等部族的认识是混淆的，《宋史》甚至将建立定安国的渤海遗民认知成马韩的后裔[②]。而《契丹国志》中所记"东京乃渤海故地"中的渤海，可能也并非学界所认知的渤海国。

想认清这一问题，还要从《通典》的记载入手。根据前文叙述，开元二年（714年），渤海国势力已经进入辽东地区。安东都护府内迁之后，唐朝已无力控制辽东之地。《通典》记载了当时的情况："今东极安东府，则汉辽东郡也，其汉之玄菟、乐浪二郡，并在辽东郡之东，今悉为东夷之地矣"[③]，安东都护府废止后，"（高丽）余众不能自保，散投新罗、靺鞨旧国，土尽入于靺鞨"[④]。书中又谓："高宗平高丽、百济，得海东数千余里，旋为新罗、靺鞨所侵，失之。"[⑤]可见，杜佑《通典》中记载的"东夷"应为"新罗"和"靺鞨"。由于新罗的疆界不可能达到辽东一带，故有学者认为，当时与新罗共同瓜分"海东数千余里"并事实上占有辽东一带者，只能是渤海国。[⑥]这种认识颇具见地，但无法解释为何渤海国并未在辽东地区设立任何地方行政机构。

综上，笔者认为，《契丹国志》中"东京乃渤海故地"与《通典》

---

① 刘浦江：《关于〈契丹国志〉的若干问题》，《史学史研究》，1992年第2期。
② 苗威：《定安国考论》，《中国边疆史地研究》，2011年第2期。
③ 杜佑：《通典》卷一百七十二《州郡二·序目下·大唐》，北京：中华书局，1988年，第912页。
④ 杜佑：《通典》卷一百八十六《边防二·东夷·高句丽》，北京：中华书局，1988年，第993页。
⑤ 杜佑：《通典》卷一百七十二《州郡二·序目下·大唐》，北京：中华书局，1988年，第912页。
⑥ 魏国忠，朱国忱，郝庆云：《渤海国史》，北京：中国社会科学出版社，2006年，第179页。

记载相似，均叙述了安东都护府内迁后辽东地区属渤海国之事实。再结合渤海国并未实质性占领辽东地区这一事实，则文献中的"渤海故地"应为被渤海国治下的靺鞨各部占领更为合理。渤海国建立后，其治下最强大的靺鞨部族当属黑水部。女真各部的祖先即出自这里。"黑水靺鞨，居肃慎地"①，其中越喜部"位于渤海西境，即今吉林省西部和辽宁省北部"②，而铁利部则位于今辽宁省开原市、铁岭市一带③。这些黑水靺鞨各部在唐朝安东都护府退出辽东地区后，逐步进入该地，并接受渤海国统治。宋人对渤海治下诸部认知不清，就造成《契丹国志》的错误记载。至五代时期，这些靺鞨各部"始称女真"，"其后避契丹讳，更为女直"④。契丹入据辽东地区之前，辽阳地区即居住着被渤海国羁縻控制下的女真人⑤，耶律阿保机率众与他们血战二十余年，才从渤海国手中夺取辽东地区的所有权。

总之，唐朝灭高句丽后，原属于高句丽控制下的疆域被重新划分。唐朝设立安东都护府对朝鲜半岛北部及辽东地区进行了有效管控，在其威慑下，这两个地区自唐开始，没有外部势力敢出兵强占。在唐朝势力逐渐衰落时，渤海国与新罗悄然崛起。唐朝后期，渤海国势力强大，与新罗兵锋相对，争夺领土。但是二者均忌惮于唐朝势力，不敢大举向辽东地区及大同江以北迈进。故双方最终以龙兴江—大同江为界，划分势力范围。唐朝灭高句丽后，原属于高句丽的疆域已存在唐、渤海、新罗三个政权，辽东地区的地域格局也发生了明显的变化。在西部，以辽阳和平壤两个地区为

---

① 脱脱等：《金史》卷一《世纪》，北京：中华书局，1975年，第1页。
② 孙进己，冯永谦：《东北历史地理》第2卷，哈尔滨：黑龙江人民出版社，1989年，第253页。
③ 刘师培：《辽史地理志考证》，载《国粹学报》，转引自王禹浪，王俊铮：《黑水靺鞨地理分布研究综述》，《哈尔滨学院学报》，2015年第4期。
④ 洪皓：《松漠纪闻》，台北：广文书局有限公司，1968年，第1页。
⑤ 津田左右吉：《辽朝对辽东的经略》，《满鲜地理历史研究报告》第三册，东京帝国大学文学部，1916年，第12页。

中心，是唐朝的势力范围，即便唐军队退出此区域，新罗与渤海国仍不敢越雷池一步。但渤海国间接控制了辽东地区，虽未驻军设州，但其羁縻统治的靺鞨各部生活在此地。而东部地区则成为渤海国与新罗争夺的中心，双方兵戎相见，最终以龙兴江—大同江为界。可见，唐朝末期辽东地域格局形势复杂，这就给契丹族的进入创造了有利条件。

第二节 契丹族染指辽东地区

9世纪末，唐朝政权衰弱，这使逐渐强大的契丹族有机会进入辽东地区。辽东地区作为一个各方面拥有诸多优势条件的地区，吸引着契丹族，契丹首领耶律阿保机也将占据辽东地区作为其重要的战略思想，最终从渤海国手中取得辽东地区。

一、耶律阿保机的战略思想

契丹十分重视辽东地区，在占领辽东地区百余年后，臣僚的思想中仍存在"李唐末，会我圣元皇帝肇国辽东"[1]的认知。契丹对于以辽阳为中心的辽东地区，不同于以往对中原的侵扰，而是想要对其进行长期占领。《辽史·地理志》记载，契丹将箕子朝鲜都城、汉乐浪郡、高句丽都城平壤及渤海中京显德府都人为地迁到辽阳府。有学者根据《辽史·礼志》中的"辽本朝鲜故壤，箕子八条之教，流风遗俗，盖有存者"[2]的记载，并运用冯家昇关于《辽史》源流考证的基本方法进行研究[3]，认为《辽史》中关于东京辽阳府的谬误之处并非元人失误所致，而是宋人根据耶律俨

---

[1] 陈述：《全辽文》卷六，北京：中华书局，1982年，第119页。
[2] 脱脱等：《辽史》卷四十九《礼志一》，北京：中华书局，1974年，第833页。
[3] 冯家昇：《辽史证误三种》，北京：中华书局，1959，第1—73页。

《皇朝实录》修纂而成①。耶律俨为什么会这样做？早在辽朝初年，统治者为了成为辽东地区的霸主，不惜将箕子朝鲜都城、汉乐浪郡、高句丽都城平壤及渤海中京显德府都人为地迁到辽阳府。这些举措，都是契丹早期为了追求在辽东地区的政治利益，故意以箕子朝鲜的继承者自居，炮制继承世系而造成的。②契丹极力强调自己是箕子朝鲜、高句丽等的继承国：一方面是契丹企图用"君子国"的名号，作为其称霸一方的冠冕；另一方面是出于领土上的要求。这种战略思想使契丹加快了攻取辽东地区的步伐，并将辽阳、鸭绿江口作为两个重要的战略重心。该思想被之后的辽朝统治者所继承，并根据不同朝代的时局，设置相关的军政机构，以加强对这一地区的统辖。

二、耶律阿保机攻取辽东地区

前文已经对辽东地区的归属问题、耶律阿保机从谁手中攻取辽东地区作了详细论述。辽东地区在安东都护府内迁时即已被唐放弃，渤海国势力随之进入辽东地区③，但渤海国并没有对辽东地区采取行政军事占领。而辽东地区生活着部分受渤海国羁縻统治的黑水靺鞨部落。最终，耶律阿保机从女真人手中夺得了辽东地区。这一情况史料多有记载。《辽史》载，"东京故渤海地，太祖力战二十余年乃得之。"④《契丹国志》亦有记述，"东京乃渤海故地，自阿保机力战二十余年始得之，建为东京。"⑤虽

---

① 吉本道雅：《〈辽史·地理志〉东京辽阳府条小考——10—14世纪辽东历史地理的认识》，《辽金历史与考古国际学术研讨会论文集（上）》，沈阳：辽宁教育出版社，2012年，第222—230页。

② 姜维公：《〈辽史·地理志〉东京辽阳府条记事谬误探源》，《中国边疆史地研究》，2011年第2期。

③ 郑毅：《唐安东都护府迁治探佚》，《社会科学辑刊》，2008年第6期。

④ 脱脱等：《辽史》卷二十八《天祚皇帝二》，北京：中华书局，1974年，第334页。

⑤ 叶隆礼：《契丹国志》卷十《天祚皇帝上》，贾敬颜、林荣贵点校，上海：上海古籍出版社，1985年，第108页。

然两则史料记载不完全相同,但均表明耶律阿保机是经过跟渤海国激战数十年才获得辽东地区。王寂的《辽东行部志》也可作一佐证,"当五代时,契丹与渤海血战数十年,竟灭其国,于是辽东之地,尽入于辽"①。因王寂是金代中期著名学者,其父王础金初曾任辽东析木县县令。王寂少年时随父客居辽东,后中进士,金章宗明昌年间提典辽东刑狱,出巡辽东各地,对辽东的历史、地理、人物风情有较全面的了解,其说不会无据。②

耶律阿保机在唐朝末年就开始酝酿进军辽东地区的战略,具体言之,是在其游牧区之东端建立东楼、在潢水之南置龙化州及筑长城于镇东海口。关于东楼,"楼"作为契丹的最高军事议事场所,好比蒙古的汗庭。当时有四楼之制,东楼的建立应与向东扩张有关。因为东楼的地望,据辽朝归宋汉人赵至忠所著《虏廷杂记》记载,在西楼东千里。根据西楼(内蒙古赤峰林东镇)至东楼距离,东楼应在今内蒙古自治区通辽市市区库伦旗一线上。从《辽史·地理志》的记载来看,东楼所在位置或可延伸至西辽河及其以东的广大地区。在此建立一个政治中心,说没有向东扩张的意图是不可能的。③关于龙化州的地望,《辽史》明确记载其在潢河(今西辽河)之南。又据《资治通鉴》卷269:"于所居大部落置楼,谓之西楼,今谓之上京;又于其南木叶山置楼,谓之南楼;又于其东千里置楼,谓之东楼;又于其北三百里置楼,谓之北楼。太祖四季常游猎于四楼之间。"④西楼是指辽上京,位于今内蒙古自治区赤峰市巴林左旗林东镇南侧。而东楼则在龙化州境内,"龙化州……太祖于此建东楼。"⑤既然龙化州是在东距西楼上京千里之内的西辽河以南,按照这样的方位进行

---

① 王寂:《辽东行部志》,台北:广文书局,1968年,第10页。
② 都兴智:《唐末辽东南部地区行政归属问题试探》,《辽宁师范大学学报(社会科学版)》,2004年第1期。
③ 杨福瑞《试论辽朝对辽东地区的经略》,《内蒙古民族大学学报(社会科学版)》,2008年第2期,55页。
④ 司马光:《资治通鉴》卷269《后梁纪四》,中华书局,1956年,第8809页。
⑤ 脱脱等:《辽史》卷37《地理志一》,中华书局,1974年,第447页。

推测，则龙化州的地理位置无疑是在辽东地区。辽开泰九年（1020年），《耿延毅墓志铭》记曰："当李唐末，会我圣元皇帝（辽太祖）肇国辽东。"①所谓"肇国辽东"指耶律阿保机最初是以龙化州所在地区为原始根据地，通过对外扩张和对内蚕食的政策和策略，一步一步地取代遥辇氏政权而完成辽朝的创建工作的。

耶律阿保机占据辽东地区后，将辽阳、鸭绿江口作为辽东地区的两个重要战略中心。辽太祖九年（915年）冬十月，耶律阿保机已经控制了辽东地区，并"钩鱼于鸭渌江"②。此次"钩鱼"的真实目的，应该是耶律阿保机视察鸭绿江口处的军事设施，并以武力震慑鸭绿江流域的诸政权及当地各部落。占领鸭绿江入海口，契丹进一步巩固对辽东地区的占领。神册三年（918年）春正月，辽太祖亲自到达辽东地区，并视察"辽东故城"。神册四年（919年）二月，辽太祖"修辽阳故城，以汉民、渤海户实之，改为东平郡，置防御使"，可见，辽太祖将辽阳作为一个重要的战略中心；而"东平郡"的设立，也体现了辽向东扩张的决心。同年五月，辽太祖又"至自东平郡"。③辽朝对辽阳、鸭绿江口的重视，尤其是频繁活动于鸭绿江口，对新兴的高丽政权形成了一定的压力。918年，高丽建国，高丽太祖王建迫于辽朝兵临鸭绿江口的压力，向辽朝纳贡。④王建于高丽太祖二年（919年）跨过大同江并修建平壤城，开始北进，随即与辽朝发生了冲突。在918—925年，辽朝与高丽很有可能在鸭绿江口或以南某地发生了军事摩擦，并以辽朝取胜告终。⑤这次战斗，是高丽太祖北进政策与辽太祖称霸辽东政策矛盾的体现。而双方争执的焦点，即在契丹屯兵的鸭绿江入海口地区，此地的战略价值更加凸显。

---

① 陈述：《全辽文》卷六，中华书局，1982年，第119页。
② 脱脱等：《辽史》卷一《太祖上》，北京：中华书局，1974年，第10页。
③ 脱脱等：《辽史》卷二《太祖下》，北京：中华书局，1974年，第15页。
④ 脱脱等：《辽史》卷七十《属国表》，北京：中华书局，1974年，第1126页。
⑤ 黄为放：《10—12世纪的渤海移民问题研究》，长春师范大学博士学位论文，2017年。

三、契丹占领辽东地区的作用与影响

以辽阳为中心的辽东地区不仅拥有丰富的自然资源、有利的山川形势，而且在长期的历史进程中逐渐成为彼时东北亚的政治经济文化中心，契丹占领该地区具有重要的战略意义。

辽东地区有先天的地理区位优势。辽东地区位于东北地区的南部，控制着中原与东北地区之间的陆上通道（即河西走廊）和海上通道，地处中原和东北北部地区通往辽东半岛、朝鲜半岛以及日本的交通要冲，交通便利，历来为兵家必争之地。辽东地区还有丰富的自然资源，境内有东北地区三大平原之一的辽河平原，面积辽阔。平原上河流众多，自西向东有小凌河、大凌河、绕阳河、辽河、浑河、太子河等。该地区依山傍水，矿产（尤其是铁）以及盐、鱼等资源丰富，气候属暖温带，史料有"地衍土沃，有木铁盐鱼之利"[①]的记载。《辽史》所说的"（玄祖）始教民稼穑，善畜牧，国以殷富""（德祖）仁民爱物，始置铁冶，教民鼓铸"[②]等生产措施，虽未指出具体地域，但根据"稼穑"和"铁冶"的地理环境来看，很有可能包括土地丰饶的辽东地区在内。尤其是辽阳市，东依千山山脉；西临辽河平原；南接黄、渤二海，与辽东半岛相连；境内有辽河流域的两大支流，即太子河与浑河水系。这里既有山川形胜，又有丘陵平原，既有古代的舟楫之利，又是靠近海岸线的鱼米之乡。

辽东地区具有重要的历史地位，辽阳在某种程度上可以说是当时东北亚的中心。从战国时期开始，燕国击败东胡，置辽东郡，首府设在襄平（今辽宁省辽阳市）[③]，开辟了辽东这块土地。"汉世分为三郡"[④]，魏晋

---

① 脱脱等：《辽史》卷七十五《列传第五》，北京：中华书局，1974年，第1238页。
② 脱脱等：《辽史》卷五十九《食货志上》，北京：中华书局，1974年，第923、924页。
③ 金毓黻：《东北通史》，重庆：五十年代出版社，1981年，第60页。
④ 魏征等：《隋书》卷六十七《裴矩》，北京：中华书局，1974年，第1581页。

时期也对辽东地区进行管辖，"近在提封之内"[①]。因此，辽东地区被中原统治者视为"旧中国之有"[②]，具有特殊的历史地位。5世纪初，辽东郡为高句丽占据。高句丽辽东城依山恃险，在这个地区修建了很多山城，统治近四百年时间。之后，隋唐两朝皇帝多次出兵，击败高句丽[③]，使辽东地区重新被纳入管辖范围内，形成"九瀛大定"[④]的统治盛世。

辽东地区的诸多条件，对契丹族拥有巨大的吸引力，加之唐朝废止了安东都护府，此地只有渤海国羁縻下的靺鞨居住，这为契丹族提供了便利。契丹族入据辽东地区也是其社会发展的必然结果。9世纪末10世纪初，契丹族处于内部强大部族联合体的形成和奴隶制向封建制过渡的时期。契丹族从部落到国家的发展，伴随着连年对外征伐的胜利。[⑤]

总之，辽东地区因具有得天独厚的优势，使得契丹族急切地欲将其据为己有。耶律阿保机运用个人智慧并凭借契丹族的实力，最终从女真人手中获得辽东地区，并且将辽阳、鸭绿江口作为两个战略重心。此时，辽东南部地区的地域格局是契丹族占据以辽阳为中心的辽东地区，渤海国势力逐渐衰弱，朝鲜半岛上的高丽政权开始北进。

第三节 耶律阿保机对辽东地区的治理

契丹族占据辽东地区后，耶律阿保机开始对辽东南部地区进行初步治理，采取了诸多军政等方面的措施。

---

① 刘昫：《旧唐书》卷六十一《温大雅》，北京：中华书局，1975年，第2360页。
② 王钦若等：《册府元龟》卷一《帝王部·亲征第二》，北京：中华书局，1960年，第1279页。
③ 程尼娜：《东北史》，长春：吉林大学出版社，2001年，第101，102页。
④ 王钦若等：《册府元龟》卷一《帝王部·亲征第二》，北京：中华书局，1960年，第1280页。
⑤ 蔡美彪：《契丹的部落组织和国家的产生》，《历史研究》，1964年第5-6期。

一、设置府州

耶律阿保机于公元901年任夷离堇以后，南略中原、东伐女真，将众多汉人、渤海人迁徙到辽东地区的新民、康平、沈阳等地，还将曷苏馆女真迁徙到今辽宁省辽阳市以南盖州东北一带。①

辽朝对辽东地区的管理体系，随着中央官制的变化而逐渐呈现雏形。神册六年（921年）五月，辽太祖"诏定法律，正班爵"②，这标志着北、南宰相府由部族权力机关向国家机构转变迈出了重要的一步③。这是辽朝第一次官制改革，标志着辽朝在契丹族传统机构的基础上，逐渐建立了一套新的管理体系。耶律阿保机最早用汉儿司管理辽东南部地区的汉人、渤海人等，"太祖初有汉儿司，韩知古总知汉儿司事"④，具体负责安置流入人口事宜。⑤韩知古之子韩匡嗣也"总知汉儿司事，兼主诸国礼仪"⑥，这是辽朝统治者实行汉人治汉人政策的开端⑦。辽太宗入据汴梁后，"因晋置枢密院，掌汉人兵马之政，初兼尚书省"⑧，故有学者认为，汉儿司是汉人枢密院的前身。⑨

随着中央管理体系的设置，耶律阿保机还先后将俘虏和迁来的汉人、渤海人安置在辽东地区，成立了地方的州县管理机构。

辽州，"隶长宁宫"⑩。天赞三年（924年）五月，辽太祖"徙蓟州

---

① 张博泉，苏金源，董玉瑛：《东北历代疆域史》，长春：吉林人民出版社，1980年，第139页。
② 脱脱等：《辽史》卷二《太祖下》，北京：中华书局，1974年，第16页。
③ 黄为放：《辽代北面宰相制度研究》，长春师范学院硕士学位论文，2011年。
④ 脱脱等：《辽史》卷四十七《百官志三》，北京：中华书局，1974年，第773页。
⑤ 田广林：《契丹货币经济史》，北京：东方出版社，1999年，第40页。
⑥ 脱脱等：《辽史》卷七十四《韩知古》，北京：中华书局，1974年，第1233页。
⑦ 田广林：《契丹货币经济史》，北京：东方出版社，1999年，第40页。
⑧ 脱脱等：《辽史》卷四十七《百官志三》，北京：中华书局，1974年，第773页。
⑨ 何天明：《辽代汉人枢密院探讨》，《社会科学辑刊》，1999年第5期。
⑩ 脱脱等：《辽史》卷三十八《地理志二》，北京：中华书局，1974年，第467页。

民实辽州地"①。天显元年（926年），辽太祖迁渤海民到辽州。辽州下辖一州二县，即辖祺州，辽滨、安定二县。祺州，神册六年（921年）十一月，"分兵略檀……等十余城，俘其民徙内地"；十二月，"还次檀州……诏徙檀、顺民于东平、沈州。"②辽太祖"以檀州俘于此建檀州"③，会同元年（938年），更为祺州④，"隶弘义宫（太祖）"⑤。统一县：庆云县，"太祖俘密云民，于此建密云县，后更名。"⑥天赞二年（923年），为密云县，会同元年（938年）改为庆云县。⑦

沈州，神册六年（921年）十月，耶律阿保机亲率契丹骑兵过居庸关攻掠中原；十二月，"诏徙檀、顺民于东平、沈州"⑧。沈州是契丹为安置被俘掠北上的中原汉民于神册六年（921年）建置的。但当时所建之"州"不一定名为"沈州"，极有可能是后来辽朝灭渤海国，使渤海国的"瀋州"南迁，与辽太祖移民所建之"州"合并，才正式有了"沈州"之名。⑨当时与沈州同建的还有其所辖的附郭县"乐郊"和"灵源"。乐郊县，辽太祖"俘蓟州三河民，建三河县，后更名"⑩，有学者认为是俘获"蓟州三河县的人民而建置的三河县"⑪；灵源县，是辽太祖"俘檀州

---

① 脱脱等：《辽史》卷二《太祖下》，北京：中华书局，1974年，第19页。
② 脱脱等：《辽史》卷二《太祖下》，北京：中华书局，1974年，第17—19页。
③ 脱脱等：《辽史》卷三十八《地理志二》，北京：中华书局，1974年，第467页。
④ 余蔚：《中国行政区划通史（辽金卷）》，上海：复旦大学出版社，2012年，第239页。
⑤ 脱脱等：《辽史》卷三十七《地理志一》，北京：中华书局，1974年，第443页。
⑥ 脱脱等：《辽史》卷三十八《地理志二》，北京：中华书局，1974年，第467页。
⑦ 余蔚：《中国行政区划通史（辽金卷）》，上海：复旦大学出版社，2012年，第240页。
⑧ 脱脱：《辽史》卷二《太祖下》，北京：中华书局，1974年，第16页。
⑨ 张国庆：《契丹辽朝在辽沈地区的行政管理考略》，《朔方论丛》第3辑，呼和浩特：内蒙古大学出版社，2013年，第32-45页。
⑩ 张国庆：《契丹辽朝在辽沈地区的行政管理考略》，《朔方论丛》第3辑，呼和浩特：内蒙古大学出版社，2013年，第32-45页。
⑪ 张博泉，苏金源，董玉瑛：《东北历代疆域史》，长春：吉林人民出版社，1981年，第132页。

吏民，建渔阳县，后更名"①，有学者认为是阿保机俘获"蓟州渔阳县的吏民所建置的渔阳县"②。除乐郊、灵源两县之外，沈州还有一附属刺史州，名"岩州"，"初隶长宁宫，后属敦睦宫"③，原为高句丽之白岩城，在辽太宗统治时期辽朝将其划归沈州。岩州下辖一白岩县。

辽州、沈州，均属于隶宫州县。辽朝历代皇帝，都设有自己的斡鲁朵。斡鲁朵，"宫也。"④据《辽史·营卫志》载："有事则以攻战为务，闲暇则以畋渔为生……辽国之法，天子践位置宫卫，分州县，析部族，设官府，籍户口，备兵马。崩则扈从后妃宫帐，以奉陵寝。有调发，则丁壮从戎事，老弱居守。"⑤隶属斡鲁朵的民户有两种：一种是以汉人、渤海人为主的州县斡鲁朵户，又称"藩汉转户"；另一种是以契丹人为主的部族斡鲁朵户。州县斡鲁朵户由南面诸宫官进行管理。辽朝的州县斡鲁朵户，有一定的人身自由，但承担着生产、军事等职责，他们有向朝廷输纳赋税、出征作战的任务⑥；也需要承担朝廷的力役，如咸雍十年（1074年），大公鼎任沈州观察判官时，"时辽东雨水伤稼，北枢密院大发濒河丁壮以完堤防。有司承令峻急，公鼎独曰：'边障甫宁，大兴役事，非利国便农之道？'乃疏奏其事。朝廷从之，罢役，水亦不为灾。濒河千里，人莫不悦。"⑦沈州隶属敦睦宫，说明州县斡鲁朵户有修河堤的责任和义务。

---

① 脱脱：《辽史》卷三十八《地理志二》，北京：中华书局，1974年，第467页。
② 张博泉：《东北历代疆域史》，长春：吉林人民出版社，1981年，第132页。
③ 脱脱等：《辽史》卷三十八《地理志二》，北京：中华书局，1974年，第466页。
④ 脱脱等：《辽史》卷一百一十六《国语解》，北京：中华书局，1974年，第1544页。
⑤ 脱脱等：《辽史》卷三十一《营卫志上》，北京：中华书局，1974年，第361、362页。
⑥ 武玉环：《辽代斡鲁朵探析》，《历史研究》，2000年第2期。
⑦ 脱脱等：《辽史》卷一百零五《大公鼎》，北京：中华书局，1974年，第1460页。

二、修筑长城

耶律阿保机除迁徙人口、设置州县外，还在军事防御方面采取了多项措施。修筑镇东海口长城，就是加强国防的重要举措。辽太祖二年（908年），冬十月，"筑长城于镇东海口。"①"镇东海口"，金毓黻认为即辽东京道的"镇海府"，对其具体位置所在，学界众说纷纭。金毓黻认为，"亦当属之金复二县矣"②；张博泉、苏金源和董玉瑛主张，在"今盖县以南"③；有人推断，在"金县南关岭黄、渤二海地岬处"④；有人认为，在"今渤海湾中的大清河口"⑤；还有人认为，"镇东海口"就是辽朝的"镇东关"，镇东海口长城在"今辽宁省大连市甘井子区大连湾镇南起盐岛村，北至土城子村的烟筒山一线，全长约12华里（1华里=1里=500米）"⑥。在众多论断中，有的具体，有的笼统。相较之下，将镇东海口长城定于鸭绿江入海之处⑦，这一观点更为合理。首先，"长城"是古代建于边境的防御工事，而长城筑于海口，就意味着镇东海口长城以这个海口为起点（或终点），向海口以外的陆地延伸。耶律阿保机沿镇海府筑长城，必然具有其政治、军事目的。"东"字，应该是针对东边的劲敌渤海国而言的，修筑镇东海口长城的主要目的是防御渤海国侵袭。其次，这里是鸭绿江江口，于此修筑长城，能够控制渤海国与中原的交通。据《新唐

---

① 脱脱等：《辽史》卷一，《太祖上》，北京：中华书局，1974年，第3页。
② 金毓黻：《东北通史》，重庆：五十年代出版社，1981年，第314页。
③ 张博泉：《东北历代疆域史》，长春：吉林人民出版社，1981年。
④ 金殿士：《试论辽太祖耶律阿保机经略辽东》，《沈阳师范大学学报（社会科学版）》，1984年第1期。
⑤ 王绵厚：《唐末契丹进入辽东的历史考察》，《社会科学辑刊》，1993年第2期。
⑥ 田广林：《辽朝镇东关考》，《社会科学战线》，2006年第4期，第132页。
⑦ 余蔚：《中国行政区划通史（辽金卷）》，上海：复旦大学出版社，2012年，第210页。

书·渤海传》记载，中原王朝取道渤海国的道路有一条"朝贡道"①，即从登州出发，至鸭绿江江口，后继续顺流而上，到达渤海王城。而"朝贡道"的咽喉之地"泊汋口"，即在鸭绿江入海口处。②故辽在镇东海口筑长城就是为了防范渤海国，堵住其与中原王朝联络之"朝贡道"，并为后来的军事进攻作准备。今辽宁省丹东市九连城南四十里的三道浪头附近有一座古城，名为娘娘城，"略近方形，南北长三百五十米，东西宽二百一十米，……是一种军事城堡"。③有学者分析其地理位置后，认为娘娘城城址为镇东海口和镇海府的遗址。④镇东海口长城修建之后，辽控制了鸭绿江入海口附近地区，不但扼住"世仇未雪"⑤的渤海国之交通要道，还震慑了其治下的靺鞨各部，同时也与朝鲜半岛上的高丽发生了矛盾。到918年，高丽建国，高丽太祖王建迫于契丹兵临鸭绿江口的压力，向辽朝纳贡。与此同时，王建于神册四年（919年）跨过大同江并修建平壤城，开始推行其北进政策。而在其北进之时，即与辽朝在鸭绿江口或以南某地发生了军事摩擦，并以辽朝取胜告终。

三、迁徙曷苏馆女真

曷苏馆女真是辽朝女真人的一个重要群体，辽太祖耶律阿保机对其非常重视。唐天复三年（903年），耶律阿保机对女真进行了攻伐，"下

---

① 欧阳修，宋祁：《新唐书》卷二一九《渤海传》，北京：中华书局，1975年，第6182页。

② 魏存成：《渤海政权的对外交通及其遗迹发现》，《中国边疆史地研究》，2003年第7期。

③ 陈连开：《唐代辽东若干地名考释》，《社会科学辑刊》，1981年第3期。

④ 金殿士：《试论辽太祖耶律阿保机经略辽东》，《沈阳师范大学学报（社会科学版）》，1984年第1期。

⑤ 脱脱等：《辽史》卷二《太祖下》，北京：中华书局，1974年，第21页。

之，获其户三百"①，并取得马匹等物。唐天复六年（906年），耶律阿保机再次"遣偏师讨奚、霫诸部及东北女直之未附者，悉破降之"。②女真作为耶律阿保机"开国北方"之初并吞的三十六个部族之一，也是其忧患所在，故"诱其强宗大姓数千户，移至辽阳之南，以分其势，使不得相通。迁入辽阳著籍者，名曰合苏馆，所谓熟女真是也"。③这些女真人被耶律阿保机迁到辽东半岛后，主要分布在今辽宁省辽阳市以南盖州东北一带地区。④曷苏馆在《辽史》中又有曷苏馆、合苏衮或合素、苏馆等⑤称呼，是耶律阿保机为治理女真而设置的一种行政单位。曷苏馆是"曷苏"和"馆"两个词的合成词。"曷苏"是"归化人"的意思；"馆"是一种具有行政性质的居住单位。⑥契丹统治者有使用少数民族部族防御强敌的惯例，这些部族守卫边防对防止外部武装力量的入侵起了重要作用。⑦故耶律阿保机对曷苏馆女真的迁徙，其目的应不只是防止女真发展强大，更有使其充实辽东地区，防御渤海国及附近其他民族的作用。

四、发展经济

耶律阿保机还注意对辽东南部地区的经济开发，尤其对农业、冶铁业

---

① 脱脱等：《辽史》卷一《太祖上》，北京：中华书局，1974年，第2页。
② 脱脱等：《辽史》卷一《太祖上》，北京：中华书局，1974年，第2页。
③ 徐梦莘：《三朝北盟会编》卷三《女真纪事》，上海：上海古籍出版社，1987年，第16页。
④ 张博泉，苏金源，董玉瑛：《东北历代疆域史》，长春：吉林人民出版社，1980年，第139页。
⑤ 洪浩：《松漠纪闻》，翟立伟标注，长春：吉林文史出版社，1986年，第22页。
⑥ 李自然，周传慧：《曷苏馆女真的几个问题》，《满族研究》，2010年第4期，第16，17页。
⑦ 武玉环：《辽代部族制度研究》，《史学集刊》，2002年第1期。

和贸易格外重视。辽太祖在平定"诸弟之乱"后，即"专意于农"，[①]并迁徙大量汉人与渤海人至辽东地区，以恢复当地的农业生产。契丹还掌握了冶铁技术，辽太祖五年（911年）冬十月，"置铁冶。"[②]据史料载："坑冶，则自太祖始并室韦，其地产铜、铁、金、银，其人善作铜、铁器。又有曷术部者多铁。'曷术'，国语铁也。部置三冶：曰柳湿河，曰三黜古斯，曰手山。"[③]辽太祖修筑东平府之时，"铸铁凤镇之，因号铁凤城"[④]，从铁凤城的名字来看，辽朝已经将冶铁的技术带入辽东地区。辽朝初期辽东地区的冶铁业不仅规模大，而且鼓铸技术亦达到较高水平。耶律阿保机还积极发展商业。据史料载："征商之法，则自太祖置羊城于炭山北，起榷务以通诸道市易。……东平郡城中置看楼，分南、北市，禺中交易市北，午漏下交易市南。"[⑤]"看楼"，又叫"市楼"，这是官方设置的市场管理处，此处可以观察市场的动态。[⑥]

总之，耶律阿保机通过这些治理措施，有效地控制并开发了以辽阳为中心的辽东地区。同时，他还对汉人、渤海人进行统治，并迁徙了部分女真部落，对之后历代辽朝统治者影响深远。

第四节 东丹国对辽东地区的统治

耶律阿保机对辽东地区的经略卓有成效，他以此为基地攻灭渤海国，在其故地建立东丹国。之后，辽太宗出于多种原因，将东丹国南迁至辽东

---

① 脱脱等：《辽史》卷五十九《食货志上》，北京：中华书局，1974年，第924页。
② 脱脱等：《辽史》卷一《太祖上》，北京：中华书局，1974年，第5页。
③ 脱脱等：《辽史》卷六十《食货志下》，北京：中华书局，1974年，第930页。
④ 任洛等：《辽东志》卷一《地理志》，《辽海丛书二》，沈阳：辽沈书社，1985年，第4页。
⑤ 脱脱等：《辽史》卷六十《食货志下》，北京：中华书局，1974年，第929页。
⑥ 田广林：《契丹货币经济史》，北京：东方出版社，1999年，第60页。

地区，进一步巩固了对这一区域的统治。

一、东丹国的建立

耶律阿保机占据辽东后，统率契丹军队与渤海国进行了多年战争。天赞三年（924年）七月，辽太祖再次"东攻渤海"[1]，结果无功而返。天赞四年（925年）冬，辽太祖终于抓住战机"乘衅而动"[2]，率大军进攻渤海国，皇后述律平、皇太子耶律倍、大元帅尧骨皆从，军队总数约在一二十万之间。[3]天显元年（926年）正月，契丹军乘势东进渤海国首都忽汗城。以惕隐安端、前北府宰相萧阿古只等将领为先锋的契丹军在路上和渤海国老相率领的三万渤海军相遇，"破之"[4]，而太子耶律倍和大元帅尧骨所率部队直抵忽汗城下。面对大军压境，渤海国王大諲譔完全丧失了斗志，在首都被围的四天后身着"素服，稿索牵羊，率僚属三百余人出降"[5]，渤海国灭亡。

渤海国灭亡的原因较为复杂，但契丹对辽东地区的占据，成为其覆灭的重要因素，具体分析如下。

第一，契丹在占据辽东地区的过程中，不断消耗渤海国的实力，是渤海国灭亡的重要因素。根据史料记载，契丹与依附渤海国的女真人为争夺辽东地区而"力战二十余年"。[6]辽东地区自战国以后，以农业为基础的经济发展达到了较高的水平，成为东北地区的经济中心；唐朝中后期，女真人进入该地后，对渤海国经济作出了很大的贡献。这对以农耕为经济

---

[1] 薛居正：《旧五代史》卷三十二《唐庄宗纪第六》，北京：中华书局，1976年，第439页。

[2] 脱脱等：《辽史》卷七十五《耶律羽之》，北京：中华书局，1974年，第1238页。

[3] 魏国忠，朱国忱，郝庆云：《渤海国史》，北京：中国社会科学出版社，2006年，第560页。

[4] 脱脱等：《辽史》卷二《太祖下》，北京：中华书局，1974年，第22页。

[5] 脱脱等：《辽史》卷二《太祖下》，北京：中华书局，1974年，第22页。

[6] 脱脱等：《辽史》卷二十八《天祚皇帝二》，北京：中华书局，1974年，第334页。

基础、以府兵制为军事制度的渤海国而言，所面临的压力是巨大的，必然造成国力的损耗。天赞三年（924年）夏五月，渤海国又主动进攻辽州，"杀其刺史张秀实而掠其民"①，这次军事冲突渤海国虽然取胜，但仍然处于长期的消耗中。因渤海国自始至终都保持着一个常备军队，由最初的胜兵数万发展到数十万之众，随着渤海国统治逐渐腐朽，如此庞大数量的军队，不仅难以防御外敌，反而大大加速了渤海国的灭亡。②而作为游牧民族的契丹则正好相反，在双方的军事冲突中，他们不但获得了物资，还俘获了不少渤海人口，并设立州城。沈州，在辽朝灭渤海国之前就已经设立，是由辽朝迁徙渤海国定理府潘州的渤海人所建立；辽州，是天赞三年（924年）五月，辽太祖"徙蓟州民"与渤海人混居而建立的；东平郡，神册四年（919年）二月，辽太祖"修辽阳故城"，并迁徙"汉民、渤海户实之"③。军事压力的增加及人口的流失，不断消耗着渤海国的实力，最终推动其走向灭亡。

第二，耶律阿保机占据渤海国与中原交往的咽喉要道，掌握了战争的主动权。契丹占据辽东地区时，首先占据了重要的交通要冲。唐朝时期，渤海国为向中原王朝朝贡，便形成一条"朝贡道"④，即从登州出发，至鸭绿江口，后继续顺流而上，到达渤海国王城。而"朝贡道"的咽喉之地"泊汋口"，即在鸭绿江入海口处。⑤耶律阿保机在修葺辽阳故城时，还"钩鱼于鸭渌江"⑥，并修筑镇东海口长城。契丹占据鸭绿江口，有利于

---

① 脱脱等：《辽史》卷二《太祖下》，北京：中华书局，1974年，第19页。
② 魏国忠，朱国忱，郝庆云：《渤海国史》，北京：中国社会科学出版社，2006年，第338页。
③ 脱脱等：《辽史》卷二《太祖下》，北京：中华书局，1974年，第15—19页。
④ 欧阳修，宋祁：《新唐书》卷二一九《渤海传》，北京：中华书局，1975年，第6182页。
⑤ 魏存成：《渤海政权的对外交通及其遗迹发现》，《中国边疆史地研究》，2003年第7期。
⑥ 脱脱等：《辽史》卷一《太祖上》，北京：中华书局，1974年，第10页。

控制渤海国的交通要道，迫使附近的部族臣服，同时也有利于掌握大量渤海国的信息。天赞四年（925年），渤海国统治集团上层发生了大规模的内乱，部分渤海国王族及官员率属下越鸭绿江逃往王氏高丽。①耶律阿保机及时、准确掌握了渤海国内部君臣"离心"的信息，抓住了这次"天授人与"②的战机，出兵直捣渤海上京龙泉府。

耶律阿保机灭渤海国后，天显元年（926年）二月，"改渤海国为东丹，忽汗城为天福，册皇太子倍为人皇王以主之。"③东丹国尽管是一个附庸之国，但却享有高度的自治权并具有一定的独立性，实际上具备了"国"的体制和规模。天显元年（926年），耶律阿保机令耶律倍主东丹，东丹王被"赐天子冠服，建元甘露，称制"④，并在东丹国继续保留着渤海国的仪仗，直至乾亨五年（983年）圣宗东巡，东京留守还以渤海国仪卫迎驾⑤。《契丹国志·东丹王》亦记载："先是，突欲镇东丹时乃渤海国亦有宫殿，被十二旒冕，服皆画龙像，称制行令。"⑥东丹王实际上就是东丹国的皇帝。

东丹国，有自己独立的行政司法权，《辽史》记载：东丹国"置左、右、大、次四相及百官，一用汉法"⑦。"汉法"，即渤海国仿照唐朝制度建立的从中央到地方的一整套中央集权制行政司法体系。在东丹王以下，东丹国设有一整套相当完备的政府行政机构，其官吏任免，除了中央机构中的"左、右平章事，大内相"等重要官职由辽朝政府任命以外，

---

① 杨保隆：《辽代渤海人的逃亡与迁徙》，《民族研究》，1990年第4期。
② 脱脱等：《辽史》卷七十五《耶律羽之》，北京：中华书局，1974年，第1238页。
③ 脱脱等：《辽史》卷二《太祖下》，北京：中华书局，1974年，第22页。
④ 脱脱等：《辽史》卷七十二《义宗倍》，北京：中华书局，1974年，第1210页。
⑤ 脱脱等：《辽史》卷五十八《仪卫志四》，北京：中华书局，1974年，第920页。
⑥ 叶隆礼：《契丹国志》卷十四，贾敬颜，林荣贵点校，上海古籍出版社，1985年，第150页。
⑦ 脱脱等：《辽史》卷七十二《义宗倍》，北京：中华书局，1974年，第1210页。

其"已下百官，皆其国自除授"①。东丹国拥有自己独立的财政，对辽朝应尽的义务，不过是"岁贡布十五万端，马千匹"②。《契丹国志·东丹王》则载："岁贡契丹国细布五万匹，粗布十万匹，马一千匹。"③东丹国继续保留着渤海国的仪仗，直至乾亨五年（983年）圣宗东巡，东京留守还以渤海国仪卫迎驾。④东丹国的独立性还表现在它所具有的外交主权上。⑤这种对外交往分为三种情形。一是东丹国使臣的独立活动，如长兴二年（931年）正月，"东丹王突欲进马十匹、毡帐及诸物，又进本国印三面，宣示宰臣。达恒列六隨娘居等进马。"⑥二是与契丹使臣同时出使而有单独的名号，如升元二年（938年），"契丹主耶律德光及其弟东丹王各遣使以羊马入贡，别持羊三万口，马三百匹来鬻，以其价市罗纨、茶药，……六月，契丹使梅里捺卢古，东丹使兵器寺少令高徒焕，奉书致贡。"⑦三是既不称契丹使，也不称东丹使，仍称渤海使。例如，天成元年（926年）七月，"渤海使人大昭佐等六人朝贡"；天成四年（929年）"五月，渤海遣使高正词入朝贡方物"；长兴二年（931年）十二月，"渤海使文成角"来朝贡；清泰二年（935年）十一月，"渤海遣使列周义入朝贡方物。"⑧这一类记载还见于《五代会要》。

---

① 叶隆礼：《契丹国志》卷十四，贾敬颜，林荣贵点校，上海：上海古籍出版社，1985年，第150页。

② 脱脱等：《辽史》卷七十二《义宗倍》，北京：中华书局，1974年，第1210页。

③ 叶隆礼：《契丹国志》卷十四，贾敬颜，林荣贵点校，上海古籍出版社，1985年，第150页。

④ 脱脱等：《辽史》卷五十八《仪卫志四》，北京：中华书局，1974年，第920页。

⑤ 王德忠：《辽朝对东丹国的统治政策及其评价》，《昭乌达蒙族师专学报（哲学社会科学版）》，1987年第2期。

⑥ 王钦若等：《册府元龟》卷九百七十二《外臣部·朝贡五》，北京：中华书局，1960年，第36页。

⑦ 脱脱等：《辽史补注》卷四《太宗下》，北京：中华书局，2018年，第152页。

⑧ 王钦若等：《册府元龟》卷九百二十七《外臣部·朝贡五》，北京：中华书局，1960年，第42页。

东丹国与日本之间的交往也很频繁。如天显五年（930年）四月，裴璆出使日本，"称东丹国使，来丹后，天皇遣使问曰：本是渤海，何称东丹国使乎？璆等对曰：渤海为契丹破灭，改名东丹，臣等今降为东丹之臣。"①。裴璆自称东丹之臣，而不称契丹之臣，可见在渤海国旧臣眼中，东丹国并非一般意义上的基层政权。

由于东丹国在对外交往中的这种实际地位，中原各王朝仍称其为渤海国，将渤海冠于东丹之上，甚至直呼突欲为渤海国王：长兴元年（930年）十一月，"契丹渤海东丹王突欲，率蕃官四十余人，马百匹，自登州泛海内附，……渤海国王人皇王突欲契丹。"②就连《辽史》中也直接称东丹之官为渤海之官：会同三年（940年）六月，"东京宰相耶律羽之言渤海相大素贤不法"。③《五代会要》《高丽史》等史籍在记东丹建国以后之事时，仍沿称渤海不改。

二、东丹国的南迁

天显元年（926年）七月，辽太祖在征服渤海国后回军途中死于扶余城（今吉林省长春市农安县）。次年（927年）十一月，耶律德光继承皇位。④辽太宗上台不久，下令南迁东丹国都城于东平郡，升东平郡为南京，同时迁东丹国民于辽东地区，这一事件史称东丹南迁。辽太宗通过南迁东丹，进一步加强了对辽东地区的控制。

关于东丹国南迁的时间，文献与石刻记载略有不同，根据史书记载：

---

① 康鹏：《东丹国废罢时间新探》，《北方文物》，2010年第2期，第73—77页。
② 脱脱等：《辽史补注》卷三《太宗上》，北京：中华书局，2018年，第20页。
③ 脱脱等：《辽史》卷四《太宗下》，北京：中华书局，1974年，第48页。
④ 蔡美彪：《辽金元史考索》，北京：中华书局，2012年，第84—89页；对于耶律德光继承皇位，辽太祖是经过深谋熟虑的，他在天赞元年（922年）河北战后就已布置安排，先封尧骨为天下兵马大元帅，后封耶律倍为人皇王，天下兵马大元帅的封授，是在太子制已确立的形势下，辽太祖为改传次子而采取的一种权宜措施。

第二章 契丹对辽东地区的经略

天显三年（928年）十二月，"时人皇王在皇都，诏遣耶律羽之迁东丹民以实东平……升东平郡为南京。"①也就是说，东丹国于天显三年（928年）南迁。而《耶律羽之墓志》则曰："比及大圣大明升天皇帝收伏渤海，革号东丹，册皇太子为人皇王，乃授公中台右平章事，……天显二年丁亥岁，迁升左相……以天显四年己丑岁，人皇王乃下诏：'朕以孝理天下，虑远晨昏，欲效盘庚，卿宜进表。'公即陈：'辽地形便，可建邦家。'于是允协帝心，爰兴基构。公夙夜勤恪，退食在公。民既乐于子来，国亦期年成矣。"②东丹国南迁是耶律羽之于天显四年（929年）上表动迁的，整个南迁工作历时一年。③通过对史料的分析，笔者更认同《辽史》中关于天显三年（928年）东丹国南迁的记载。关于东丹国南迁的真正决策者，有学者认为是辽太宗，而耶律羽之仅仅是在其授意下提出南迁计划的④；还有学者认为是耶律倍授意耶律羽之迁都⑤。但据学者考证，《耶律羽之墓志》记载存疑，耶律倍并非东丹南迁的授意者，辽太宗才是东丹南迁幕后的操控者。⑥此次南迁的东丹国民，大部分都被安置在以今辽宁省辽阳市为中心的辽东地区一带。有学者估计，在东丹国南迁时，迁入东京道的渤海人约有40余万。⑦

辽太宗将东丹国南迁到辽东地区，主要有以下几个原因。

---

① 脱脱等：《辽史》卷三《太宗上》，北京：中华书局，1974年，第29页。

② 向南，张国庆，李宇峰：《辽代石刻文续编》，沈阳：辽宁人民出版社，2010年，第3—4页。

③ 盖之庸：《内蒙古辽代石刻文研究》，呼和浩特：内蒙古大学出版社，2007年，第2—3页。

④ 金毓黻：《渤海国志长编》，长春：《社会科学战线》杂志社，1982年。杨雨舒：《东丹南迁刍议》，《社会科学战线》，1993年第5期。李桂芝：《辽金简史》，福州：福建人民出版社，1996年。

⑤ 刘桓：《关于契丹迁东丹国民的缘起》，《北方文物》，1998年第1期。都兴智：《试论耶律羽之家族与东丹国》，《辽宁工程技术大学学报（社会科学版）》，2008年第6期。

⑥ 耿涛：《东丹国南迁缘由初探》，《佳木斯大学社会科学学报》，2015年第6期。

⑦ 王承礼：《渤海简史》，哈尔滨：黑龙江人民出版社，1984年，第177页。

第一，自然环境优越，基础较好，适宜人口居住。前文已经对辽东地区的自然优势作了论述，在辽太祖时期，此地有了较快的发展。辽太祖早就认识到辽东地区地理位置的重要和自然条件的优越，故进入此地之后，采取了一系列措施，迁徙人口，建立州城，如耶律阿保机迁徙中原的檀州、顺州民于"东平、沈州"①。辽太祖还"专意于农"②，重视辽东地区的农业生产，以加强对辽东地区的统治。在辽太祖治理下，辽东地区人口增长较快，经济不断发展，使原本荒芜的土地成为适宜生存的沃土，更为辽太宗南迁东丹国的渤海遗民创造了较好的客观条件。

第二，为了有效控制渤海遗民、巩固帝位，并为入主中原提供后勤保障。辽朝灭渤海国后，虽攻陷了渤海国西境和腹心地区，但辽朝并不能使渤海人屈服。③在渤海国灭亡不到一年的时间内，渤海十五府之中，有三分之一以上归而复叛，辽朝用了一年时间方才逐一讨平。辽太祖灭渤海国后，建立东丹国，以管理渤海遗民。辽太宗为了更好地控制渤海遗民，故将东丹国内的渤海遗民全部南迁到辽东地区。在中央统治层面，虽然耶律倍在争夺皇位的斗争中失败了，但他作为耶律阿保机的长子，在东丹国仍有一定的影响力。他如果与渤海遗民力量联合，辽太宗定无力应对。南迁东丹也是为了更好地巩固自己的政权。而辽太宗政权发展的战略重点是南下中原，辽太宗必须通过南迁东丹来加强契丹在东北地区的防御力量，解除后顾之忧。④辽太宗继位后，耶律羽之提出，将渤海遗民迁入辽东，可达到扭转东北"内虚外重"的局面，契丹有了稳固的后方，这为辽太宗实施南下中原的战略铺平了道路。

第三，便于重新设置职官，完善东丹国的管理机制。辽朝建东丹国之初，基本上保留了渤海国原有的政治体制。⑤辽太祖虽设立了东丹国，并

---

① 脱脱等：《辽史》卷二《太祖下》，北京：中华书局，1974年，第16页。
② 脱脱等：《辽史》卷五十九《食货志上》，北京：中华书局，1974年，第924页。
③ 杨保隆：《辽代渤海人的逃亡与迁徙》，《民族研究》，1990年第4期。
④ 杨雨舒：《东丹南迁刍议》，《社会科学战线》，1993年第5期，第191—192页。
⑤ 蔡美彪：《契丹的部落组织和国家的产生》，《历史研究》，1964年第5—6期。

安置契丹与渤海官员共同管理，但作为游牧民族的契丹，无法对实施三省六部制的渤海国进行有效的统治。面对这种局面，东丹国已经失去行政效力，重新设置一套有利于契丹管理的机制成为当务之急。天显三年（928年），辽太宗将渤海遗民迁入辽东地区，同时，他将东平郡升南京，设置具有契丹族特色的职官南京留守协助南迁东丹国。天显六年（931年），将中台省重置于南京，其权力与南京留守大致相当。东丹国重新设立的这种管理体系仍有很重的渤海国痕迹[1]，这不但有利于安抚南迁而来的渤海遗民，也为东京道的建立打下了基础。地方上，渤海国设置的府，一部分被改制成州，一部分是府州并行。辽朝还对渤海遗民设置了大量的隶宫州县，一般州县等。通过迁徙渤海遗民，东丹国的中央及地方管理机构全面建立，这些机构既符合契丹"官制朴实"[2]的原则，又利于其统治的稳定。

第四，能够继承先祖战略思想，巩固辽东地区的地位。辽太祖时期，人们即形成了辽东地区为"箕子朝鲜—卫氏朝鲜—高句丽—渤海"历代统治中心的历史认知，体现了契丹统治者有继承箕子朝鲜文化遗产、称霸东北地区的诉求。[3]这样，辽不仅控制了渤海遗民，还继承了渤海国及辽东地区历代政权的历史遗产。至辽太宗时期，统治者进一步将东丹国数十万渤海遗民南迁至以辽阳为中心的辽东地区，其总体战略具有继承耶律阿保机治国理念的成分，这种"肇国辽东"[4]的思想始终存在于辽朝统治者的战略思想中。辽太宗以辽阳为中心，在设置了数十座州城之后，还将渤海国东京龙原府的人口迁徙至鸭绿江入海口地区，并设立开州及三个属州，以加强对该地区的管理。可见，南迁东丹国之后，辽太宗在继承耶律阿保机战略思想的同时，十分重视辽东地区地位，在整体布局中，他还加入了

---

[1] 高井康典行：《東丹国と東京道》，《史滴》，1996年第18号。

[2] 脱脱等：《辽史》卷四十五《百官志一》，北京：中华书局，1974年，第685页。

[3] 姜维公：《〈辽史·地理志〉东京辽阳府条记事谬误探源》，《中国边疆史地研究》，2011年第2期。

[4] 陈述：《全辽文》卷六，北京：中华书局，1982年，第119页。

黄龙府这个战略重镇，以维护东丹国在东北地区的统治。经过十余年的稳定统治，东丹国统治日趋平稳。938年，辽太宗设立东京道，改东丹国南京为东京，东南部地区成为辽朝的战略"左翼"。可见，辽太宗南迁东丹，正是继承辽太祖的战略思想，进一步控制了辽东地区，这使契丹政权有了一个稳固的后方，为日后的发展奠定了基础。

三、东丹国的废除

关于东丹国的废除时间，学界存在较大争议。目前多数学者认为，判断东丹国的灭亡，应以中台省的废除为标准。金毓黻提出乾亨四年（982年），东丹国废除。[1]金毓黻先生这一论断得到学界多数研究者的认同，但也有学者提出了不同的观点。日本学者高井康典行认为，乾亨四年（982年）圣宗仅裁减了中台省的官员，而并未废除中台省，推测东丹国及中台省的正式废止应在太平九年（1029年）大延琳起义之后。[2]刘浦江等则说，东丹国及中台省废罢的时间应在统和十六年（998年）之后。[3]杨雨舒主张，会同元年（938年），东丹国成为东京道的一部分，东丹国的官吏成为东京道的官吏，东丹国已名存实亡。乾亨四年（982年），辽朝"省置中台省官"，中台省左、右相被纳入东京宰相府的行政体系，东丹国才名实俱亡。[4]康鹏提出，会同元年（938年），辽朝东部地区由过去通过东丹国间接治理变为通过地方政府直接治理，改东丹国之南京为辽朝之东京，东丹国中台省也改隶于东京，至此东丹国实际上已被废去。天禄五

---

[1] 金毓黻：《东北通史》，重庆：五十年代出版社，1981年，第325页。

[2] 高井康典行：《東丹国と東京道》，《史滴》，1996年第18号。

[3] 刘浦江：《辽金史论》，辽宁大学出版社，1999年，第35—57页；《辽代的渤海遗民——以东丹国和定安国为中心》，《文史》，2003年第1辑；《辽〈耶律元宁墓志铭〉考释》，《考古》，2006年第1期。范树梁，程尼娜《辽代东丹国设置浅析》一文亦认为东丹国应在辽圣宗朝被废，见《辽金史论集》第11辑，吉林文史出版社，2008年，第51—59页。

[4] 杨雨舒：《辽代东丹国废除问题辨析》，《东北史研究》，2004年第2期。

年（951年），东丹国名实俱亡。①

事实上，天显十三年（938年）十一月，石敬瑭正式将燕云十六州割让给契丹，辽太宗遂改元会同，建"大辽"国号。辽太宗参照中原制度，对中央及地方的官僚制度进行了一系列改革："以皇都为上京，府曰临潢。升幽州为南京，南京为东京。"②可见，太宗下令改东丹国南京为辽东京，将东丹国中台省划归东京，亦即将中台省由东丹国的中央机构变为辽东京的地方机构，这意味着东丹国从此寿终正寝。从文献、石刻资料中可见，会同元年（938年）之前，辽东地区官员均称东丹国某相或东丹国中台省某相，如《耶律羽之墓志》叙述耶律羽之仲兄时，称其为"前北大王，东丹国大内相"③；会同元年（938年）之后，辽东地区官员则称中台省某相或东京中台省某相，如《耶律羽之墓志》首题"大契丹国东京太傅相公墓志铭"、耶律羽之子耶律甘露官至东京中台省右相等。从外交史料中也可见，会同元年（938年）之前，多为东丹国与他国使臣来往的记载；会同元年（938年）之后，东京与高丽通使的记载较多。东丹国建立后曾向日本派遣使臣，还曾与后唐有过往来，如天显五年（930年）四月，裴璆出使日本，"称东丹国使，来丹后，天皇遣使问曰：本是渤海，何称东丹国使乎？璆等对曰：渤海为契丹破灭，改名东丹，臣等今降为丹之臣。"④会同元年（938年）后，东京与高丽通使频繁。这也就表明辽朝东南部地区统治稳固（体现渤海国痕迹的东丹国不再存在）之后，东南部地区由辽朝直接管理。

总之，会同元年（938年），辽朝东南部地区由过去通过东丹国间接治理变为通过地方政府直接治理，东丹国废除。这时辽太宗在辽朝东南部地区的统治地位提升。天禄五年（951年），东丹国名实俱亡。

---

① 康鹏：《东丹国废罢时间新探》，《北方文物》，2010年第2期。
② 脱脱等：《辽史》卷四《太宗下》，北京：中华书局，1974年，第45页。
③ 盖之庸：《内蒙古辽代石刻文研究》，呼和浩特：内蒙古大学出版社，2007年，第2—3页。
④ 康鹏：《东丹国废罢时间新探》，《北方文物》，2010年第2期。

小　结

　　7—9世纪，辽东地区的地域格局是：高句丽的旧有疆域上已活动着唐朝、渤海国、新罗三个政权，辽东地区的地域格局也发生了明显的变化。在西部，以辽阳地区为中心，是唐朝的势力范围，即便唐军队退出此区域，新罗与渤海国仍不敢越雷池一步，但有部分小部族羁縻于渤海国，渗透辽东地区。而东部则成为渤海国与新罗争夺的中心，双方兵戎相见，最终以龙兴江—大同江为界。

　　辽东地区具有丰富的自然资源，自战国以后得到较好的开发，对契丹人具有较大的吸引力。契丹产生了将辽东地区据为己有的战略思想，故最终从女真人手中夺得了此地。此时，辽东南部地区的地域格局是契丹族占据原属于唐朝的以辽阳为中心的辽东地区，渤海国势力逐渐衰弱，朝鲜半岛上的高丽政权开始北进。

　　耶律阿保机采用了诸多措施管理辽东地区，包括设置府州、实施军事措施、治理女真、开发经济等。这些措施有效治理了以辽阳、鸭绿江口为战略中心的辽东地区，合理治理了汉人、渤海人、女真人等，还初步形成了以辽阳、鸭绿江口为中心的防御体系。

　　耶律阿保机在灭渤海国后，建立东丹国。辽太宗南迁东丹，对辽东地区进一步控制，并形成新的治理模式。会同元年（938年），辽朝东南部地区由过去通过东丹国间接治理变为通过地方政府直接治理，东丹国已废除。至此，辽朝对东南部地区的统治能力大大增强。

第三章 辽朝对东南部地区的行政管理

辽太祖统治时期,辽朝迁徙大量移民至辽东地区。至辽太宗南迁东丹国之后,此地已经广泛分布着契丹人、汉人、渤海人、女真人、奚人。辽朝统治者根据民族的分布状况,采用"因俗而治"的统治方略进行治理。笔者根据诸多石刻及史料记载,分析辽朝东南部地区民族分布及治理状况。

第一节 辽朝东南部地区的民族分布

唐朝势力衰弱,契丹族进入辽东地区后,改变了辽东地区的民族分布情况。随后在不同的时期,辽朝东南部地区的民族分布情况呈现出了不同的状况。

一、唐代辽东地区的民族分布

唐朝初年,辽东地区的主要居民是高句丽人。总章元年(668年),唐朝灭高句丽,设置了安东都护府,"分高丽地为九都督府,四十二州,一百县"①，治所在平壤城（今朝鲜平壤）②，"用其酋渠为都督、刺史、县令，令将军薛仁贵以兵二万镇安东府"③。这一时期，大量的高句丽遗民被强制迁徙到中原内地，另有部分人则逃往朝鲜半岛南部、日本等地或投入突厥、靺鞨族驻地④，留居辽东地区的高句丽人相对较少⑤。新城州都督府共辖十四州，但是这些州县"并无城池"，而是利用"高丽降户散此诸军镇"，并"用其酋渠为都督、刺史羁縻之"。⑥唐朝的这种政策，目的为防止高句丽人再度起义，但客观上，则使之前人口繁盛的辽东地区变得荒芜，只有少数高句丽遗民散居于此地。

唐罗战争后，唐朝将安东都护府治所由平壤迁往辽东地区。仪凤元年（676年）二月，唐朝正式将安东都护府迁到辽东故城（今辽宁省辽阳市老城）。⑦仪凤二年（677年）二月，唐朝再次将安东都护府迁往新城（今辽宁省抚顺市高尔山山城）。面对散居难治的高句丽遗民，唐朝任命高藏为辽东都督，封朝鲜郡王，命其"还辽东以安余民"，之前已侨居内地的部分高句丽人"皆原遣"，以充实辽东地区。⑧可见，此时辽东地区除官署及军队中的汉人外，还有一定数量的高句丽人，人口稍显充裕。这一时期，辽东地区除汉人和高句丽人外，还散居着一些其他民族。高句丽

---

① 刘昫等：《旧唐书》卷三十九《地理二》，北京：中华书局，1975年，第1526页。

② 司马光：《资治通鉴》卷二百零一《唐纪十七》，北京：中华书局，1956年，第6356，6357页。

③ 刘昫等：《旧唐书》卷三十九《地理二》，北京：中华书局，1975年，第1527页。

④ 李德山：《高句丽族人口去向考》，《社会科学辑刊》，2006年第1期。

⑤ 杨军：《高句丽人口问题研究》，《东北史地》，2006年第5期，第15页。

⑥ 刘昫等：《旧唐书》卷三十九《地理志二》，北京：中华书局，1975年，第1527页。

⑦ 郑毅：《唐安东都护府迁治探佚》，《社会科学辑刊》，2008年第6期，第137页。

⑧ 刘昫等：《旧唐书》卷一百九十九上《东夷·高丽》，北京：中华书局，1975年，第5328页。

灭亡后，"旧户在安东者渐寡少"①，"其地并没于诸蕃"②。此"诸蕃"应为原属高句丽的少数民族各部，其中最为强大的应是之前隶属高句丽的靺鞨人③。高藏"主安东"之后，即与此地的靺鞨人联合谋反，事发后被流放邛州。唐朝则迁高句丽人于"河南、陇右"④诸州。辽东地区再次空虚，只有部分高句丽"贫弱者留在安东城傍"⑤。渤海国建立后，安东都护府势力衰弱，渤海国羁縻控制下的靺鞨诸部乘机再次进入辽东地区⑥，之后史书记载的女真诸部正是他们。

可见，高句丽灭亡至唐朝末期，辽东地区十分空虚，仅有部分高句丽遗民及渤海国治下的靺鞨诸部散居此处，这种状况随着契丹人的进入而产生了变化。

二、辽朝初期东南部地区的民族分布

随着唐朝势力的衰弱，东北部的契丹部族逐渐强大。901年，出身迭剌部的耶律阿保机担任夷离堇，并开始了攻伐战争，为防止渤海国势力威胁及建立稳固的后方基地，其战争矛头指向辽东地区。在与渤海国"力战二十余年"⑦中，契丹人逐渐控制了辽东地区，而这一地区的民族构成也

---

① 刘昫等：《旧唐书》卷一百九十九上《东夷·高丽》，北京：中华书局，1975年，第5328页。

② 王溥：《唐会要》卷七十三《安东都护府》，北京：中华书局，1960年，第1318页。

③ 李德山：《高句丽族人口去向考》，《社会科学辑刊》，2006年第1期。

④ 欧阳修，宋祁：《新唐书》卷二百二十《东夷·高丽》，北京：中华书局，1975年，第6198页。

⑤ 刘昫：《旧唐书》卷一百九十九上《东夷·高丽》，北京：中华书局，1975年，第5328页。

⑥ 津田左右吉：《辽朝对辽东的经略》，《满鲜地理历史研究报告》第三册，东京帝国大学文学部，1916，第12页。

⑦ 脱脱：《辽史》卷二十八《天祚皇帝二》，北京：中华书局，1974年，第334页。

随之开始转变。

  在战争中，耶律阿保机逐步将俘获的汉人、渤海人迁徙到辽东地区居住，以巩固其统治。在辽东地区设州建城时，契丹多采取汉人、渤海人混居的策略，其中最有代表性的是东平郡与沈州。另外还有多座州城居住着迁徙而来的汉人，分别为辽州（今辽宁省新民市东北辽滨塔村）、祺州（今辽宁省沈阳市康平县东南小塔子村）、庆云县（今辽宁省沈阳市康平县东南小塔子村）、沈州（今辽宁省沈阳市老城区）、乐郊县（附郭县）、灵源县（今辽宁省沈阳市境）。可见，这一时期，各民族主要分布在以辽阳为中心的地区，其中汉人数量占大多数。926年，辽朝攻灭渤海国。在战争中，耶律阿保机再次将大量战争中俘获的渤海人迁入辽东地区。这些渤海遗民主要分布在广州（今辽宁省沈阳市西南大高华堡）、银州（今辽宁省铁岭市）、延津县（今辽宁省铁岭市）、新兴县（今辽宁省铁岭市迤东一带）、永平县（今辽宁省铁岭市境）、同州（今辽宁省开原市西南中固镇）、归州（今辽宁省盖州市西南归胜镇）。这时，渤海人的州城与汉人州城交织在一起，围绕辽阳地区向外部扩展，渤海人与汉人数量逐渐接近。

  天显三年（928年），辽太宗改辽阳为南京，东丹国40余万[①]人口进入辽东地区，分布在以辽阳为中心的北、东、南等地区。在辽阳以北地区，渤海人主要生活在崇州（今辽宁省抚顺市一带）、贵德州贵德县（今辽宁省抚顺市城北高尔山前）、定理府（今辽宁省沈阳市东北懿路村）、兴州（今辽宁省沈阳市东北懿路村）、岩州（今辽宁省沈阳市东北燕州城）、集州（今辽宁省沈阳市东南奉集堡）、遂州山河县（今辽宁省铁岭市昌图境）等地。在辽阳府以南的辽东半岛也成为安置渤海人的重要地区，他们被安置在汤州（今辽宁省辽阳市西北一带）、海州南海府（今辽宁省海城市）、铜州（今辽宁省海城市东南析木镇）、双州（今辽宁省北阳市北石佛寺村畔古城）、铁州（今辽宁省大石桥市北汤池村古城）、辰

---

① 王承礼：《渤海简史》，哈尔滨：黑龙江人民出版社，1984年，第177页。

州（今辽宁省盖州市）、卢州（今辽宁省盖州市西南熊岳城）、渌州（今辽宁省海城市一带）等地，他们遍布辽东半岛中部、北部地区。在辽阳府东南方向的鸭绿江中下游也有渤海人，他们从渤海国上京龙泉府迁徙而来，居住于鸭绿江口的开州开封府（今辽宁省凤城市凤凰城东南凤凰山堡）和鸭绿江中下游的宗州熊山县（今鸭绿江一带）。此外，在辽阳府东北地区的黄龙府、长岭府（今吉林省梅河口市西南山城镇）也有渤海遗民居住。

渤海遗民迁入后与汉人混居，他们广泛分布在以辽阳为中心的辽东南部地区。可以说，除辽阳府以西及周边部分州城以汉人居多外，其北、东南地区的大量州城的居民多为渤海人。

这一时期，辽东地区还分布着女真各部。在辽东半岛有曷苏馆女真（今辽宁省辽阳市以南盖州东北一带地区）[1]；而在鸭绿江中下游，分布着鸭绿江女真诸部。在东丹南迁时，还有一部分渤海人"亡入新罗、女直"[2]。此外，这里还有契丹治下的部族如乌隗部、涅剌部、稍瓦部、曷术部、隗衍突厥部等分布在东南部地区。乌隗部与涅剌部，其所在地大致相当于今吉林省四平市至辽宁省开原市北部一带地区。[3]稍瓦部，位于辽河东岸，离辽阳府（今辽宁省辽阳市市区）不远。[4]曷术部，居住地大致位于今辽宁省辽阳市辽阳县、鞍山市、大石桥市一带。[5]隗衍突厥部，可能居住于今吉林省农安县附近。[6]

---

[1] 张博泉，苏金源，董玉瑛：《东北历代疆域史》，长春：吉林人民出版社，1980年，第139页。

[2] 脱脱等：《辽史》卷三《太宗上》，北京：中华书局，1974年，第30页。

[3] 张宏利：《辽朝部族制度研究》，吉林大学博士学位论文，2015年。

[4] 岛田正郎：《大契丹国——辽代社会史研究》，何天明译，呼和浩特：内蒙古人民出版社，2007年，第62页。

[5] 张宏利：《辽朝部族制度研究》，吉林大学博士学位论文，2015年。

[6] Karl A. Wittfogel and Feng Chia-sheng: History of Chinese Society Liao（907-1125）, Lancaster Press ING, Reprinted 1961, p90.

可见，这一时期，辽朝东南部地区的民族分布发生了巨大变化。辽阳成为辽东地区统治中心后，契丹、渤海人、汉人混居在一起，以此地为中心，分布在北起黄龙府、南到辽东半岛、东南至鸭绿江的广大地区。

三、辽朝中后期东南部地区的民族分布

到辽朝中期，由于渤海遗民反辽起义、女真逐渐强大、高丽北进直至辽丽战争的爆发等因素，辽东南部地区的民族分布呈现出新的状态。

这一时期，尽管渤海人已经在辽东地区定居下来，但迁徙仍时有发生：有的被迁徙到中京、上京等地，有的在东京内部迁移。统和二十五年（1007年），辽朝在获得奚地、控制奚民之际，设立了中京。①为分散中京地区奚人力量及削弱东南部地区渤海人的势力，辽圣宗"徙辽东豪右以实中京"，世居"辽阳率宾县"的大公鼎家族被迁徙到中京地区，并"家于大定"。②而东京各提辖司内的渤海人口大量繁衍生息，他们被迁徙到上京等地区。在辽与高丽的战争中，辽军还俘获大量渤海人，辽圣宗将他们迁徙到辽东半岛北部地区，设立归州（今辽宁省盖州市西南归胜城）、宁州（今辽宁省瓦房店市西北永宁城）③进行安置。另有一部分渤海人则因战争等原因被迁徙到韩州（今辽宁省铁岭市昌图县西北八面城东南古城址）、通州（今吉林省四平市一面城）、铜州（今辽宁省海城市附近）等地。

由于人口安置与辽丽战争等原因，汉人的分布有所扩大，他们被安置在辽东半岛（今吉林省中南部、鸭绿江一带、朝鲜半岛北部等地区），这些均是辽朝的战略要地，如广州（今辽宁省沈阳市西南大高华堡）、信

---

① 杨若薇：《契丹王朝政治军事制度研究》，北京：中国社会科学出版社，1991年，第182页。

② 脱脱等：《辽史》卷一百零五《大公鼎》，北京：中华书局，1974年，第1459页。

③ 脱脱等：《辽史》卷三十八《地理志二》，北京：中华书局，1974年，第474—475页。

州（今吉林省公主岭市西北秦家屯古城）、顺化城（今辽宁省瓦店市南普兰店附近）、宗州（今鸭绿江一带）、宣州（今朝鲜平安北道义州城）等地。

辽东地区还分布有大量女真人。关于曷苏馆女真[1]的居住地，学界看法不一，但多数学者认为其分布在今辽宁辽阳以南盖州东北一带地区。[2]北女真[3]，分布在辽河中游一带；南女真，分布在辽东半岛。[4]鸭绿江女真，分布在今鸭绿江流域，包括今辽宁省丹东市宽甸满族自治县、吉林省集安市、吉林省临江市地区。[5]长白山女真，《辽史》记作"长白山三十部女真"[6]，《续资治通鉴长编》记作"女直三十首领"[7]，《高丽史》则记作"女真三十姓部落"，分布在长白山一带[8]，居地主要在今鸭绿江上游、长白山主峰、图们江上游一线以南的山区地带，其西以今狼林山脉为界，与鸭绿江女真为邻，其东同居于沿海平原的蒲卢毛朵女真相接，其南

---

[1] 都兴智：《略论辽朝统治时期辽宁境内的民族》，《辽宁工程技术大学（社会科学版）》，2006年第6期。他认为，曷苏馆女真的成员中还有一部分是从高丽归附辽朝的，但归附时间较晚，大约在圣宗末兴宗初，当与辽朝与高丽的战争有关。关于曷苏馆女真的位置，日本学者三上次男认为，其位置以复州、苏州为中心，延伸到卢州、归州及其邻近地区。三上次男：《金代女真研究》，金启孮译，哈尔滨：黑龙江人民出版社，1984年。

[2] 张博泉，苏金源，董玉瑛：《东北历代疆域史》，长春：吉林人民出版社，1980年，第139页。

[3] 陈述等：《辽会要》，上海：上海古籍出版社，2009年，第947—948页。

[4] 苏金源：《辽代东北女真和汉人的分布》，《社会科学战线》，1980年第2期。孙进己等：《女真史》，长春：吉林文史出版社，1987年，第59—83页。谭其骧：《〈中国历史地图集〉释文汇编（东北卷）》，北京：中央民族学院出版社，1988年。

[5] 张博泉：《东北历代疆域史》，长春：吉林人民出版社，1981年，第140页。刘子敏，金宪淑：《辽代鸭绿江女真的分布》，《东疆学刊》，1998年第1期。

[6] 陈述等：《辽会要》，上海：上海古籍出版社，2009年，第947—948页。

[7] 张博泉：《东北历代疆域史》，长春：吉林人民出版社，1981年，第139页。

[8] 苏金源：《辽代东北女真和汉人的分布》，《社会科学战线》，1980年第2期，第183页。

则应到达高丽长城线之地。[①]蒲卢毛朵部女真的位置，学界观点不一：金毓黻认为，蒲卢毛朵，女真之一种，在今吉林省东南境[②]；张博泉主张，蒲卢毛朵部，分布在今海兰河流域，及今朝鲜咸镜道一带[③]；苏金源提出，蒲卢毛朵部主要分布在海兰河流域[④]。笔者赞成谭其骧的看法，认为蒲卢毛朵部女真分布在今吉林省海兰河至朝鲜咸兴平野之间。[⑤]此外，鸭绿江女真与渤海遗民混居，形成了"五节度熟女真部族"。[⑥]还有部分女真袭扰归州，保宁八年（976年）九月，"东京统军使察邻、详稳涫奏女直袭归州五寨，剽掠而去"[⑦]，使得归州州内大部分的渤海人被女真劫掠到其境内。统和二年（984年）八月，"东京留守兼侍中耶律末只奏，女直术不直、赛里等八族乞举众内附，诏纳之。"[⑧]这说明了女真向辽朝内附的殷切希望，也反映出女真向辽朝的人口流动，辽朝也表示接纳。统和八年（990年）九月，"北女直四部请内附"[⑨]，说明北女真人口开始向辽朝流动。

辽朝东南部地区还分布有奚人，他们在辽朝中后期因军事需要而被迁徙，主要驻防于东南部地区。根据《辽史》记载，东京兵马都部署司

[①] 刘子敏，金星月：《辽代女真长白山部居地辨》，《延边大学学报（社会科学版）》，1998年第4期。董万崙：《关于辽代长白山女真几个问题的探讨》，《民族研究》，1989年第1期。以上学者认为长白山女真所在地域，大致在朝鲜半岛东北部铁岭至咸关岭之间，中心居住区在城川江流域的咸兴平原。

[②] 金毓黻：《东北通史》，北京：五十年代出版社，1981年，第345页。

[③] 张博泉：《东北历代疆域史》，长春：吉林人民出版社，1981年，第140页。

[④] 苏金源：《辽代东北女真和汉人的分布》，《社会科学战线》，1980年第2期。

[⑤] 谭其骧：《〈中国历史地图集〉释文汇编（东北卷）》，北京：中央民族学院出版社，1988年，第160页。

[⑥] 张博泉：《金史论稿》，长春：吉林文史出版社，1986年，第60页。

[⑦] 脱脱等：《辽史》卷八《景宗上》，北京：中华书局，1974年，第95页。

[⑧] 脱脱等：《辽史》卷十《圣宗一》，北京：中华书局，1974年，第113、114页。

[⑨] 脱脱等：《辽史》卷十三《圣宗四》，北京：中华书局，1974年，第140页。

中[1]，即设有奚军都指挥使司，用以统辖驻防的奚族军队。保州下辖的来远县，"又徙奚、汉兵七百防戍焉，户一千"[2]，这说明有奚人分布在保州附近。至辽朝中后期，部分卫戍东南部地区的"奚家军"士兵不堪戍卫压力，杀女真并投奔高丽，可见奚人的数量不断增加，分布范围更为广阔。在辽朝与高丽的交往中，"契丹、奚人聚舟千艘，将入于海"[3]。这一时期，奚人已经在辽东半岛南端了，可见奚人在防卫高丽过程中，也发挥了重要作用。到辽朝末期，东南部地区出现汉人、渤海人、奚人等混居的情况。

辽朝东南部地区还分布有兀惹人。宾州（今吉林农安县东北伊通河、松花江合流处广元店古城）的居民主要为兀惹人。兀惹，在史料中又称"乌舍""喔热""屋舍""屋惹""恶弱""乌勒""乌者"等，皆为同音异写，原为靺鞨族的分支拂涅，在渤海国建立初期即归入渤海国。至渤海国灭亡，其部族很大程度上已经渤海化。[4]随后，女真各部陆续将俘获的兀惹人迁徙到宾州安置：统和二十二年（1004年）九月，"女直遣使献所获乌昭庆妻子"[5]；开泰元年（1012年）八月，"铁骊那沙等送兀惹百余户至宾州，赐丝绢"[6]；太平二年（1022年）五月，"铁骊遣使献兀惹十六户"[7]。宾州兀惹的渤海化程度很高，并与契丹、女真杂居。

另外，在辽东半岛南部的苏州，还居住着西夏人。重熙二十年（1051年）六月，辽兴宗将所俘获的"夏人"[8]安置到"苏州"[9]这些西夏人与当

---

[1] 脱脱等：《辽史》卷四十六《百官志二》，北京：中华书局，1974年，第744页。

[2] 脱脱等：《辽史》卷三十八《地理志二》，北京：中华书局，1974年，第459页。

[3] 脱脱等：《金史》卷八十《斜卯阿里》，北京：中华书局，1975年，第1798页。

[4] 梁玉多：《渤海遗民的流向——以未迁到辽内地和辽东的渤海遗民为中心的考察》，《学习与探索》，2010年第2期。

[5] 脱脱等：《辽史》卷十四《圣宗五》，北京：中华书局，1974年，第159页。

[6] 脱脱等：《辽史》卷十五《圣宗六》，北京：中华书局，1974年，第171页。

[7] 脱脱等：《辽史》卷十六《圣宗七》，北京：中华书局，1974年。

[8] 脱脱等：《辽史》卷一百一十五《西夏传》，北京：中华书局，1974年，第1527页。

[9] 脱脱等：《辽史》卷二十《兴宗三》，北京：中华书局，1974年，第243页。

地汉人、渤海人混居。

到辽朝末期，随着饥荒的盛行，女真的不断发展壮大，诸多渤海人、汉人皆流入女真。天庆四年（1114年）十二月，"咸、宾、祥三州及铁骊、兀惹皆叛入女直"。①咸州等地的汉人、渤海人及铁骊人、兀惹人等逃到女真所在地。女真攻打辽朝，导致辽朝在天庆五年（1115年）"迁黄龙府于别地，然后议之"②，致使统治者欲将黄龙府迁向别的地方，黄龙府辖下及附近的人均被迫迁到别的地方居住，民不聊生。

总之，辽朝东南部地区分布有契丹人、汉人、渤海人、女真人、奚人等。由于各民族发展水平不同，与辽朝的关系不同，辽朝对诸族采用"因俗而治"的治理方针，对各族进行有效管理，从而加强辽朝东南部地区的稳定。

第二节　辽朝对汉人、渤海人的治理

辽朝东南部地区分布着众多汉人、渤海人，辽朝对其的治理方法和手段及从中央到地方的行政建置也经常发生变化。

一、中央、道一级管理机构

为了加强对东南部地区新增加的渤海人、汉人及其他民族的有效管理，契丹统治者有一套独特且行之有效的管理模式。这种管理模式从渤海旧有制度逐渐向契丹的新制度转变，虽然官制简朴，却体现出辽朝统治者的智慧。

辽太祖统治时期，契丹官制草创，东南部地区管理机构的设置相对简

---

① 脱脱等：《辽史》卷二十八《天祚皇帝二》，北京：中华书局，1974年，第329页。
② 脱脱等：《辽史》卷二十八《天祚皇帝二》，北京：中华书局，1974年，第329页。

单。至辽太宗朝，中央管理制度完善，南北官制建立，对东南部地区的管理更为系统。

（一）中央管理机构

辽朝对辽东地区的管理体系，随着统治区域的扩大和民族成份的日益复杂，因俗而治的南北面官僚体制逐渐形成。神册六年（921年）五月，辽太祖"诏定法律，正班爵"[①]，这标志着北、南宰相府由部族权力机关向国家机构转变迈出了重要的一步[②]。这是辽朝第一次官制改革，标志着辽朝在契丹族传统机构的基础上，逐渐建立了一套新的管理体系。耶律阿保机最早用汉儿司管理辽东南部地区的汉人、渤海人等，"太祖初有汉儿司，韩知古总知汉儿司事"[③]，具体负责安置流入人口等事宜。韩知古之子韩匡嗣也"总知汉儿司事，兼主诸国礼仪"[④]，这是辽朝统治者实行汉人治汉人政策的开端。[⑤]辽太宗入据汴梁后，"因晋置枢密院，掌汉人兵马之政，初兼尚书省"[⑥]，故有学者认为，汉儿司是汉人枢密院的前身。[⑦]大同元年（947年），"始置北院枢密使，以安抟为之"[⑧]，枢密院的设置，标志着契丹中央统治模式发生了重大的变化。辽朝传统的管理机构南、北府宰相府权力下降，而枢密院作为皇帝直属管理部门，权力日渐上升。其中，南枢密院主管汉人、渤海人的一切事务。

[①] 脱脱等：《辽史》卷二《太祖下》，北京：中华书局，1974年，第16页。
[②] 黄为放：《辽代北面宰相制度研究》，长春师范学院硕士学位论文，2011年。
[③] 脱脱等：《辽史》卷四十七《百官志三》，北京：中华书局，1974年，第773页。
[④] 脱脱等：《辽史》卷七十四《韩匡嗣传》，北京：中华书局，1974年，第1233页。
[⑤] 田广林：《契丹货币经济史》，北京：东方出版社，1999年，第40页。
[⑥] 脱脱等：《辽史》卷四十七《百官志三》，北京：中华书局，1974年，第773页。
[⑦] 何天明：《辽代汉人枢密院探讨》，《社会科学辑刊》，1999年第5期。
[⑧] 脱脱等：《辽史》卷五，《世宗》，北京：中华书局，1974年，第64页。

（二）道一级管理机构

1.东丹国中台省的设置

耶律阿保机占领辽东地区后，迁徙大量汉人与渤海人来此。中央设有汉儿司，专门管理辽阳等府州，管理方式虽简单，但行之有效。天显元年（926年）辽朝灭渤海，辽太祖"改其国曰东丹，名其城曰天福，以倍为人皇王主之。仍赐天子冠服，建元甘露，称制"[1]。这时的东丹国，基本上保留了渤海国原有的封建秩序。[2]但是，渤海国学习唐朝先进的中央官制，设置三省，"官有宣诏省，左相、左平章事、侍中、左常侍、谏议居之。中台省，右相、右平章事、内史、诏诰舍人居之。政堂省，大内相一人，居左右相上；左右司政各一，居左右平章事之下，以比仆射。"[3]渤海国的中台省、宣诏省和政堂省分别相当于唐朝的中书省、门下省和上书省，其中政堂省是行政中枢[4]，其长官地位高于其他二省长官，这和唐制不同。

辽太祖建东丹国后对行政机构进行改革，"皇弟迭剌为左大相，渤海老相（失其名）为右大相，渤海司徒大素贤为左次相，耶律羽之为右次相。"[5]这种契丹与渤海人的任官比例，是为了维护东丹国的稳定。而此时，中台省已经成为契丹职官体系中的重要机构。根据《辽史·百官志》"北面皇族帐官"条记载，"大东丹国中台省"，"太祖天显元年置，乾亨四年（982年）圣宗省"。[6]根据前文考证，东丹国于辽太宗会同元

---

[1] 脱脱等：《辽史》卷七十二《义宗倍》，北京：中华书局，1974年，第1209页。

[2] 蔡美彪：《契丹的部落组织和国家的产生》（原载《历史研究》，1964年第5—6期），《辽金元史考索》，北京：中华书局，2012年，第59页。

[3] 欧阳修，宋祁：《新唐书》卷二一九《渤海》，北京：中华书局，1975年，第6182页。

[4] 泽本光弘：《契丹对原渤海领地的统治及东丹国的构造——以耶律羽之墓志为线索》，郭素美译，《渤海史论集》，北京：中国文史出版社，2013年，第346页。

[5] 脱脱等：《辽史》卷二《太祖下》，北京：中华书局，1974年，第22页。

[6] 脱脱等：《辽史》卷四十五《百官志一》，北京：中华书局，1974年，第710页。

年（938年）废除，东京道取而代之，中台省也成为东京下属机构。在辽朝的官僚体系中，管理汉人、渤海人事务的中台省理应为南面官机构，而《辽史》为何将其置于北面中央职官体系中呢？究其原因，至938年之前，东丹国中台省一直是辽东南部地区最高管理机构，况且契丹尚未取得燕云之地，其统辖范围仅有腹地皇都与辽东两个地区，故中台省在辽初职官体系中的地位可见一斑。基于以上原因，尽管中台省在东京道建立后地位明显下降，但元人修撰《辽史》时，仍将其置于北面中央职官中。中台省下设左、右次相，其中左相权力最大，为中台省权力最高的官员；中台省还设有左、右平章事等职官。这一时期，东丹国还设置过大内相这一渤海国的官职，耶律羽之次兄汙里①就曾担任过此职务，但这只是过渡时期的权宜之计，中台省仍是东丹国的核心机构。

2.中台省地位的下降

辽太宗即位后，为便于更好地管理渤海遗民，在天显三年（928年），"诏遣耶律羽之迁东丹民以实东平。……升东平郡为南京"②，并命王继远建"大东丹国新建南京碑铭，在宫门之南"③，以彰显南迁功绩。天显六年（931年）四月，辽太宗下诏重"置中台省于南京"④，耶律羽之升任中台省左相。东丹国定都南京之后，即任命耶律觌烈为南京留守，地位与中台省主官耶律羽之等同，其职能是主管南京地区的军政事务，并协助渤海遗民的安置及南京中台省的重置工作。⑤这种双职官的设置，根除了东丹国建立初期中台省职权过大的弊病，使契丹对东南部地区的管理能力大大增强。

会同元年（938年）辽太宗改革官制，设立南北官制。十一月，晋献

---

① 盖之庸：《内蒙古辽代石刻文研究》，呼和浩特：内蒙古大学出版社，2002年，第2页。

② 脱脱等：《辽史》卷三《太宗上》，北京：中华书局，1974年，第29页。

③ 脱脱等：《辽史》卷三十八《地理志二》，北京：中华书局，1974年，第456页。

④ 脱脱等：《辽史》卷三《太宗上》，北京：中华书局，1974年，第32页。

⑤ 黄为放：《10—12世纪渤海移民问题研究》，长春师范大学博士学位论文，2017年。

十六州图籍，辽太宗初步调整了统治机构和官号①，"于是诏以皇都为上京，府曰临潢。升幽州为南京，南京为东京。……升北南二院及乙室夷离堇为王，以主簿为令，令为刺史，刺史为节度使，二部梯里巳为司徒，达剌干为副使，麻都不为县令，县达剌干为马步。"②

这时，辽朝已设置上京道、东京道、南京道三个地方管理机构。东京设留守，东丹国中台省被置于东京留守管辖下。③由于渤海遗民势力尚存，故契丹统治者仍采用旧有的中台省官制协同东京留守管理这一地区，并逐渐从双轨向单轨转变，中台省这一渤海国的职官制度逐渐融合到辽朝的南北官制体系之中。

为了更好地管理东南部地区，契丹统治者除了改造东京的管理机构外，还利用属于皇族的耶律羽之家族长期世选中台省的职官。世选制④源自契丹遥辇氏时期，契丹建国后，世选制在辽朝北面官的选官制度中仍占有主导地位。"辽初功臣无世袭而有世选之例，盖世袭则听其子孙自为承袭，世选则于其子孙内量才授之，兴宗诏世选之官，从各部耆旧择才能者用之，是也。其高下亦有等差。……为北府宰相，世预其选……世预北、南院枢密使之选……世预突吕不部节度使之选……世预节度使之选官之制……可见辽代世选官之制，功大者世选大官，功小者世选小官。褒功而兼量材也。"⑤关于世选的对象，北面官有北、南院枢密使，北、南宰

---

① 李桂芝：《辽金简史》，福州：福建人民出版社，2001年，第33页。
② 脱脱等：《辽史》卷四《太宗下》，北京：中华书局，1974年，第45页。
③ 康鹏：《东丹国废罢时间新探》，《北方文物》，2010年第2期。
④ 代表性研究成果有魏特夫，冯家昇：《中国社会史——辽（907—1125）》，1949年；姚从吾：《论辽朝契丹人之世选制度》，《文史哲学报》，1954年第6期；张正明：《契丹史略》，北京：中华书局，1979年；白钢：《中国政治制度通史》第七卷，北京：人民出版社，1996年；吴凤霞：《契丹世选制的发展变化及其历史作用》，《内蒙古社会科学》，1999年第2期；张志勇：《辽朝选任官吏的方式考述》，《辽宁工程技术大学学报（社会科学版）》，2004年第2期。
⑤ 陈述，朱自方：《辽会要》卷六《世选》，上海：上海古籍出版社，2009年，第303—304页。

相，夷离堇，节度使等。①辽朝的世选制，是契丹族氏族社会阶段氏族权贵权力分配格局和任官传统的继承和演变。②

辽朝灭渤海国之初，耶律羽之即担任中台省"右次相"③，之后又任"中台右平章事"，"虽居四辅之末班，独承一人之顾命"，④主管东丹国的各项事务。天显二年（927年），耶律羽之"迁升左相，及总统百揆，庶绩成熙"⑤，成为东丹国中台省的第一主官。会同元年（938年）之后，中台省被置于东京道之下。耶律羽之再次担任"东京宰相"⑥，并处理了渤海官员大素贤的不法行为。根据《辽史》记载，这里的东京宰相，"圣宗统和元年（983年），诏三京左右相，左右平章事。"⑦学界关于"东京宰相府"的解释有两种。一种观点认为东京宰相府是存在的。盖之庸称，东京宰相府，辽太祖统治时期初设，辽景宗废，而辽圣宗复置。⑧杨雨舒认为，乾亨四年（982年），辽朝"省置中台省官"，原中台省左、右相被纳入东京宰相府的行政体系。⑨另有学者认为，不存在东京宰相府这一机构：康鹏主张东京宰相只是东京中台省诸相的另一种称谓，并认为辽朝并未设三京宰相府⑩；林鹄则说，统和元年（983年）之"三京"

---

① 陈述：《契丹世选考》，《历史语言研究所集刊》第八册，北京：中华书局，1987年，第181—187页。

② 王德忠：《辽朝世选制度的贵族政治特色及其影响》，《东北师大学报（哲学社会科学版）》，2003年第6期。

③ 脱脱等：《辽史》卷二《太祖下》，北京：中华书局，1974年，第22页。

④ 盖之庸：《内蒙古辽代石刻文研究》，呼和浩特：内蒙古大学出版社，2002年，第2页。

⑤ 盖之庸：《内蒙古辽代石刻文研究》，呼和浩特：内蒙古大学出版社，2002年，第2页。

⑥ 脱脱等：《辽史》卷四《太宗下》，北京：中华书局，1974年，第48页。

⑦ 脱脱等：《辽史》卷四十八《百官志四》，北京：中华书局，1974年，第802页。

⑧ 盖之庸：《内蒙古辽代石刻文研究》，呼和浩特：内蒙古大学出版社，2002年，第22页。

⑨ 杨雨舒：《辽代东丹国废除问题辨析》，《东北史研究》，2004年第2期。

⑩ 康鹏：《辽代五京体制研究》，北京大学博士学位论文，2007年。

当指东京、上京、南京，东京并无宰相府①。根据《耶律琮神道碑》："厥后大圣皇帝封建兄弟，赏异众臣，九锡恩深，百辟奉荣，特殊冠冕，宠以元良，拜为东丹国左宰相。"②笔者认为，"东丹国左宰相"这一官职可能是东丹国中台省左相、左平章事的别称，耶律羽之担任这一官职，继续管理辽东南部地区事务。耶律羽之家族的其他人，也多世选中台省官员，次兄汗里，任"前北大王、东丹国大内相"③。耶律羽之之子耶律迪烈，汉名甘露④，官至东京中台省右相。耶律元宁，不见于史书，但统和十六年（998年）二月，"以监门卫上将军耶律喜罗为中台省左相"⑤。"中台省左平章事"即"中台省左相"⑥，有学者认为耶律元宁与耶律喜罗应为一人，元宁为汉名，喜罗为契丹名。⑦此外，这一时期还有其他契丹人任中台省左右相等相关职务，如耶律牒蜡于天显年间为"中台省右相"⑧，会同元年（938年）秋七月"遣中台省右相耶律述兰迭烈哥使晋"⑨。

可见，辽太宗会同元年（938年）设置南北官制后，中台省地位明显下降，但仍是辽东南部地区重要管理机构。契丹为了加强对这一地区的管

---

① 林鹄：《辽史百官志考订》，北京：中华书局，2015年，第263页。

② 盖之庸：《内蒙古辽代石刻文研究》，呼和浩特：内蒙古大学出版社，2002年，第45页。

③ 盖之庸：《内蒙古辽代石刻文研究》，呼和浩特：内蒙古大学出版社，2002年，第2页。

④ 向南，张国庆，李宇峰：《辽代石刻文续编》，沈阳：辽宁人民出版社，2010年，第65页。

⑤ 脱脱等：《辽史》卷十四《圣宗五》，北京：中华书局，1974年，第153页。

⑥ 向南，张国庆，李宇峰：《辽代石刻文续编》，沈阳：辽宁人民出版社，2010年，第43页。

⑦ 盖之庸：《内蒙古辽代石刻文研究》，呼和浩特：内蒙古大学出版社，2002年，第114页。

⑧ 脱脱等：《辽史》卷一百一十三《耶律牒蜡》，北京：中华书局，1974年，第1506页。

⑨ 脱脱等：《辽史》卷四《太宗下》，北京：中华书局，1974年，第44页。

理，用耶律羽之家族世选中台省官员，这是契丹传统管理模式与渤海国职官制度的巧妙结合。

3.东京留守职权的上升

东京留守在《辽史·百官志》中被置于"南面京官"下，位列东京宰相、东京内省使和东京户部使之后。设置枢密院的同时，辽朝也废除了东丹国，改设东京道，并将渤海国的中台省置于东京留守的管理之下。这种职官体系的设置，使辽朝可以更好地对东南部地区进行控制，管理力度大大加强，而东京留守的地位与权力也随之增强。

东京道建立后，其地位不断上升。受中国正统观念思想的影响，辽朝逐步有了对"东都"的认识。这种思想在辽朝的墓志中有所体现，如《耶律宗福墓志》曰："粤自太平八年，贼魁渤海大延林不臣，肆志据我东都，右断河关，左截塞门。"[①]又有石刻记载："不弃东都，永结丝罗之愿""堂开绿野，爰卜胜于东都""暨东都御水之夕"。[②]此时，辽阳的地位也在不断上升，故有"辽阳奥壤，燕台翼京"[③]的记载。此外，石刻中还有"五都"的记载，如"五都错峙"[④]"五都有板荡之危"[⑤]。这说明辽朝既建有五都，也重视五都的地位。可见，在辽朝中后期，东京被称为东都，且地位不断提升。

随着东京道地位的上升，东京留守自然成为此地拥有最高权力的官职，而中台省的权力逐步减弱。乾亨四年（982年）十二月，辽圣宗"省

---

① 向南，张国庆，李宇峰：《辽代石刻文续编》，沈阳：辽宁人民出版社，2010年，第141页。

② 向南：《辽代石刻文编》，石家庄：河北教育出版社，1995年，第243，265，519页。

③ 向南，张国庆，李宇峰：《辽代石刻文续编》，沈阳：辽宁人民出版社，2010年，第272页。

④ 陈述：《全辽文》卷八，北京：中华书局，1982年，第199页。

⑤ 徐梦莘：《三朝北盟会编》卷九《政宣上帙九》，上海：上海古籍出版社，1987年，第65页。

置中台省官"①，这里的"省"字即削减中台省官员的表现，这使得这一机构权力大大减弱。至统和二年（984年），最后一任"东京中台省右平章事"②大仁靖出现在史籍中，之后"东京中台省"便不再见于史籍中。

东京留守的办公机构为置于辽阳府的"留守衙"③或"留守府"④，二者均指留守司官署。同时，东京留守还兼任辽阳府尹，管辖辽阳府事务⑤，如耶律仁先于辽兴宗时被"授东京留守，判辽阳府事"⑥。

辽代担任东京留守⑦的共有31人，其中有同一人两次担任东京留守的情况，如萧惠、萧塔列葛、萧孝友、萧阿剌（见附表2）。按人次计算则有35次，辽太祖朝1次，辽太宗朝1次，辽景宗朝1次，辽圣宗朝12次，辽兴宗朝14次，辽道宗朝4次，辽天祚帝朝2次。

①东京留守的选任与转迁

关于东京留守的选任，第一，辽东京留守均来自世家大族，其中出身契丹皇族的有3人，分别为耶律抹只（仲父隋国王之后）、耶律仁先（孟父房之后）、耶律何鲁扫古（孟父房之后）；出身契丹后族的有10人，为

---

① 脱脱等：《辽史》卷十《圣宗一》，北京：中华书局，1974年，第108、114页。
② 脱脱等：《辽史》卷十《圣宗一》，北京：中华书局，1974年，第108、114页。
③ 脱脱等：《辽史》卷三十八《地理志二》，北京：中华书局，1974年，第456页。
④ 脱脱等：《辽史》卷二十八《天祚皇帝二》，北京：中华书局，1974年，第333页。
⑤ 张韬：《辽代道级行政区划研究》，吉林大学博士学位论文，2016年，第18页。
⑥ 陈述：《全辽文》，北京：中华书局，1982年，第198页。
⑦ 关于东京留守的研究，日本学者河上洋的《辽五京的外交机能》将着眼点放在东京的外交职能上，在论述辽朝与高丽的外交事务中，东京留守作为辽朝的代表，实现对高丽的军事上征伐、政治上统治、和平时期交往的任务。王民信在《辽"东京"与"东京道"》一文中，提出东京留守的主要职责在于安民、抚民，认为东京留守在与高丽的关系中，无论是战争时期还是和平年代，都处于重要地位。杨若薇通过对史料的梳理，对辽朝东京留守任职人员进行列表汇总。林荣贵也论及东京留守的职责为戍本土、征高丽、统女真。王旭东的《辽代五京留守研究》在前人研究的基础上，专门论述了五京留守的职责，考补五京留守任职人员，分析辽朝五京留守的选任，推断留守的更换频率，对留守的去职进行了分类，总结出辽朝五京留守基本概况，阐述了五京留守历史地位和作用。

萧恒德（国舅少父房之后，萧排押之弟）、萧排押（国舅少父房之后）、萧孝先（淳钦皇后弟阿古只五世孙、萧孝穆之弟）、萧孝穆（淳钦皇后弟阿古只五世孙）、萧撒八（萧孝穆之子）、萧惠（淳钦皇后弟阿古只五世孙，萧排押为其伯父）、萧朴（国舅少父房之族）、萧孝忠（淳钦皇后弟阿古只五世孙、萧孝穆之弟）、萧孝友（淳钦皇后弟阿古只五世孙、萧孝穆之弟）、萧阿剌（萧孝穆之子）。而耶律觌烈（六院部蒲古只夷离堇之后）、耶律斡腊（奚迭剌部人）、耶律弘古（遥辇鲜质可汗之后）、耶律八哥、萧塔列葛（五院部人）、耶律侯哂（北院夷离堇之后），这些也均为契丹贵族，共计7人。其他人因受资料所限，暂无从考证。31位东京留守中，几乎全部都是契丹人，且出自耶律氏和萧氏。从发展历程来看，整个辽朝，契丹人几乎垄断了辽东京留守这一官职。第二，按照前任官职的比率考察资历状况[1]，充任东京留守必须具备高级仕宦资历。根据附表2可知，北、南院枢密使共7人[2]，在东京留守中占22.6%；北府宰相共6人[3]，在东京留守中占19.4%；南京统军使、招讨使这两个职官分别有5人[4]，在东京留守中占16.1%。某京留守，北、南面林牙这两个职位分别有4人[5]，

---

[1] 比率的计算方法：将东京留守就职之前所任某官职的人次总数除以东京留守人次总数，所得为一官职的比率，依此类推，最后将所得多个官职比率按照高低进行排序，取比率较高的前三位官职。通过对前三位官职的分析，便可得出出任东京留守的必备的仕宦资历。

[2] 耶律抹只（枢密副使）、耶律八哥（北院枢密副使）、萧普古（北院枢密使）、萧朴（北院枢密使）、萧孝友（南院枢密使）、耶律仁先（北院枢密使）、萧阿剌（南院枢密使、北院枢密使）。

[3] 萧孝穆（北府宰相）、萧普古（北府宰相）、萧朴（北府宰相）、萧孝忠（北府宰相）、萧孝友（北府宰相）、萧阿剌（北府宰相）。

[4] 南京统军使：萧排押（南京统军使）、耶律弘古（南京统军使）、萧孝先（南京统军使）、萧惠（南京统军使）、耶律侯哂（南京统军使）。招讨使：萧孝穆（西北路招讨使）、萧惠（西北路招讨使）、萧塔列葛（西南面招讨使）、萧孝友（西北路招讨使）、萧阿剌（西北路招讨使）。

[5] 某京留守：耶律隆祐（上京留守）、耶律八哥（上京留守）、萧孝先（上京留守）、萧孝穆（南京留守）。林牙：耶律抹只（林牙）、萧恒德（南面林牙、北面林牙）、萧朴（南面林牙）、耶律仁先（北面林牙）。

在东京留守中占12.9%。详稳、行宫都部署、夷离毕这几个职位分别有3人①，在东京留守中占9.7%。迭刺部夷离董，北院大王，知北院枢密使，北、南院宣徽使这几个职位分别有2人②，在东京留守31人占6.5%。以下几个职官均只有1人，在东京留守31人中占3.2%：南海军节度使（耶律抹只）、护卫太保（耶律斡腊）、行军都监（耶律斡腊）、殿前都点检（萧孝忠）、西南巡边官（耶律侯哂）、枢密院侍御（耶律八哥）、西北路招讨都监（萧孝穆）、知东京留守事（萧惠）。按照比率，东京留守在就职之前所任官职最高的前三位如下：北、南院枢密使——22.6%；北府宰相——19.4%；南京统军使、招讨使——16.1%。通过上述统计可以看出，出任东京留守是有资历限制的，辽朝在选任东京留守时首先考虑选择调任北、南院枢密使。辽朝北、南枢密院，是辽朝中央政权统治机构的核心。两院枢密使位高权重，且多为契丹皇室贵戚。其次考虑选择北府宰相。北、南宰相府与北、南枢密院同为皇帝的辅佐机关，北府宰相位高权重，多由萧氏（后族）担任。再次考虑选择南京统军使、招讨使，他们在经过一定时间的历练后也可以担任东京留守。最后，军功是东京留守选任的重要因素。出于军事作战需要，对于即将担任东京留守的人员，其军功要重点考察。如萧恒德在任北面林牙后，"会宋将曹彬、米信侵燕，耶律休哥与恒德议军事，多见信用"③，为东京留守；耶律弘古"攻宋，以战功"④迁东京留守；萧孝穆讨伐大延琳起义，"辽东悉平"⑤改东京

---

① 详稳：萧排押（左皮室详稳）、萧孝先（国舅详稳）、萧惠（国舅详稳）。行宫都部署：萧孝先（汉人行宫都部署）、萧惠（契丹行宫都部署）、耶律仁先（契丹行宫都部署）。夷离毕：萧惠（右夷离毕）、萧朴（左夷离毕）、萧塔列葛（左夷离毕）。

② 北院大王：耶律侯哂（北院大王）、耶律仁先（北院大王）。知北院枢密使：萧阿剌（同知北院枢密使）、耶律仁先（知北院枢密使）。北、南院宣徽使：萧排押（北、南院宣徽使）、萧撒八（北院宣徽使）。

③ 脱脱等：《辽史》卷八十八《萧恒德》，北京：中华书局，1974年，第1342—1343页。

④ 脱脱等：《辽史》卷八十八《耶律弘古》，北京：中华书局，1974年，第1346页。

⑤ 脱脱等：《辽史》卷八十七《萧孝穆》，北京：中华书局，1974年，第1331—1332页。

留守。

　　关于东京留守的转迁，任职期间的东京留守，因成绩显著而转迁其他部门任职的，有10人次，如萧孝穆、萧孝先、萧孝忠均拜北院枢密使；萧朴、耶律仁先为南院枢密使。如果东京留守失职，也会遭到严厉的惩罚，如耶律八哥"后以茶、陀之败，削使相，降西北路都监，卒"。①

　　在职官世选方面，东京留守与中台省是不同的。中台省因脱胎于渤海国旧制，故其职官主要由契丹人世选，但也有部分由渤海人与汉人担任的情况。但东京留守则不同，主要由皇族耶律氏与后族萧氏世选，不再有外族人参与，这是辽朝加强对东南部管理的措施之一。

　　辽朝东京留守选任不论从出身家族，还是仕宦资历来看皆出自契丹世家大族，而军功是一个重要的判断标准。辽朝东京的设置主要就是加强对汉人和渤海人的统治，故东京留守全部都任用契丹世家大族，体现出契丹族对辽东地区的重视程度，故有"朝议以辽东重地，非勋戚不能镇抚"②。但是，到辽朝后期，选贤任能成为选拔东京留守的一个重要标准，形成了"世选官吏和以功绩才能任选官吏同时并行"③的局面。辽朝东京留守的选任在世家大族的基础上，增加了对军功的要求，从而加强了对东南部地区的军事统治以及对外征伐的能力。东京留守任职期间如果失职，也会遭到严厉的惩罚，这也说明，东京留守虽然为世家大族，但是在任期间也必须做出相应的功绩，如果失职的话，并不会因为是世家大族而被姑息纵容，也会进行严惩。这也足以体现出辽朝世选制已经逐渐与"选贤任能"并行，体现出辽朝逐渐封建化的趋势。

　　②东京留守的职能

　　东京留守的职能与中台省职官不同，其权力巨大，"总揽一方军事、

---

　　① 脱脱等：《辽史》卷八十《耶律八哥》，北京：中华书局，1974年，第1281—1282页。

　　② 脱脱等：《辽史》卷九十三《萧惠》，北京：中华书局，1974年，第1373—1376页。

　　③ 吴凤霞：《试论契丹世选制的发展变化及其历史作用》，《内蒙古社会科学》，1999年第2期。

政治大权，坐镇一方，几拟于人主。"①本书将根据史籍与石刻资料，对东京留守在军事、政治、经济、文化等方面的职能作一论述。

东京留守的军事职能，包括京都地区的军事防务、处理边事，以及挂帅出征等。②东京留守首先要负责东京和东南部地区的安全，东京留守既在战争时期出征高丽，也在和平时期与高丽进行交往。③例如，东京留守萧恒德伐高丽④，耶律弘古"伐高丽"⑤；东京留守耶律团石等"造浮梁于鸭绿江，城保、宣义、定远等州"⑥。此外，在和平时期，东京留守向高丽传达重要信息。东京留守还需要统驭女真，负责报告女真的动向。⑦如东京留守耶律抹只报告征讨女真的结果，"女直术不直、赛里等八族乞举众内附，诏纳之。"⑧东京留守耶律仁先"乞开山通道以控制之"，防御女真，最后"边民安业，封吴王"⑨。

东京留守还有诸多职能，包括政治、经济、文化等方面。在政治职能方面，东京留守抛开严刑苛法的高压政策，力求政务宽简，如萧孝穆任东京留守期间，团结民心，"抚纳流徙"⑩。东京留守还可以建言献策，

---

① 杨若薇：《契丹王朝政治军事制度研究》，北京：中国社会科学出版社，1991年，第187页。

② 王旭东：《辽代五京留守研究》，吉林大学博士学位论文，2014年。

③ 河上洋：《辽五京的外交机能》，姜维公，高福顺：《中朝关系史译文集》，吉林文史出版社，2001年，第314—335页，译自《东洋史研究》，1993年第52卷第2号，第52—74页。王德忠：《论辽朝五京的城市功能》，《北方文物》，2002年第1期。杨军：《东亚封贡体系确立的时间——以辽金与高丽的关系为中心》，《贵州社会科学》，2008年第5期。王明荪：《论辽代五京之性质》，《史学汇刊》，2009年第23期。

④ 脱脱等：《辽史》卷十三《圣宗四》，北京：中华书局，1974年，第143页。

⑤ 脱脱等：《辽史》卷八十八《耶律弘古》，北京：中华书局，1974年，第1346页。

⑥ 脱脱等：《辽史》卷一百一十五《高丽》，北京：中华书局，1974年，第1521页。

⑦ 河上洋：《辽五京的外交机能》，姜维公，高福顺：《中朝关系史译文集》，吉林文史出版社，2001年，第314—335页，译自《东洋史研究》，1993年第52卷第2号，第52—74页。

⑧ 脱脱等：《辽史》卷十《圣宗一》，北京：中华书局，1974年，第113—114页。

⑨ 脱脱等：《辽史》卷九十六《耶律仁先》，北京：中华书局，1974年，第1396页。

⑩ 脱脱等：《辽史》卷八十七《萧孝穆》，北京：中华书局，1974年，第1332页。

如萧孝忠，"时禁渤海人击球，孝忠言：'东京最为重镇，无从禽之地，若非球马，何以习武？且天子以四海为家，何分彼此？宜弛其禁。'从之"①。东京留守还对区内各级官吏进行考核，如"东京留守萧孝忠察官吏有廉干清强者，具以名闻"。②

在经济职能方面，东京留守重视对辽东南部地区经济的发展。早在辽朝初期，契丹统治者就重视对此地经济的发展，辽东地区的渤海人享受着"未有榷酤盐曲之法"的待遇，商业贸易之税"亦甚宽弛"。③历任东京留守均认真贯彻这一政策，部分东京留守如耶律隆先还进一步调整了赋役政策，"薄赋税，省刑狱，恤鳏寡，数荐贤能之士。"④

关于东京留守的文化及其他方面职能，东京留守有组织兴建道院、发展佛教文化的作用，"崇建宫观，备极辉丽，东西两廊，中建正殿，接连数百间"⑤。因地处渤海国故地，东京留守也使用渤海国仪仗。乾亨五年（983年），"圣宗东巡，东京留守具仪卫迎车驾，此故渤海仪卫也。"⑥

4.沿边巡检使

"巡检"出现在唐朝中晚期⑦，五代时期其应用范围扩大，各政权均于京师留都、州县军镇、沿边山地、江河淮海及各经济领域设置巡检官员，如"巡检使""都巡检使"等，肩负率军戍边御敌、镇压动乱、巡

---

① 脱脱等：《辽史》卷八十一《萧孝忠》，北京：中华书局，1974年，第1285页。
② 脱脱等：《辽史》卷十九《兴宗二》，北京：中华书局，1974年，第226页。
③ 脱脱等：《辽史》卷十七《圣宗八》，北京：中华书局，1974年，第206页。
④ 脱脱等：《辽史》卷七十二《义宗倍》，北京：中华书局，1974年，第1211页。
⑤ 叶隆礼：《契丹国志》卷十四《齐国王隆裕》，贾敬颜、林荣贵点校，上海：上海古籍出版社，1985年，第92页。
⑥ 脱脱等：《辽史》卷五十八《仪卫志四》，北京：中华书局，1974年，第918—919页。
⑦ 白化文、李鼎霞、许德楠：《入唐求法巡礼行记校注》，石家庄：花山文艺出版社，1992年，第63页。李锦绣：《唐代财政史稿（下卷）》，北京：北京大学出版社，2001年，第421—422页。

逻缉盗等维护社会治安之职责①。辽朝承仿唐宋制度，亦置巡检机构及官员，负责京城之外的边防沿线、内地州县、契丹部族及商贸市场等处的治安管理。辽朝的巡检机构亦名"巡检司"，设置于五京都城以外的地方治安管理机构，其主要职能如下：一是巡检官员率兵驻扎并巡徼边防铺口，御敌平乱，惩奸安边，辽朝的边地巡检机构大多设于边境障塞、险阻控御之处，有驻军，其军人驻防之地多称"铺"；二是巡检官员负责地方州县治安管理，缉盗抚民；三是巡检官员负责维持市场交易秩序，保障买卖公平合理。②有学者研究，西南面巡检司与西北路巡检司实为元人臆造，巡检司非固定机构，应是临时性机构。③例如，统和二十四年（1006年），耶律唐古曾"迁西南面巡检"④；太平八年（1028年）七月，"遥辇帐郎君陈哥为西北路巡检，与萧谐领同管二招讨地"⑤。辽圣宗统治后期，辽朝边境地区与北宋、阻卜（鞑靼）、高丽均接壤，于是辽朝在沿边地区设置巡检司，以协调处理边界事务，这一特点在东南部地区特别明显，如太平三年（1023年）六月，"萧孝恭东京统军兼沿边巡检使"⑥。

在东京留守治下，还设有一些职官，辅助其进行管理。东京内省司，主管东京城大内殿宇诸事，非五京留守司直属机构，而为中央派出机构。⑦但东京内省司也称"总领户部""内省事"⑧。东京户部使司，亦作东京转运使，是主管钱币或财政的部门。⑨东京都曲院，是辽朝制

---

① 刘琴丽：《五代巡检研究》，《史学月刊》，2003年第6期。
② 张国庆：《辽朝警巡、军巡与巡检制度考略》，《辽宁大学学报（哲学社会科学版）》，2015年第2期。
③ 林鹄：《辽史百官志考订》，北京：中华书局，2015年，第136页。
④ 脱脱等：《辽史》卷九十一《耶律唐古》，北京：中华书局，1974年，第1500页。
⑤ 脱脱等：《辽史》卷十七《圣宗八》，北京：中华书局，1974年，第228页。
⑥ 脱脱等：《辽史》卷十六《圣宗七》，北京：中华书局，1974年，第213页。
⑦ 张韬：《辽代道级行政区划研究》，吉林大学博士学位论文，2016年，第106页。
⑧ 脱脱等：《辽史》卷二十《兴宗三》，北京：中华书局，1974年，第243页。
⑨ 何天明：《辽代南面京官探讨》，《内蒙古社会科学（汉文版）》，2005年第1期。

曲机构。①贾师训曾任"东京曲院使"②。东京军巡院，兼管辖区内外来入籍之军人。东京还设有"东京警巡院"③。韩光辉先生认为辽朝的"警巡院"是由"军巡院"改称而来，警巡院与军巡院在称呼上的一字之差，是制度在沿革过程中经常出现的现象。④张国庆则认为，辽朝的"警巡院"与"军巡院"是同时存在的，其职能既有交叉重叠，也有差异。警巡制度肇始于辽朝，警巡院是辽朝政府首创的五京城市治安及民政管理机构。警巡使是辽朝警巡院的主要官员。张检曾任东京警巡使。警巡院的主要职能有：巡查缉盗、执法鞫讼、济众安民及户口检查与户籍管理等。⑤

综上，辽朝对汉人、渤海人的治理，在中央行政建置上，经历了一个变化过程，从含有渤海痕迹的中台省职官到东京留守权力的不断强大，以及沿边巡检使的出现，辽朝对汉人、渤海人的治理逐渐形成了富有契丹族自身特点的统治模式。

二、地方管理模式

与中央管理体系相对应，辽朝根据东南部地区契丹人、渤海人、汉人、奚人、女真人等的分布状况，也在地方设立了一套行之有效的管理模式。辽朝在渤海人、汉人聚居区设置府、州、县直接管辖，在女真人生活区设置带有羁縻性质的大王府，而在部族活动区域则设立部族节度使，体

---

① 张国庆：《石刻所见辽代财经系统职官考——〈辽史·百官志〉补遗之一》，《辽金历史与考古（第三辑）》，沈阳：辽宁教育出版社，2011年，第114页。

② 向南：《辽代石刻文编》，石家庄：河北教育出版社，1995年，第477页。

③ 脱脱等：《辽史》卷四十八《百官志四》，北京：中华书局，1974年，第806页。

④ 韩光辉：《宋辽金元建制城市研究》，北京：北京大学出版社，2011年，第37—38页。

⑤ 张国庆：《辽朝警巡、军巡与巡检制度考略》，《辽宁大学学报（哲学社会科学版）》，2015年第2期，第128页。

现了"因俗而治"的特点。

（一）诸府的变迁

纵观辽五京道的地方行政机构，唯东京道多有府的设置，这体现了辽朝对东南部地区的管理手段具有很深的渤海国痕迹，而这与此地渤海遗民人口众多不无关系。耶律阿保机灭渤海国之前，辽东地区即有"府"这一行政机构，这是对渤海国旧制的沿用[1]，镇海府便是典型例子。天显三年（928年），东丹国举国南迁，辽太宗为了安抚渤海人，在渤海人聚居的地方保留了渤海国府的设置，用以维护地方稳定。以辽阳府为例，天显三年（928年），辽太宗"升东平郡为南京"[2]。天显十三年（938年），辽太宗改南京为东京，号辽阳府，辽阳府下辖九县。为了维护渤海人众多的辽阳府的稳定，辽朝还在会同二年（939年）设置了"辽阳大都督府"，该机构下有"辽阳大都督"这一职官。"都督"这一职官的设置，是对渤海国职官制度的继承，渤海国所设诸府下既设有"都督"一职。史料记载，"都督曷鲁泊等关防辽阳东都"[3]，其中将辽阳称为东都，说明从辽太宗统治时期开始有了"东都"的观念，并在辽阳附近设置关防，防御军城等。但随着渤海移民的逐渐定居，辽朝于938年改南京为东京，东京留守成为这一地区的最高行政长官。

天显初年，辽太宗将安定、郑颉、长岭等府废除[4]，但对于一些渤海遗民人口众多的府，则迁入汉人杂居，并将其改造，以府州并行的模式进行管理。例如，海州南海府，治今辽宁省海城市。天显四年（929年），辽朝迁渤海国南海府置海州南海府、南海军节度，直至太平九年（1029

---

[1] 余蔚：《中国行政区划通史（辽金卷）》，上海：复旦大学出版社，2012年，第210页。

[2] 脱脱等：《辽史》卷三《太宗上》，北京：中华书局，1974年，第30页。

[3] 脱脱等：《辽史》卷四十八《百官志四》，北京：中华书局，1974年，第807，808页。

[4] 余蔚：《中国行政区划通史（辽金卷）》，上海：复旦大学出版社，2012年，第179页。

年）大延琳起义后，其建置、称号、等第仍维持原状。①开州开封府，治今辽宁省凤城市。天显四年（929年），辽朝迁渤海民置开州开封府、开远军节度。开泰三年（1014年），辽圣宗更军额为镇国军，后府废，仍为开州。龙州黄龙府，建于辽太宗天显二年（927年）八月葬祖陵之时②，其中"黄龙县，本渤海长平县，并富利、佐慕、肃慎置。迁民县，本渤海永宁县，并丰水、扶罗置。永平县，渤海置"。③

另有一些府被改制成州，如定理府，在今辽宁省铁岭县西南。天显元年（926年），辽朝迁渤海定理府民，建定理府。天显四年（929年），辽太宗迁渤海兴州民至此，改置兴州。刘日泳曾任"兴州刺史"④，刘承嗣也曾任"兴州刺史"，后升中兴军节度⑤，但具体时间不详。

随着渤海遗民在辽东南部地区生活的逐渐稳定，并与当地的汉人、契丹人不断融合，契丹统治者开始更改旧有的地方行政建置。保宁七年（975年）七月，黄龙府军将燕颇起兵反辽。谭其骧提出，辽景宗为了防止黄龙府的渤海遗民再度起义，于保宁七年（975年）废府而设立通州⑥。余蔚进一步考证，通州位于黄龙府旧址不远处⑦，为参与燕颇反辽起义的"千余户"⑧渤海人迁徙而设置的。通州下设四县均为迁渤海国扶余府属

---

① 余蔚：《中国行政区划通史（辽金卷）》，上海：复旦大学出版社，2012年，第183页。

② 余蔚：《中国行政区划通史（辽金卷）》，上海：复旦大学出版社，2012年，第230，247页。

③ 脱脱等：《辽史》卷三十八《地理志二》，北京：中华书局，1974年，第471页。

④ 向南：《辽代石刻文编》，石家庄：河北教育出版社，1995年，第243页。

⑤ 余蔚：《中国行政区划通史（辽金卷）》，上海：复旦大学出版社，2012年，第180页。

⑥ 谭其骧：《中国历史地图集释文汇编（东北卷）》，北京：中央民族大学出版社，1988年，第145页。

⑦ 余蔚：《中国行政区划通史（辽金卷）》，上海：复旦大学出版社，2012年，第248页。

⑧ 脱脱等：《辽史》卷八《景宗上》，北京：中华书局，1974年，第95页。

县之民而建,渔谷县为迁徙扶余、布多二县之民所置,安远县为迁徙显义、鹊川二县之民所置,归仁县为迁徙强师、新安二县之民所置,通远县之民迁徙后仍用旧县名①。统和八年(990年)圣宗废铁利府②,开泰七年(1018年)以汉户于原址建广州。③可以说,至辽朝中后期,府这一级地方管理机构开始发生变化,并逐渐被节度州所取代,以适应东京道新的管理模式。

(二)州县体系的形成与建立

除了设置诸府之外,辽朝在东南部地区主要以州县形式安置迁徙而来的渤海人、汉人。这些州县各具特色,有沿袭唐制的普通州县,也有契丹族特色的头下州、隶宫州县,还有人生活在提辖司。本书根据史籍及石刻材料,按照历史发展进程,将这些州县的设置分为两个时期,讨论在辽朝不同时期东南部地区州县体系的形成与完善过程。

1.州县体系的形成

辽朝东南部地区州县体系的形成,主要是在辽太祖辽太宗统治时期,目的是更好地安置渤海及汉族移民。这些州县,包括隶宫州县、头下州县、一般州县、提辖司等。

①隶宫州县

辽朝历代皇帝,都设有自己的斡鲁朵,"宫也"④,"崩则扈从后妃宫帐,以奉陵寝。有调发,则丁壮从戎事,老弱居守。"⑤辽太祖统治时期所设置的辽州、沈州都属于隶宫州县。

辽州,"隶长宁宫"。辽州下辖一州二县,即祺州和辽滨、安定二

---

① 脱脱等:《辽史》卷三十八《地理志二》,北京:中华书局,1974年,第468页。
② 脱脱等:《辽史》卷十三《圣宗四》,北京:中华书局,1974年。
③ 余蔚:《中国行政区划通史(辽金卷)》,上海:复旦大学出版社,2012年,第198页。
④ 脱脱等:《辽史》卷一百一十六《国语解》,北京:中华书局,1974年,第1544页。
⑤ 脱脱等:《辽史》卷三十一《营卫志上》,北京:中华书局,1974年,第361、362页。

县。祺州,"隶弘义宫"。

沈州,是契丹人为安置被俘掠北上的中原汉民于神册六年(921年)建置的。当时与沈州同建的还有该州的乐郊、灵源两附廓县。除乐郊、灵源两县之外,沈州还有一附属刺史州:岩州,"初隶长宁宫,后属敦睦宫。"辽太宗迁徙渤海国白岩城之民在沈州附近建立岩州与白岩县,并属沈州。同州,"隶彰愍宫"[1],为辽太祖迁徙渤海东平寨之民所建立,号镇东军,其下辖永昌县,为迁徙渤海国永宁县之民所设置。

诸行宫都部署院,总管契丹、汉人诸行宫之事。诸行宫都部署在汉人行宫都部署、契丹行宫都部署之上,诸行宫都部署院为辽朝北、南面宫官中的最高管理机构。[2]诸行宫都部署院,"总契丹汉人诸行宫之事"[3],有诸行宫都部署,诸行宫副部署等职。萧扫古曾任"诸行宫都部署"[4];耶律宗政曾任"诸行宫都部署"[5];萧义曾任"诸行宫都部署"[6];梁援曾任"诸行宫副部署""诸行宫都部署"[7];王师儒任"诸行宫都部署"[8]和汉儿行宫都部署[9]。王说第八子曾任积庆宫汉儿渤海都部署[10];冯从顺曾任敦睦宫汉儿渤海都部署[11];萧德温任彰愍宫汉儿渤海都部署[12]。"某宫汉人行宫都部署",应更正为"某宫汉人(儿)渤海都部署"[13]。汉人(儿)渤

---

[1] 脱脱等:《辽史》卷三十八《地理志二》,北京:中华书局,1974年,第467、469页。
[2] 武玉环:《辽制研究》,长春:吉林大学出版社,2001年,第77页。
[3] 脱脱等:《辽史》卷四十五《百官志一》,北京:中华书局,1974年,第716、717页。
[4] 脱脱等:《辽史》卷十八《兴宗纪一》,北京:中华书局,1974年,第219页。
[5] 向南:《辽代石刻文编》,石家庄:河北教育出版社,1995年,第306页。
[6] 向南:《辽代石刻文编》,石家庄:河北教育出版社,1995年,第622页。
[7] 向南:《辽代石刻文编》,石家庄:河北教育出版社,1995年,第520—522页。
[8] 向南:《辽代石刻文编》,石家庄:河北教育出版社,1995年,第645—647页。
[9] 脱脱等:《辽史》卷四十七《百官志三》,北京:中华书局,1974年,第796页。
[10] 陈述:《全辽文》卷五《王说墓志铭》,北京:中华书局,1982年,第109页。
[11] 陈述:《全辽文》卷六《冯从顺墓志铭》,北京:中华书局,1982年,第123页。
[12] 陈述:《全辽文》卷九《萧德温墓志铭》,北京:中华书局,1982年,第216页。
[13] 武玉环:《辽制研究》,长春:吉林大学出版社,2001年,第79页。

海都部署管辖斡鲁朵内的汉人、渤海人。

②头下州县

头下州县是辽朝特有的一种制度，"皆诸王、外戚、大臣及诸部从征俘掠，或置生口，各团集建州县以居之"①，其"设置原则、职官铨选、税收等均与其他州有别"②。头下州的人口是辽军四处掠夺所得，这些汉人及"奚、渤海诸国生口"被"分赐贵近或有功者"③，用以建立"私城"，"不能州者谓之军，不能县者谓之城，不能城者谓之堡"④，而州的各族人户则成为头下主的"奴婢"。就总体发展趋势来看，"头下领主的自主权应该越来越小，而朝廷对头下军州的控制权应该越来越大。"⑤辽太宗统治时期，"正是致力于向中原扩张的时期，参与战争的贵戚大臣，常可获得大量俘户，并以战功而得到州、军的建制，实是头下州、军的扩张期"⑥，这一时期有如下头下州县。

贵德州贵德县：辽太宗统治时期，以耶律察割南征俘获的汉民建头下贵德州，天禄五年（951年），耶律察割弑逆被诛，此州没入。贵德州设立之时，辽太宗迁徙渤海国中京显德府崇山县之民设置贵德县，属贵德州。

遂州山河县：为辽太宗迁徙渤海国怀远府山河、黑川、麓川三县之民设置。⑦会同年间（938—947年），采访使耶律颇德⑧率兵援助石敬瑭，并俘获大量汉人，设头下遂州，山河县来属。

---

① 脱脱等：《辽史》卷三十七《地理志一》，北京：中华书局，1974年，第448页。
② 何天明：《辽代头下军州若干问题探讨》，《北方文物》，2011年第1期。
③ 元好问：《中州集》卷二《李承旨晏》，上海：中华书局，1959年，第100页。
④ 脱脱等：《辽史》卷四十八《百官志四》，北京：中华书局，1974年，第812页。
⑤ 刘浦江：《辽朝的头下制度与头下军州》，《中国史研究》，2000年第3期。
⑥ 刘浦江：《辽朝的头下制度与头下军州》，《中国史研究》，2000年第3期。
⑦ 脱脱等：《辽史》卷三十八《地理志二》，北京：中华书局，1974年，第465页。
⑧ 脱脱等：《辽史》卷七十三《耶律颇德》，北京：中华书局，1974年，第1225页。

双州：原为"渤海安定郡"，金毓黻认为此郡即渤海国之定州[①]。此后，辽太宗将渤海定州之民迁徙，与沤里僧王（即耶律察割）[②]南征中原所"俘镇、定二州之民建城"[③]，组成头下州双州。应历元年（951年），耶律察割谋反被杀，双州没入，其下辖双城县亦为安置渤海安夷县民所建。

麓州：为辽太宗迁徙渤海国麓州之民所置[④]，为头下州，等第为刺史[⑤]。

宗州熊山县：为迁徙渤海国东京龙原府熊山县民所置，地处"辽东石熊山"[⑥]附近，仍沿用旧名。后辽圣宗以俘获之汉民建立头下宗州，熊山县依郭。

李胡无名州：天显五年（930年）二月，辽太宗"以先所俘渤海户赐李胡"[⑦]，耶律李胡用这些渤海户建立的私城即为其头下州。[⑧]

③一般州县

辽朝州县行政区划基本沿袭唐朝末期和五代时期的制度，实行府、州、县三级制度。而其中有更加细密的层级，如州就有节度、观察、刺史的等第。余蔚认为，"自节度、观察至刺史，州之地位依次而降。"[⑨]

节度州如下。

---

① 金毓黻：《渤海国志长编》卷十四，长春：《社会科学战线》杂志社，1982年，第305页。

② 张修桂：《〈辽史·地理志〉平议》，《历史地理》（第十五辑），1999年，第332页。

③ 脱脱等：《辽史》卷三十八《地理志二》，北京：中华书局，1974年，第468页。

④ 脱脱等：《辽史》卷三十八《地理志二》，北京：中华书局，1974年，第474页。

⑤ 刘浦江：《辽朝的头下制度与头下军州》，《中国史研究》，2000年第3期。

⑥ 脱脱等：《辽史》卷三十八《地理志二》，北京：中华书局，1974年，第464页。

⑦ 脱脱等：《辽史》卷三《太宗上》，北京：中华书局，1974年，第31页。

⑧ 黄为放：《10—12世纪渤海移民问题研究》，长春师范大学博士学位论文，2017年。

⑨ 余蔚：《中国行政区划通史（辽金卷）》，上海：复旦大学出版社，2012年，第112页。

辰州："奉国军。节度。"①辰州之地位"于海之滨"②，辽太宗迁徙渤海国率宾府辰（盖）州之民来此居住，设置同名之州，下设建安县。

兴州："中兴军。节度。"③辽太宗将渤海国中京显德府兴州、汤州之民迁入辽东地区，设立同名兴州、汤州。

渌州："鸭渌军。节度。"④辽太宗南迁渤海遗民之时，对渤海国五京之民进行了析分，并移居各地。金毓黻提出渤海五京中唯西京鸭渌府留在原地，"改神州为渌州，而桓、丰、正三州之名仍旧"⑤，并将渤海国安远府慕州之民迁至渌洲附近，设立同名之州，即辽朝将原渤海国西京鸭渌府首州、神州改为渌州，设鸭渌军，下辖桓、正、丰、慕四州。近年来，有学者对这一观点提出异议。向南依据渌州不见于防御女真族与高丽的防线中、"来远城"⑥及"三栅"⑦的设置、渌州渤海人参与大延琳起义这三个原因，推测渌州在反辽势力的袭击下被废除，其人口被迁至辽阳府以南、海州与辰州以西的近海一带（今辽宁省海城市及附近地区）重新安置。⑧渤海国西京鸭渌府地区已经被定安国所占领⑨，渌州遂废，而其迁徙及重置的时间，可能在圣宗朝以前。

观察州如下。

归州："观察"，是辽太祖灭渤海国后，"以降户置"⑩，将所俘渤

---

① 脱脱等：《辽史》卷三十八《地理志二》，北京：中华书局，1974年，第460页。

② 向南，张国庆，李宇峰：《辽代石刻文续编》，沈阳：辽宁人民出版社，2010年，第43—47页。

③ 脱脱等：《辽史》卷三十八《地理志二》，北京：中华书局，1974年，第461页。

④ 脱脱等：《辽史》卷三十八《地理志二》，北京：中华书局，1974年，第461页。

⑤ 金毓黻：《渤海国志长编》卷十四，长春：《社会科学战线》杂志社，1982年，第296页。

⑥ 脱脱等：《辽史》卷十三《圣宗四》，北京：中华书局，1974年，第141页。

⑦ 崔文印：《大金国志校正》附录一，北京：中华书局，1976年，第588页。

⑧ 向南：《辽代渌州徙置辩》，《社会科学战线》，1983年第1期。

⑨ 孙进己：《东北民族史研究（一）》，郑州：中州古籍出版社，1994年，第372页。

⑩ 脱脱等：《辽史》卷三十八《地理志二》，北京：中华书局，1974年，第475页。

海降户安置在归州之地。

刺史州,笔者根据《辽史·地理志》举例如下。

崇州:"隆安军。刺史。"辽太宗将渤海国中京显德府崇州之民迁入辽东地区,设立同名崇州。

卢州:"玄德军。刺史。"为迁徙渤海国中京显德府杉卢郡民而设置,临海,下设熊岳县。

铁州:"建武军。刺史。"为迁徙渤海国中京显德府铁州民所设置,内有大量渤海族冶铁工匠,下设汤池县。

集州:"怀众军。下,刺史。"集州原为"古陴离郡地,汉属险渎县",高句丽设置霜岩县,渤海国设集州,辽太宗迁徙其民,重置同名集州,并设置奉集县。

渤州、湖州:渤州,"清化军,刺史。"湖州,"兴利军,刺史。"二州为辽太宗迁徙渤海国上京龙泉府之渤、湖二州之民所设置。渤州下辖贡珍县,湖州下辖长庆县。

郢州、铜州、涑州:郢州,"彰圣军,刺史";铜州,"广利军,刺史";涑州,"刺史"。在渤海国的六十二州中,"郢、铜、涑三州为独奏州"[①],地位特殊。辽太宗仍沿用渤海旧制,迁徙三州之民在辽东地区重新设立郢州、铜州、涑州,其中铜州析木县为迁徙渤海国铜州花山县民所设置,先隶东京,后来属。

④提辖司

辽代的斡鲁朵是宫卫组织与官府治事的场所,始终扈从皇帝,没有固定的地点。但是斡鲁朵辖有大量斡鲁朵户,分布于隶宫州县及提辖司中[②],承担力役、租税、守陵、作战等职责。提辖司是诸宫卫私属人户的管理机构,分布在辽朝的各个"总要之地"[③]。所谓"提辖司",是专管

---

① 欧阳修,宋祁:《新唐书》卷二一九《渤海》,北京:中华书局,1975年,第6182页。
② 武玉环:《辽代斡鲁朵探析》,《历史研究》,2000年第2期。
③ 脱脱等:《辽史》卷三十五《兵卫志中》,北京:中华书局,1974年,第406页。

诸宫分俘户奴隶的军政机构。①东京是主持东北部渤海人、女真人、高丽人等事务的"政治、经济、军事中心"②，设有弘义、长宁、永兴、积庆、延昌、章愍、崇德、兴圣、文忠王府等九个行宫的提辖司，均由东京诸宫提辖司统一管理。辽朝在辽太祖、辽太宗统治时期，即将汉人与渤海人向内地迁徙时，人户不足以构成州县的，即设置提辖司管理。③

总体看，在辽太祖、辽太宗统治时期，东南部地区的州县数量较大，有承袭唐朝、渤海国制度的普通州县，又有具有契丹特色的隶宫州县、头下州，另有部分提辖司。这种局面的出现，主要是辽东南部地区渤海人、汉族人众多，且分布区域与身份不同所致。契丹统治者则根据具体情况设置了不同的地方管理模式：对于辽阳及附近渤海人、汉人密集的情况，采用普通州县的形式进行管理；而在辽阳以西距离契丹主要统治区域较近的地区，则设置头下州，用以安置契丹贵族私属的头下户；另有部分渤海人、汉人则居住在隶宫州县中，成为隶宫户，他们在政治与财赋上归皇帝的行宫斡鲁朵管辖。辽朝初期东南部地区的这种地方管理模式看似复杂，却行之有效，符合当地的民族分布情况，为这一地区的稳定发展奠定了基础。

2.州县体系的建立

辽世宗至辽圣宗统治时期，东京道建立并发展，而渤海人、汉人也在此地定居繁衍。随着辽朝内外部情况的变化，其东南部地区的州县体系最终形成。至辽圣宗朝，中央及地方制度发生了变化，皇帝中央集权进一步加强，而契丹传统的旧制也面临着改革。辽圣宗统治时期，五京制度进一步完善，中京于统和二十五年（1007年）④建立，而东京道的地位也进一

---

① 黄凤岐：《试论辽圣宗时期的社会改革》，《辽金史论集》第八辑，长春：吉林文史出版社，1994年，第84—102页。

② 李桂芝：《辽朝提辖司考》，《学习与探索》，2005年第2期。

③ 津田左右吉：《辽の制度の二重体系》，《津田左右吉全集》第12册，东京：岩波书店，1964年，第339—341页。

④ 杨若薇：《契丹王朝政治军事制度研究》，北京：中国社会科学出版社，1991年，第182页。

步上升。在这种背景下，东京道内皇帝直辖的州县已经无法适应形势的变化，更不利于管理。所以，东京道建立后，虽然隶宫州县仍需要为皇帝提供财富，以方便其行宫四时捺钵之用，但州县的军政仍隶属于东京道之下的军路，这是东南部地区一个管理特色。

①析分提辖司户

辽圣宗朝，之前安置在辽朝东南部地区的人口较少的提辖司户，人口开始变得繁盛，于是辽圣宗将这些人口进行析分。统和年间（983—1012年），东京各提辖司内人口大量繁衍生息[①]。辽圣宗为了安置这些增加的提辖司户，并借此削弱契丹旧贵族的势力[②]，开始析分这些提辖司户，建立州县。统和八年（990年），辽圣宗"诏东京路诸宫分提辖司"[③]。统和八年（990年），辽圣宗迁徙东京内的提辖司户与当地渤海人混居，设置三县。同年，辽圣宗还为东京的渤海人、汉人提辖司户在上京、东京及中京地区分别设立仪坤州广义县、辽西州长庆县、乾州安德县及白川州弘（洪）理县。[④]

②隶宫州县

隶宫州县，在辽太祖统治时期辽朝就已设置，由皇帝直接管理。到辽圣宗统治时期，这些隶宫州县被东京道所属军政机构直接管辖。根据《辽史·地理志》记载，东京都部署司管辖贵德州（隶崇德宫）、沈州（初隶永兴宫，后属敦睦宫）；北女直兵马司管辖辽州（隶长宁宫）、双州（曾隶延昌宫，后属崇德宫）、银州（隶弘义宫）、同州（隶彰愍宫）、韩州（隶延昌宫）、祺州（隶弘义宫）。

③头下州县

辽圣宗统治时期有新建的头下军州，如宗州熊山县。熊山县为辽迁徙

---

① 林鹄：《斡鲁朵横帐补说》，《清华元史》第二辑，北京：商务印书馆，2013年，第258页。

② 李桂芝：《辽朝提辖司考》，《学习与探索》，2005年第2期。

③ 脱脱等：《辽史》卷十三《圣宗四》，北京：中华书局，1974年，第140页。

④ 脱脱等：《辽史》卷十三《圣宗四》，北京：中华书局，1974年，第140页。

渤海国东京龙原府熊山县民所置，地处"辽东石熊山"[①]附近，仍沿用旧名。后辽圣宗为俘获之汉民建立头下宗州，熊山县依郭。

这一时期，头下军州也发生了一些变化，有没入一般州县的，如双州、遂州。应历元年（951年），耶律察割谋反被杀，双州没入，其下辖双城县亦为安置渤海安夷县民所建。双州原为耶律察割的私城，即头下城，后没入，成为节镇州。辽朝的头下州县，为契丹大贵族的私城，一般不轻易取消，可传及子孙，只有当头下州的奴隶主因罪削爵时才收为国有，或因绝嗣而没入。一旦头下州县被收归国有，即失去其原来的性质，直接转为皇帝十二宫或其他一般的行政区划。据《武经总要》记载："双州，契丹号保安军，有通吴军营垒，东至逆河流二里入生女直界，西至辽州七十里，南至沈州七十里，北至渝州百二十里。"[②]双州故址为今辽宁省沈阳市北七十里石佛寺村，此处有辽碑出土。遂州，原渤海美州地，采访使耶律颇德以部下汉民置，辽穆宗时，颇德嗣绝，没入焉。石刻载有"超授使持节遂州诸军事、行遂州刺史"[③]。

头下州县也有没入隶宫州县的，如贵德州贵德县。辽太宗统治时，以耶律察割南征俘获的汉民建头下贵德州，天禄五年（951年），耶律察割弑逆被诛，此州没入。贵德州设立之时，辽太宗迁徙渤海国中京显德府崇山县之民设置贵德县，属贵德州。[④]贵德州"始皆独立之头下州也，特以没入而隶诸宫"。[⑤]石刻记载"尔后历官至贵德州节度副使"[⑥]。头下州县之建置，"即所谓私城也，亦如头下兵之为私甲。头下主为诸王外戚大臣，头下户则私奴与俘掠。唯州军之义未显"，按《百官志》所称，

[①] 脱脱等：《辽史》卷三十八《地理志二》，北京：中华书局，1974年，第464页。
[②] 曾公亮：《武经总要》第四卷《中国兵书集成》，北京：解放军出版社，1992年。
[③] 向南：《辽代石刻文编》，石家庄：河北教育出版社，1995年，第220页。
[④] 脱脱等：《辽史》卷三十八《地理志二》，北京：中华书局，1974年，第465页。
[⑤] 陈述：《头下考（上）》，北京：中华书局，1987年，第393页。
[⑥] 向南：《辽代石刻文编》，石家庄：河北教育出版社，1995年，第428页。

"州、军、县、城、堡，显有大小之别，然皆头下之单位。"①头下军州既有一定的独立性，又受制于朝廷。一方面，头下军州有自己的臣属官僚机构，其刺史以下的官吏，都由"本部曲充焉"；另一方面，"其节度使朝廷命之"，朝廷派节度使来管理。②而且，由于头下户是头下主的私户，头下州中的渤海人同汉人一起为头下主从事农业生产，他们与其他官位九品以下者及井邑商贾之家，都需要交纳租税，"征税各归头下"③；但同时，"酒税课纳上京盐铁司"④，故他们是"输租于官，且纳课给其主"的"二税户"⑤。就总体发展趋势来看，"头下领主的自主权应该越来越小，而朝廷对头下军州的控制权应该越来越大。"⑥在辽圣宗统治时，因辽朝分割头下军州的剥削收入，头下户变成二税户，其身份地位有所改善。⑦

④节度制度的完善

辽圣宗朝时期，辽朝东南部地区州县体系形成，其中节度使制度得以完善，这也与疆域变化及辽丽战争有关。这一时期节度制度趋于完善，东京道设各节度使司，有"开州镇国军节度使司"等，官职设置有"某州某军节度使"⑧等。辽朝称"某州某军节度使"者，"实仅指某一州为某节度使所领任。州军节度使司，明确了该军节度使司也即该州的官署。该州节度使者，应是该州的置军节度使之通称。辽制与宋略同，只是辽朝于州

---

① 陈述：《头下考（上）》，北京：中华书局，1987年，第392页。
② 脱脱等：《辽史》卷三十七《地理志一》，北京：中华书局，1974年，第448页。
③ 脱脱等：《辽史》卷三十七《地理志一》，北京：中华书局，1974年，第448页。
④ 脱脱等：《辽史》卷三十七《地理志一》，北京：中华书局，1974年，第448页。
⑤ 宇文懋昭：《大金国志校正》卷二十八《李晏》，崔文印校正. 北京：中华书局，1986年，第3—4页。
⑥ 刘浦江：《辽朝的头下制度与头下军州》，《中国史研究》，2000年第3期。
⑦ 王德忠：《辽朝的民族迁徙及其评价》，《东北师大学报（哲学社会科学版）》，1998年第4期。
⑧ 脱脱等：《辽史》卷四十八，《百官志四》，北京：中华书局，1974年，第812页。

称普遍加军号而已。"①辽方州节度使源于唐朝后期具有某些州长性质的节度使，辽朝在继承唐朝制度的基础上，把方州节度使发展为一种名副其实的州长。第一，辽方州节度使和刺史都是州长。不同称呼的州长有四：节度使、刺史、观察使、防御使。一般情况，上中州多置节度使，下州所置节度使、刺史，不列等州多置刺史、观察使和防御使。节度使是这四类州长中级别最高的。第二，从职掌来看，方州节度使和刺史一样，主管军政民事。辽朝的方州节度使为带兵军官，同时又是主管行政民事的一州之长。朝廷对节度使的考核，不仅看军功，而且观政绩。不少方州节度使由于素有善政，治绩有声，得到辽廷的封赏晋升。②北面官不负责管理州县，造成辽朝地方节度使权力地位的上升。③根据史料及石刻记载，辽朝东南部地区诸州等第应为节度州、刺史州、防御州、观察州、团练州。

节度州如下。

辽圣宗统治时期，根据东南部地区战略地位的上升，辽圣宗进一步增设了多个节度州，以管理战略要地的军政事务。

宾州："怀化军。节度。"④宾州的居民主要为兀惹人。兀惹在渤海国建立初期即归入渤海国，至渤海国灭亡，其部族很大程度上已经渤海化。兀惹人不愿接受辽朝的统治，其中一支兀惹人以乌昭度为首领，建立"兀惹城"⑤，并与燕颇及定安国联合反辽。根据苗威考证，兀惹城在鸭绿江流域地区。⑥统和十三年（995年）七月，"兀惹乌昭度、渤海燕颇

---

① 林荣贵：《从房山石经题记论辽代选相任使之沿革》，《辽金史论集》第一辑，上海：上海古籍出版社，1987年，第56，57，64，65页。

② 林荣贵：《从房山石经题记论辽代选相任使之沿革》，陈述：《辽金史论集》第一辑，上海：上海古籍出版社，1987年，第56，57，64，65页。

③ 杨军：《辽朝南面官研究——以碑刻资料为中心》，《史学集刊》，2013年第3期。

④ 梁玉多：《渤海遗民的流向——以未迁到辽内地和辽东的渤海遗民为中心的考察》，《学习与探索》，2010年第2期。

⑤ 脱脱等：《辽史》卷八《景宗上》，北京：中华书局，1974年，第95页。

⑥ 苗威：《定安国考论》，《中国边疆史地研究》，2011年第2期。

第三章　辽朝对东南部地区的行政管理

等侵铁骊",辽朝派遣"奚王和朔奴等讨之"。[1]燕颇与乌昭度率部虽依托兀惹城殊死抵抗,但是仍损失惨重,"城中大恐"[2]。之后,兀惹部无力与辽朝对抗,统和十七年(999年)六月,"兀惹乌昭庆(度)来"[3]向辽朝请降[4]。同年,辽朝将"鸭子、混同二水之间"[5]的渤海古城设为宾州,用以安置归降的兀惹部人,位于"黄龙府南百余里"[6]。之后,在辽朝的鼓励下,女真各部陆续将俘获的兀惹人迁徙到宾州安置。统和二十二年(1004年)九月,"女直遣使献所获乌昭庆妻子"[7];开泰元年(1012年),"铁骊那沙等送兀惹百余户至宾州,赐丝绢"[8];辽太平二年(1022年)五月,"铁骊遣使献兀惹十六户"[9]。宾州兀惹的渤海化程度很高,"族多李姓"(渤海国右姓之一)"衣制皆如汉儿"[10],并与契丹、女真杂居。

保州:"宣义军,节度。"[11]"初,契丹置城于鸭绿江东岸,称保州"[12]。辽朝在开泰三年(1014年)发动第三次大规模征伐高丽战争之初,就修筑了保州。保州应该是高丽在辽朝所赐的"鸭绿江东数百里地"所建"六城"之外由辽朝重新修筑的一个州城[13],位于今朝鲜平安北道义

---

[1] 脱脱等:《辽史》卷十三《圣宗四》,北京:中华书局,1974年,第146页。
[2] 脱脱等:《辽史》卷八十五《奚和朔奴》,北京:中华书局,1974年,第1318页。
[3] 脱脱等:《辽史》卷十四《圣宗五》,北京:中华书局,1974年,第145页。
[4] 梁玉多:《渤海遗民的流向——以未迁到辽内地和辽东的渤海遗民为中心的考察》,《学习与探索》,2010年第2期。
[5] 脱脱等:《辽史》卷三十八《地理志二》,北京:中华书局,1974年,第470页。
[6] 洪皓:《松漠纪闻》,翟立伟标注,长春:吉林文史出版社,1986年,第17页。
[7] 脱脱等:《辽史》卷十四《圣宗五》,北京:中华书局,1974年,第159页。
[8] 脱脱等:《辽史》卷十四《圣宗五》,北京:中华书局,1974年,第159页。
[9] 脱脱等:《辽史》卷十六《圣宗七》,北京:中华书局,1974年,第190页。
[10] 洪皓:《松漠纪闻》,翟立伟标注,长春:吉林文史出版社,1986年,第18页。
[11] 脱脱:《辽史》卷三十八《地理志二》,北京:中华书局,1974年,第459页。
[12] 郑麟趾:《高丽史》卷五十八《地理志三》,重庆:西南师范大学出版社,2014年,第33,34页。
[13] 赵永春,玄花:《辽金与高丽的"保州"交涉》,《中国边疆史地研究》,2008年第1期。

州及新义州之间。因保州位于鸭绿江东岸，战略位置十分重要，故辽圣宗调集重兵防御，其中夏行美曾率领东京渤海军长期驻守此地。[1]

信州："下，节度"[2]，兵事属黄龙府都部署司。信州是辽太宗迁徙渤海国怀远府民而建，信州下辖有二县。一个是武昌县，是辽朝迁徙渤海国怀远府怀福、豹山二县及平州提辖司之民所设；另一个是定武县，为迁徙怀远府豹山、乳水县二县及平州提辖司之民所设。定武县，初名定功县，后改"定武"。开泰初年（1012—1021年），辽圣宗已经意识到该地临近高丽的战略价值，故迁徙所"俘汉民"[3]与渤海遗民杂居，建立信州，武昌、定武二县来属。

刺史州、防御州、观察州、团练州如下。

辽圣宗朝时期，除了完善节度州制度，辽朝还在东南部地区设立刺史州、防御州、观察州、团练州等州，辽朝的这种管理模式，与宋朝有一定的相似性。[4]

刺史州：顺化城，开泰三年（1014年）以汉户置。宜州，"定远军，刺史。"[5]关于刺史州的官职，如刘墀曾任"易州刺史"[6]，知易州事耶律颇得[7]、耶律独撷曾任"同知金肃军事"[8]，王寿曾任涿州录事参军[9]。

防御州：广州，开泰七年（1018年）以汉户置[10]。"冀州防御使司"[11]，应作"冀州永安军防御使司"。

---

[1] 脱脱等：《辽史》卷八十七《夏行美》，北京：中华书局，1974年，第1336页。
[2] 脱脱等：《辽史》卷三十八《地理志二》，北京：中华书局，1974年，第461页。
[3] 脱脱等：《辽史》卷三十八《地理志二》，北京：中华书局，1974年，第470页。
[4] 余蔚：《辽代州制研究》，《历史地理》，2010年第4期。
[5] 脱脱等：《辽史》卷三十八《地理志二》，北京：中华书局，1974年，第474、459页。
[6] 脱脱等：《辽史》卷十二《圣宗三》，北京：中华书局，1974年，第133页。
[7] 脱脱等：《辽史》卷二十一《道宗一》，北京：中华书局，1974年，第256页。
[8] 脱脱等：《辽史》卷九十二《耶律独撷》，北京：中华书局，1974年，第1369页。
[9] 向南：《辽代石刻文编》，石家庄：河北教育出版社，1995年，第723页。
[10] 脱脱等：《辽史》卷三十八《地理志二》，北京：中华书局，1974年，第466页。
[11] 脱脱等：《辽史》卷四十八《百官志四》，北京：中华书局，1974年，第819页。

第三章 辽朝对东南部地区的行政管理

观察州：归、宁二州。归州，"观察。太祖平渤海，以降户置，后废。统和二十九年（1011年）伐高丽，以所俘渤海户复置。兵事属南女直汤河司。"宁州，"观察。统和二十九年伐高丽，以渤海降户置。兵事隶东京统军司。"[1]辽圣宗统治时期，辽朝与高丽多种矛盾不断升级，辽朝决定征伐高丽。统和二十八年（1010年）五月，辽朝第二次征伐高丽，此次出兵，辽圣宗"自将伐高丽"[2]，亲率大军过鸭绿江，并一度攻占高丽都城开城。在这种形势下，高丽的渤海遗民多向辽军投降，居住在高丽北境的渤海遗民也多有被辽俘获者。高丽趁辽退兵之机，抢夺回很多"被掠男女"[3]，但仍有大量为辽军"所俘"[4]的渤海人被迁入辽境内。统和二十九年（1011年）十二月，辽圣宗为这些"渤海降户"[5]设置宁州及新安县，并于同月"以所俘渤海户复置"[6]归州并设置归胜县，这两州均位于辽东半岛地区[7]。辽圣宗十分重视对这些渤海遗民的安置工作，因他们久居高丽境内，"未习文字"，还专门"设学以教之"。[8]观察州官职，萧和尚奴曾任"归州观察使"[9]，宋雄曾任"观察判官"[10]，大公鼎曾"调沈州观察判官"[11]，常遵化曾被授"霸州观察判官""乾州观

---

[1] 脱脱等：《辽史》卷三十八《地理志二》，北京：中华书局，1974年，第474页。
[2] 脱脱等：《辽史》卷十五《圣宗六》，北京：中华书局，1974年，第168页。
[3] 徐居正：《东国通鉴》卷十五《显宗世家一》，朝鲜光文会影印版，1911年，第26页。
[4] 脱脱等：《辽史》卷十五《圣宗六》，北京：中华书局，1974年，第168页。
[5] 脱脱等：《辽史》卷三十八《地理志二》，北京：中华书局，1974年，第474页。
[6] 脱脱等：《辽史》卷三十八《地理志二》，北京：中华书局，1974年，第474页。
[7] 张修桂，赖青寿：《〈辽史·地理志〉汇释》，合肥：安徽教育出版社，2001年，第125—126页。
[8] 脱脱等：《辽史》卷十五《圣宗六》，北京：中华书局，1974年，第172页。
[9] 脱脱等：《辽史》卷二十九《天祚皇帝三》，北京：中华书局，1974年，第341页。
[10] 脱脱等：《辽史》卷十一《圣宗二》，北京：中华书局，1974年，第120页。
[11] 脱脱等：《辽史》卷一百零五《大公鼎》，北京：中华书局，1974年，第1460页。

察判官"[1]，田能成曾任白川州观察判官[2]，孙允中曾任"贵德州观察判官"[3]，又有辽州观察判官[4]。

团练州：安州，一载，安州为刺史州[5]，又载"安州团练使王八为副留守"[6]。耶律何鲁扫古传于"清宁初，加安州团练使"[7]。蔡志顺曾"累加安州团练使"[8]。这就表明安州又作团练州。此外，安州又作防御州，如"安州防御使"[9]"小男安州防御使"[10]；又如大安三年（1087年），蔡志顺任"安州防御使"[11]。

诸州下辖的县，有"县令"一职，如统和元年（983年）十一月，"诸县令佐如遇州官及朝使非理征求，毋或畏徇，恒加采听，以为殿最"[12]；统和九年（991年）三月，见"蓟北县令崔简"[13]。此外，还有"某县主簿"[14]，如"父信，兴中主簿"[15]。

---

[1] 向南：《辽代石刻文编》，石家庄：河北教育出版社，1995年，第127—128页。

[2] 向南：《辽代石刻文编》，石家庄：河北教育出版社，1995年，第146页。

[3] 向南：《辽代石刻文编》，石家庄：河北教育出版社，1995年，第156页。

[4] 向南：《辽代石刻文编》，石家庄：河北教育出版社，1995年，第214页。

[5] 脱脱等：《辽史》卷三十八《地理志二》，北京：中华书局，1974年，第476页。

[6] 脱脱等：《辽史》卷一百一十五《高丽外记》，北京：中华书局，1974年，第1520页。

[7] 脱脱等：《辽史》卷九十四《耶律何鲁扫古》，北京：中华书局，1974年，第1384页。

[8] 向南，张国庆，李宇峰：《辽代石刻文续编》，沈阳：辽宁人民出版社，2010年，第261—262页。

[9] 脱脱等：《辽史》卷一百零五《萧文》，北京：中华书局，1974年，1461页。

[10] 向南：《辽代石刻文编》，石家庄：河北教育出版社，1995年，第617页。

[11] 向南，张国庆，李宇峰：《辽代石刻文续编》，沈阳：辽宁人民出版社，2010年，第261—262页。

[12] 脱脱等：《辽史》卷十《圣宗一》，北京：中华书局，1974年，第112页。

[13] 脱脱等：《辽史》卷十三《圣宗四》，北京：中华书局，1974年，第141页。

[14] 脱脱等：《辽史》卷四十八《百官志四》，北京：中华书局，1974年，第821页。

[15] 脱脱等：《辽史》卷一百零五《大公鼎》，北京：中华书局，1974年，第1460页。

（三）基层社会组织变化

辽朝东南部地区，主要生活着渤海人、汉人，其基层社会组织有很强的渤海国治理特色。渤海国时期，据《高为裴墓志》记载，"其先渤海国扶余府鱼谷县乌恧里人也"[1]，可知渤海人居住地的基层社会组织可能设有"里"一级的管理机构，渤海人居住地的基层社会组织受唐朝影响较大。辽朝灭渤海国后，将大量渤海人、汉人进行迁徙，随着州县体系的形成，他们生活的基层社会组织也发生了相应的变化。他们多生活在以"寨""庄""堡""务"等命名的自然聚落之中[2]，较少有乡、里的名称出现。[3]这些基层社会组织[4]中"寨"的形式居多，如"归州五寨"[5]"广州南韩家寨""双州北南门寨"等。

庄、店的称呼在辽朝东南部地区也经常出现，如"见武家庄东坞上，地维爽凯"[6]"归葬于祺州娘子庄，从合袝也"[7]"渤海店"[8]。这说明当地应存在一个渤海遗民组成的聚落。当然，在石刻材料中，也有较少关于乡、村的记载，如"维南瞻部州、大契丹国、辽东瀋州西北丰稔村

---

[1] 向南等：《辽代石刻文编》，石家庄：河北教育出版社，1995年，第609页。

[2] 张国庆：《辽代社会基层聚落组织及其功能考探——辽代乡村社会史研究之一》，《中国史研究》，2002年第2期。

[3] 黄为放：《10—12世纪渤海移民问题研究》，长春师范大学博士学位论文，2017年。

[4] 史学界对基层聚落组织的研究有，马新：《两汉乡村社会史》，齐鲁书社，1997年；齐涛：《魏晋隋唐乡村社会研究》，山东人民出版社，1995年。斡鲁朵下契丹人的瓦里、抹里等组织，仅在杨若薇的《契丹王朝政治军事制度研究》中略有涉及。杨若薇：《契丹王朝政治军事制度研究》，中国社会科学出版社，1991年。与汉人州县下乡里村落有关的佛教邑社组织，仅散见于研究者发表的有关佛教文化研究的相关著述中，如王吉林：《今存辽文献中有关佛教史料之研究》，载《中国佛教史论集（五）》，台北：大乘文化出版社，1978年。

[5] 脱脱等：《辽史》卷八《景宗上》，北京：中华书局，1974年，第95页。

[6] 向南，张国庆，李宇峰：《辽代石刻文续编》，沈阳：辽宁人民出版社，2010年，第355页。

[7] 向南：《辽代石刻文编》，石家庄：河北教育出版社，1995年，第424页。

[8] 向南等：《辽代石刻文编》，石家庄：河北教育出版社，1995年，第716—722页。

东"①"前乡正张惟善"②。另外，辽朝东南部地区也有"里""社"这种基层社会组织，如统和三年（985年）八月，"甲申，命南北面臣僚分巡山陵林木，及令乾、显二州上所部里社之数。"③二州所属的里、社，是其下属的基层组织。特别是社，属于佛教徒的基层机构。所以，这里的"里"，与南京地区的里不同，应也与宗教有关。从其他墓志等材料看，辽东京道地区的基层组织多是寨、店、堡等名称，而这里的"里"与"社"，则是以佛教徒的组织形式命名，也体现出了辽圣宗时期佛教的兴盛。

辽朝基层社会组织有重要的功能：乡、里等基层组织之官员向民众传达、贯彻朝廷及州县等各级政府的政令等；生活在乡、村、里、寨基层组织中的各类民户，从事农业、牧业、手工业等生产活动；州县下基层组织可以向辽朝输送大量兵力；辽朝不少乡村崇佛信教者以乡、里为单位，自动组成各种佛教邑社，集资合力建功德。④辽朝的基层社会组织在东南部地区的作用是，安置了迁徙而来的渤海人、汉人，并有效维护了社会稳定。

综上，至辽圣宗朝，辽朝东南部地区管理渤海人、汉人的州县体系形成。之前的隶宫州县，其财富仍提供给皇室使用，而军政则归属东京。一般州县中，逐渐形成节度、观察、刺史、团练等第，管理体系完善。在这样的地方管理制度下，东京道的管理能力大大加强，有利于契丹的中央集权，也从侧面加强了辽朝东南部地区的社会稳定。

总之，辽朝为管理汉人、渤海人，从中央到地方设置府州县。辽朝东南部边疆的汉人、渤海人得到了有效的管理。

---

① 向南：《辽代石刻文编》，石家庄：河北教育出版社，1995年，第237页。
② 向南、张国庆、李宇峰：《辽代石刻文续编》，沈阳：辽宁人民出版社，2010年，第355页。
③ 脱脱等：《辽史》卷十《圣宗一》，北京：中华书局，1974年，第115页。
④ 张国庆：《辽代社会基层聚落组织及其功能考探——辽代乡村社会史研究之一》，《中国史研究》，2002年第2期。

第三节　辽朝对女真、部族的治理

以辽阳为中心的地区，是汉人、渤海人的聚居地，而在其周边，则生活着女真、契丹的小部族和奚族。他们人数较少，其居住地距离辽阳相对较远，生产方式也与汉人、渤海人有很大不同。契丹统治者根据这些民族的具体情况，采取了不同的治理措施。

一、辽朝对女真的治理

女真族是东北古老民族之一，先秦时期称"肃慎"，两汉时期为"挹娄"，南北朝称"勿吉"，隋唐称"靺鞨"，辽朝称"女真"。后为避辽兴宗真讳，又改为"女直"。自古以来，女真就生活在长白山、松花江和黑龙江流域，史称"白山黑水"之地。在辽朝，女真一直是生活在辽朝东南部地区的重要民族，他们主要分布在以辽阳为中心的北、东、南三个方向。《辽史》记载女真部有：北女真、南女真、曷苏馆女真、鸭绿江女真、长白山女真、乙典女真、奥衍女真、黄龙府女真、生女真、滨海女真等等。宋人文献中将女真按其社会发展的不同程度称为"熟女真""回跋女真""生女真"。南宋陈准著《北风扬沙录》载："契丹阿保机乘唐衰，兴北方，吞诸蕃三十六，女真在其中。阿保机恐女真为患，诱豪右（原文误作左）数千家迁之辽阳之南而著籍焉，使不得与本国通，谓之合苏款（原文误作隶）。自咸州东北分界入谷（原文误作宫）口至束沫江（今松花江上游），中间所居之女真，隶契丹咸州兵马司，与其国往来无禁，谓之回霸。合苏款者，熟女真也；回伯者，非熟女真，亦非生女真也。自束（原文误作'東'）江之北，宁江之东，地方千余里，户十余万，无大君长，亦无国名，散居山谷间，自推豪侠为酋长，小者千户，大者数千，则谓之生女真七十二部之一也。"①金初按其对辽的依附不同情况，分为系辽籍与不系辽籍女真。《高丽史》依其分布的方位称其为东女真和西女真。②

随着女真人口数量的增多，辽朝意识到了威胁，采取了相应的措施，并不断调整统治策略。本节将分为辽太祖至辽景宗及辽圣宗两个时期论述辽朝对东南部地区女真各部治理体系的逐步完善过程。

（一）辽朝初期对女真的治理

辽太祖、辽太宗统治时期，辽朝统治者需要维持辽东地区稳定，故仅对曷苏馆女真设置了行政机构进行治理，而对其他女真各部，则仅仅保持朝贡关系，维持稳定。

曷苏馆女真形成于辽朝初年，耶律阿保机在安置归附的女真部落时，"虑女真为患，乃诱其强宗大姓数千户，移置辽阳之南，以分其势，使不得相通。迁入辽阳著籍者，名曰合苏款，所谓熟女真者是也。"③曷苏馆，《辽史》又作曷苏馆、合苏衮或合素、苏馆等。④"曷苏馆"是"曷苏"和"馆"两个词的合成词："曷苏"是蒙古语"属国""属民""属夷"的意思；"馆"（"款"为其异写）是一种具有行政性的居住单位。耶律阿保机对曷苏馆女真的治理是将其变成行政性的居住单位⑤，它到金代发展为曷苏馆路，在今辽宁省盖州市九寨镇五美房村⑥。《金史·世纪》载曷苏馆为女真始祖函普兄阿古乃之后。金朝置为路名，治所在今辽

---

① 徐梦莘：《三朝北盟会编》卷三，上海古籍出版社，1987年，第16、17页。
② 张博泉：《金史论稿》第一卷，吉林文史出版社，1986年，第60页。
③ 徐梦莘：《三朝北盟会编》卷三《政宣上帙三》，上海：上海古籍出版社，1987年，第16页。
④ 洪浩：《松漠纪闻》，翟立伟标注，长春：吉林文史出版社，1986年，第22页。
⑤ 李自然，周传慧：《曷苏馆女真的几个问题》，《满族研究》，2010年第4期。
⑥ 李锦萍，王金令：《金代曷苏馆路治所的考辨》，《北方文物》，2009年第1期。

宁瓦房店市西北，辖境相当于今辽东半岛中部地区。①

辽太宗统治时期，辽朝对东南部地区的统治中心被移到东京辽阳府一带，而对以忽汗城为中心的渤海国故地放松控制，原役属于渤海国的女真各部得以乘机发展。女真各部，经常对辽朝进行朝贡。天显二年（927年）十二月，"女直遣使来贡"；天显三年（928年）春正月，"黄龙府罗涅河女直、达卢古来贡。"②从天显四年（929年）到会同二年（939年），几乎每年都有女真朝贡的记载，有的甚至一年多次。会同三年（940年）二月，"乙卯，鸭渌（绿）江女直遣使来觐。"九月，"女直及吴越王遣使来贡"；会同四年（941年）十一月，"鸭渌（绿）江女直来贡"；从会同五年（942年）到会同九年（946年），女真频繁贡辽。③可以看出，女真从天显二年（927年）到会同九年（946年），几乎每年都入贡于辽。史料记载中还分鸭绿江女真、黄龙府罗涅河（今拉林河）女真，说明当时女真已分为许多部落，分别入贡于辽。④

辽世宗到辽景宗统治时期，女真时叛时服。女真时常侵扰辽朝，如保宁五年（973年）五月，"女直侵边，杀都监达里迭、拽剌斡里鲁，驱掠边民牛马"；保宁八年（976年）八月，"女直侵贵德州东境"；九月，"东京统军使察邻、详稳涠奏女直袭归州五寨，剽掠而去"。⑤这样的事件，说明女真对辽朝的统治已构成威胁，但双方仍保持着朝贡关系。女真还向辽朝请赐一些官职，如应历十八年（968年），"女直详稳戛陌为本部夷离堇"⑥；保宁九年（977年）夏五月，"女直二十一人来请宰相、夷

---

① 洪浩：《松漠纪闻》，翟立伟标注，吉林文史出版社，1986年，第22页。
② 脱脱等：《辽史》卷三《太宗上》，北京：中华书局，1974年，第28页。
③ 脱脱等：《辽史》卷四《太宗下》，北京：中华书局，1974年，第50，52—57页。
④ 孙进己，孙泓：《女真民族史》，桂林：广西师范大学出版社，2010年，第159页。
⑤ 脱脱等：《辽史》卷八《景宗上》，北京：中华书局，1974年，第93—95页。
⑥ 脱脱等：《辽史》卷七《穆宗下》，北京：中华书局，1974年，第86页。

离堇之职，以次授之"①。且女真贡使不断，至圣宗朝，有九次之多②。以上说明这一时期，女真各部并不统一，且分别向辽朝贡③。可以说，东京道建立后，辽朝逐渐开始加强与女真各部的联系，部分女真部族开始归顺辽朝，并被册封职务，但其管理者仍是女真各部首领，这与之后大王府的管理模式不同。而这种情况，也为辽圣宗统治时期大量设置大王府系统管理女真诸部，打下了基础。

综上，辽朝初期治理女真各部，根据分布情况不同采取措施，主要以维护稳定为主，仅在曷苏馆女真附近设置职官，其他地区则是维持朝贡关系。但到辽景宗时期，辽朝已经开始给予部分女真首领以官职。

（二）辽朝对女真治理体系的完善

随着东京道的建立，辽朝加强了对这一地区的管辖力度。辽圣宗朝，对于活动在东京周边地区的女真诸部，辽朝采取了建立大王府与设置军路两种模式进行治理。

辽朝为了控制女真，在东京道建立后，辽朝采取多种管理措施。圣宗朝之后，各级大王府逐一设置。这一时期女真各部活动区域扩大，根据他们分布的远近不同，辽朝设置大王府的管辖程度也不相同，在东南部地区形成了一个相对完善的体系。

辽朝在东南部地区设置曷苏馆女直国大王府，亦曰合苏衮部女直王，又曰合素女直王，又曰苏馆都大王。太平六年（1026年）十二月，"曷苏馆部乞建旗鼓，许之"④。曷苏馆女直国大王府经常遣使朝贡，如开泰元年（1012年）正月，"曷苏馆大王曷里喜来朝"⑤；开泰八年（1019年）

---

① 脱脱等：《辽史》卷九《景宗下》，北京：中华书局，1974年，第99页。
② 脱脱等：《辽史》卷六《穆宗上》，北京：中华书局，1974年，第70—73页。脱脱等：《辽史》卷九《景宗下》，北京：中华书局，1974年，第99—101页。
③ 刘炳愉，陈福林：《曷苏馆熟女真探源》，《北方文物》，1985年第2期。
④ 脱脱等：《辽史》卷十七《圣宗八》，北京：中华书局，1974年，第200页。
⑤ 脱脱等：《辽史》卷十五《圣宗六》，北京：中华书局，1974年，第170页。

五月，"曷苏馆惕隐阿不葛、宰相赛剌来贡"①；开泰八年（1019年）九月，"曷苏馆惕隐阿不割来贡"②；重熙十年（1041年）十月，"以女直太师台押为曷苏馆都大王"③。通过这些记载可知，其官职有（都）大王、宰相、惕隐。此外还有女直宰相，如保宁五年（973年）六月，"女直宰相及夷离堇来朝"④；乾亨元年（979年），"女直国宰相遣使来贡"⑤；统和三年（985年）九月，"女直宰相术不里来贡"⑥。曷苏馆大王当是辽朝授予曷苏馆女真部族首领的官号，宰相、惕隐等是辽朝授予曷苏馆女真部族贵族的官号，没有实际职务。⑦太平六年（1026年）十二月，"曷苏馆部乞建旗鼓，许之"⑧，这表明曷苏馆女真部的大王府具有一定的独立性。曷苏馆女真等对辽朝承担一定的赋税和兵役，"曷苏馆部请括女直王殊只你户旧无籍者，会其丁入赋役，从之"⑨。

鸭绿江女真以鸭绿江得名，分布在鸭绿江流域，主要由黑龙江流域下游一带的黑水靺鞨辗转迁徙而来，也融入了一部分渤海遗民。⑩辽圣宗统治后期，鸭绿江女真已归附辽朝，被称为"五部熟女真"⑪。这些女真人口"共一万余户，皆杂处山谷，尤精于弋猎"⑫。他们与渤海人混居，有固定屋舍居住，生产方式以农业为主，"耕凿与渤海人同"，有

---

① 脱脱等：《辽史》卷十六《圣宗七》，北京：中华书局，1974年，第186—187页。
② 脱脱等：《辽史》卷十六《圣宗七》，北京：中华书局，1974年，第186—187页。
③ 脱脱等：《辽史》卷十九《兴宗二》，北京：中华书局，1974年，第226页。
④ 脱脱等：《辽史》卷八《景宗上》，北京：中华书局，1974年，第93页。
⑤ 脱脱等：《辽史》卷七十《属国表》，北京：中华书局，1974年，第1138页。
⑥ 脱脱等：《辽史》卷十《圣宗纪一》，北京：中华书局，1974年，第116页。
⑦ 程尼娜：《辽代女真属国、属部研究》，《史学集刊》，2004年第2期，第85页。
⑧ 脱脱等：《辽史》卷十七《圣宗八》，北京：中华书局，1974年，第200页。
⑨ 脱脱等：《辽史》卷十五《圣宗六》，北京：中华书局，1974年，第176页。
⑩ 刘子敏，金宪淑：《辽代鸭绿江女真的分布》，《东疆学刊》，1998年第1期。
⑪ 张博泉：《金史论稿》（第一卷），长春：吉林文史出版社，1986年，第60页。
⑫ 叶隆礼：《契丹国志》卷二十二《四至邻国地里远近》，贾敬颜，林荣贵点校，上海：上海古籍出版社，1985年，第5—6页。

丰富的物产"所产人参、白附子、天南星、茯苓、松子、猪苓、白布等物"①。但他们并不负担租税与赋役,"遇北主征伐,各量户下差充兵马,兵回,各逐便归本处。"②因鸭绿江女真后期归附辽朝,故辽设立大王府,并"差契丹或渤海人充节度管押",以治理鸭绿江女真各部。③辽丽战争时,这些女真部族也随契丹大军出征:开泰四年(1015年)春正月,"东京留守善宁、平章涅里衮奏,已总大军及女直诸部兵分道进讨,遂遣使赍密诏军前。"④

回跋部女真主要集中在辉发河流域,辉发河当时被称为"回跋河",回跋女真因此而得名。⑤辽圣宗统治时期,回跋女真内附,"回跋部太师踏剌葛来贡""回跋部太保麻门来贡"。⑥辽圣宗为了更好管理回跋部女真,则"置回跋部详稳、都监"⑦,还设太师、详稳等官职,专管回跋各部事务⑧。

值得一提的是,大康八年(1082年)三月,"黄龙府女直部长术乃率部民内附,予官,赐印绶"⑨,但辽朝并没有对他们设置大王府进行管理⑩。

曷苏馆女直国大王府、鸭绿江女直国大王府所属均为熟女真,辽朝设

---

① 叶隆礼:《契丹国志》卷二十二《四至邻国地里远近》,贾敬颜,林荣贵点校,上海:上海古籍出版社,1985年,第5—6页。

② 叶隆礼:《契丹国志》卷二十二《四至邻国地里远近》,贾敬颜,林荣贵点校,上海:上海古籍出版社,1985年,,第5—6页。

③ 叶隆礼:《契丹国志》卷二十二《四至邻国地里远近》,贾敬颜,林荣贵点校,上海:上海古籍出版社,1985年,第5—6页。

④ 脱脱等:《辽史》卷十五《圣宗六》,北京:中华书局,1974年,第176页。

⑤ 苏金源:《辽代东北女真和汉人的分布》,《社会科学战线》,1980年第2期。

⑥ 脱脱等:《辽史》卷十六《圣宗七》,北京:中华书局,1974年,第185,186页。

⑦ 脱脱等:《辽史》卷十九《兴宗二》,北京:中华书局,1974年,第229页。

⑧ 程尼娜:《辽代女真属国、属部研究》,《史学集刊》,2004年第2期。

⑨ 脱脱等:《辽史》卷二十四《道宗四》,北京:中华书局,1974年,第287页。

⑩ 林鹄:《辽史百官志考订》,北京:中华书局,2015年,第176页。

详稳司[1]管理这些女直国大王府事务。详稳司的官员皆由契丹人、奚人、渤海人担任，如北女直详稳萧高六[2]、萧柳，"淳钦皇后弟阿古只五世孙"为北女直详稳时，"政济宽猛，部民畏爱"[3]；东北路女直详稳有高家奴[4]；南女直详稳有萧袍里[5]；萧酬斡，"国舅少父房之后"，"天庆中，召酬斡为南女直详稳"[6]。这说明担任女真详稳的辽朝官员直接管理熟女真部族事务。但对于回跋女真这样介于生熟女真之间的部族，辽朝虽也设置了大王府，但是监管力度相对松弛。

对于相对较远的长白山及蒲卢毛朵女真各部，辽朝也设置了大王府，但管理力度较弱。辽朝主要通过邻近府州对长白山女直国大王府进行统辖。开泰元年（1012年）正月，"长白山三十部女直酋长来贡，乞授爵秩。"[7]太平元年（1021年）夏四月，"东京留守奏，女直三十部酋长请各以其子诣阙祗候。诏与其父俱来受约。"[8]可见长白山女直国大王府是由邻近的东京留守司管理其贡纳、授爵秩、征兵等事务。[9]长白山女直国大王府等对辽朝所奉行的义务有：一是向辽朝称臣纳贡，如"居民等自意相率赍以金、帛、布、黄蜡、天南星、人参、白附子、松子、蜜等诸物，入贡北蕃"[10]；二是若遇战事，女直国大王府则需出兵助战，如辽圣宗征伐高丽，统和四年（986年）十一月，"女直请以兵从征，许之"[11]；

---

① 脱脱等：《辽史》卷四十六《百官志二》，北京：中华书局，1974年，第755页。
② 脱脱等：《辽史》卷十九《兴宗二》，北京：中华书局，1974年，第233页。
③ 脱脱等：《辽史》卷八十五《萧柳》，北京：中华书局，1974年，第1316页。
④ 脱脱等：《辽史》卷二十一《道宗一》，北京：中华书局，1974年，第258页。
⑤ 脱脱等：《辽史》卷二十四《道宗四》，北京：中华书局，1974年，第290页。
⑥ 脱脱等：《辽史》卷一百《萧酬斡》，北京：中华书局，1974年，第1429页。
⑦ 脱脱等：《辽史》卷十五《圣宗六》，北京：中华书局，1974年，第170页。
⑧ 脱脱等：《辽史》卷十六《圣宗七》，北京：中华书局，1974年，第189页。
⑨ 程尼娜：《辽代女真属国、属部研究》，《史学集刊》，2004年第2期。
⑩ 叶隆礼：《契丹国志》卷二十二《四至邻国地里远近》，贾敬颜，林荣贵点校，上海：上海古籍出版社，1985年，第5—6页。
⑪ 脱脱等：《辽史》卷十一《圣宗二》，北京：中华书局，1974年，第125页。

统和二十八年（1010年）冬十月，"女直进良马万匹，乞从征高丽，许之"①。女真部族兵组成的军队被称为"属国军"，对于属国军，辽朝"有事则遣使征兵，或下诏专征；不从者讨之。助军众寡，各从其便，无常额"②。

蒲卢毛朵部大王府与长白山女直国大王府基本属于一类，这类部族、大王府"附庸于辽，时叛时服，各有职贡，犹唐人之有羁縻州也"。③所谓职贡，即每岁向辽朝贡纳土产，如重熙十二年（1043年）五月，"斡鲁、蒲卢毛朵部二使来贡失期，宥而遣还。"④说明辽朝对女真属国、属部一年内贡纳的时间是有具体规定的。

总之，辽朝对这部分女直大王府管理比较周密。但大王府之下女真部族仍保持着女真族原有的社会组织形式，由女真部落酋长治理女真部民。对女真上层人物，辽朝授予官号，使之具有辽朝地方官员的身份。同时辽朝没有在女直国大王府下设置基层行政机构，不征收田亩税。这些特征表明辽朝对女直国大王府是实行具有一定自治特征的羁縻统治⑤，而辽朝对这些女真的管理力度也各有不同。

二、辽朝对部族的治理

契丹作为北方游牧民族，之所以能建立统一北方的强大政权，拥有"唐、晋帝王之器"⑥，部族的作用不容小觑，故《辽史·营卫志》将契丹治下部族称为镇戍四方的"五服之君"⑦。辽朝东南部地区自然也有部

---

① 脱脱等：《辽史》卷十五《圣宗六》，北京：中华书局，1974年，第168页。
② 脱脱等：《辽史》卷三十六《兵卫志下》，北京：中华书局，1974年，第429页。
③ 脱脱等：《辽史》卷三十三《营卫志下》，北京：中华书局，1974年，第393页。
④ 脱脱等：《辽史》卷十九《兴宗二》，北京：中华书局，1974年，第229页。
⑤ 程尼娜：《辽代女真属国、属部研究》，《史学集刊》，2004年第2期。
⑥ 脱脱等：《辽史》卷三十三《营卫志下》，北京：中华书局，1974年，第383页。
⑦ 脱脱等：《辽史》卷三十三《营卫志下》，北京：中华书局，1974年，第383页。

分小部族驻守,他们属于"有部而不族者"[1],即虽有部落,却无固定的血缘氏族。辽朝统治者根据他们的分布情况,采取了一系列的治理措施,既维护了部族稳定,又可将其用于防卫东南部地区的安全。

(一)分布与镇戍

辽朝东南部地区内的部族有乌隗部、涅剌部、稍瓦、曷术部、隗衍突厥部等,《辽史》中对这些部族记载较少,笔者根据有限的史料,对各部族的分布与镇戍情况作一叙述。

1.居住地

乌隗部,"司徒居徐母山、郝里河之侧"[2]。岛田正郎、张国庆等认为,乌隗部的居住地位于今辽宁省开原市以北[3];任爱君提出,其位于今内蒙古自治区西乌珠穆沁旗境内大兴安岭以北、呼伦贝尔草原东南一带[4]。

涅剌部,居住地与乌隗部居地相邻[5]。

稍瓦部,"居辽水东,掌罗捕飞鸟"[6]。稍瓦部居于辽河东岸,离辽阳府即今辽宁省辽阳市市区不远[7]。

曷术部,"以冶于海滨柳湿河、三黜古斯、手山。"[8]关于海滨柳湿

---

[1] 脱脱等:《辽史》卷三十二《营卫志中》,北京:中华书局,1974年,第376页。
[2] 脱脱等:《辽史》卷三十三《营卫志下》,北京:中华书局,1974年,第389页。
[3] 岛田正郎:《大契丹国——辽代社会史研究》,何天明译,呼和浩特:内蒙古人民出版社,2007年,第59、60页。张国庆:《辽代社会史研究》,北京:中国社会科学出版社,2006年,第91页。
[4] 任爱君:《辽朝史稿》,兰州:甘肃民族出版社,2012年,第119、260页。
[5] 张宏利:《辽朝部族制度研究》,吉林大学博士学位论文,2015年。
[6] 脱脱等:《辽史》卷三十三《营卫志下》,北京:中华书局,1974年,第389页。
[7] 岛田正郎:《大契丹国——辽代社会史研究》,何天明译,呼和浩特:内蒙古人民出版社,2007年,第62页。
[8] 脱脱等:《辽史》卷三十三《营卫志下》,北京:中华书局,1974年,第389页。

河，一说位于今辽宁省葫芦岛市绥中县高台镇崔家河村[①]；一说位于今辽宁省营口市大石桥市汤池村[②]。三黜古斯，位于今辽宁省鞍山市南郊旧堡村的辽代城址。[③]手山，位于今辽宁省辽阳市辽阳县境内的首山。[④]根据三处冶炼点的位置，曷术部居住地大致位于今辽宁省辽阳市辽阳县、鞍山市、大石桥市一带。[⑤]

隗衍突厥部，可能居住于今吉林省长春市农安县附近。[⑥]

2.镇戍地

根据《辽史》记载，辽朝治下各部族"番居内地者，岁时田牧平莽间。边防纠户，生生之资，仰给畜牧，绩毛饮湩，以为衣食。各安旧风，狃习劳事，不见纷华异物而迁。故家给人足，戎备整完。卒之虎视四方，强朝弱附，东逾蟠木，西越流沙，莫不率服，部族实为之爪牙。"[⑦]边防纠户是边防军户、边防部户，担负着边境防守任务。[⑧]"分镇边圉，谓之部族"[⑨]便是针对部族这种边防守卫任务而言的。部族镇守辽朝划定的边境地区，即为部族的镇戍地。萧韩家奴向辽兴宗奏称："诸部皆有补役之法。昔补役始行，居者、行者类皆富实，故累世从戍，易为更代。近

---

① 岛田正郎：《大契丹国——辽代社会史研究》，何天明译，呼和浩特：内蒙古人民出版社，2007年，第63页。

② 冯永谦：《辽代矿冶采炼和金工器物的考古学考察》，《辽金历史与考古》第五辑，沈阳：辽宁教育出版社，2014年，第71—72页。

③ 冯永谦：《辽代矿冶采炼和金工器物的考古学考察》，《辽金历史与考古》第五辑，沈阳：辽宁教育出版社，2014年，第72—73页。

④ 岛田正郎：《大契丹国——辽代社会史研究》，何天明译，呼和浩特：内蒙古人民出版社，2007年，第63页。

⑤ 张宏利：《辽朝部族制度研究》，吉林大学博士学位论文，2015年。

⑥ Karl A. Wittfogel and Feng Chia-sheng: History of Chinese Society Liao（907-1125），Lancaster Press ING，Reprinted 1961，p90.

⑦ 脱脱等：《辽史》卷三十二《营卫志中》，北京：中华书局，1974年，第377页。

⑧ 杨若薇：《辽朝"糺"之探讨》，《历史研究》，1986年第1期。

⑨ 脱脱等：《辽史》卷三十一《营卫志上》，北京：中华书局，1974年，第361页。

岁边虞数起，民多匮乏，既不任役事，随补随缺。苟无上户，则中户当之。旷日弥年，其穷益甚，所以取代为艰也。非惟补役如此，在边戍兵亦然。"①据此，可确定部族的一项重要任务在于戍边。萧韩家奴奏言中的"诸部皆有补役之法"当指部族的戍边制度；"居者"当指留后户；"行者"当指戍边部民。但不是部族全体成员驻扎在边境线上，而是由部民轮流到防区执行屯戍任务，部族中的富有部民组成戍军。②

涅剌部，戍守今内蒙古自治区巴彦淖尔市乌拉特中旗境内的阴山③，负责辽腹地的防卫；隗衍突厥部、奥衍突厥部镇戍地位于今吉林省长春市农安县农安镇东北，是防御生女真各部的力量；楮特奥隗部的镇戍地在东京辽阳府即今辽宁省辽阳市附近，范围最东到达今吉林省中南部一带④，担负着守卫东京并震慑周边部族的任务。稍瓦部、曷术部镇戍地暂无从考证，应该也属于辽朝东南部地区重要的边防力量。

（二）行政设置

针对辽朝东南部地区的部族，辽朝设置了相应行政机构进行管理，且制度不断完善。辽朝初期，东南部地区的各部族事务由北、南宰相府管理。北、南枢密院建立后，其权力逐渐增加，北、南宰相府成为北枢密院的下辖机构，然而"北、南宰相的执掌没有改变，仍为分领部族事务的官署和长官"⑤。所以，辽朝东南部地区各部族事务，当由辽朝皇帝，北枢密院，北、南宰相府共同商议，之后由北、南宰相府派其属官司徒、敞史送达诸部族。北、南宰相府对所统辖的部族控制较为不力，

---

① 脱脱等：《辽史》卷一百零三《萧韩家奴》，北京：中华书局，1974年，第1448页。

② 杨若薇：《辽朝"乣"之探讨》，《历史研究》，1986年第1期。

③ 王颋：《辽的西南面经营及其与西夏的关系》，《元史及北方民族史研究集刊》，1982年第6期。

④ 任爱君：《辽朝史稿》，兰州：甘肃民族出版社，2012年，第119页。

⑤ 肖爱民：《中国古代北方游牧民族两翼制度研究》，北京：人民出版社，2007年，第227页。

部族军隶属于各地的方面性军事机构，以此来有效管控诸部族军。至辽圣宗朝，北枢密院开始对部族事务进行直接管理。统和三年（985年）三月，"枢密奏契丹诸役户多困乏，请以富户代之。"①从这条史料中也可看出，枢密院在部族管理一事中具有重要地位，其行政职能体现在两个方面：其一，管理部族户口、经济事务；其二，向皇帝举荐部族官员。

辽朝东南部边疆地区的乌隗部、涅剌部、稍瓦、曷术部、隗衍突厥部等具有很强的独立性，东京道建立前后，辽朝的治理措施也不相同。

辽太祖统治时期，因制度草创，故对各部管理相对松散。这一时期，各部长官初称夷离堇，天赞元年后②，"更诸部夷离堇为令稳"③。东京道建立后，辽朝对这一地区的管理力度逐渐加强。辽圣宗统和十四年（996年），命"改诸部令稳为节度使"④，职官名称的改变，反映了以皇帝为代表的专制集权开始干预部族事务。⑤辽圣宗对诸部族设节度使负责本部族的行政、经济、司法等各项事务。统和五年（987年），辽圣宗因涅剌部节度使撒葛里"有惠政，民请留，从之"⑥。诸部的岁贡、税收由部族节度使征收，但也出现过免除诸部岁贡的状况，如统和十二年（994年）"免诸部岁输羊及关征"⑦。诸部族节度使与属官共同掌本部的刑狱事务，辽道宗"诏诸部长官亲鞫狱讼"⑧"命诸郡长吏如诸部例，与僚属同

---

① 脱脱等：《辽史》卷十《圣宗一》，北京：中华书局，1974年，第114页。

② 何天明：《辽代政权机构史稿》，呼和浩特：内蒙古大学出版社，2004年，第219页。

③ 脱脱等：《辽史》卷三十三《营卫志下》，北京：中华书局，1974年，第385页。

④ 脱脱等：《辽史》卷十三《圣宗四》，北京：中华书局，1974年，第148页。

⑤ 王德忠：《论辽朝部族组织的历史演变及其社会职能》，《东北师大学报》，2001年第6期。

⑥ 脱脱等：《辽史》卷十二《圣宗三》，北京：中华书局，1974年，第130页。

⑦ 脱脱等：《辽史》卷十三《圣宗四》，北京：中华书局，1974年，第144页。

⑧ 脱脱等：《辽史》卷二十五《道宗五》，北京：中华书局，1974年，第297页。

决罪囚，无致枉死狱中"①。东南部地区各部族的节度使，"既是领兵军官，又是有一定任期的行政长官"，他们"是朝廷委任管理辽境内北方各少数民族的长官，与各部族酋长合作治政，各部、国因此赋有一定的自治权。"②

除节度使外，辽朝东南部地区的各部族下属行政机构则有所不同，可以分为辖石烈部族、不辖石烈部族两种类型。乌隗、涅剌部设有石烈，因而各部的管理模式为"部族—石烈—弥里"三级制。稍瓦部、曷术部、隗衍突厥部、奥衍突厥部属于不设石烈的部族，管理模式为"部族—弥里"两级制。③关于石烈，史载耶律阿保机为"契丹迭剌部霞濑益石烈乡耶律弥里人"④。石烈"县也"⑤，弥里"乡也"⑥；"霞濑益石烈，乡名""弥里，乡之小者"⑦。杨军认为，"在汉语中找不到能够与契丹语石烈、弥里对译的词汇。"⑧关于石烈数量，有学者认为，"每石烈少则几十户、多则几百户，甚至上千户"⑨，有学者推算每石烈平均户数约为3522户⑩。石烈作为部族的基层机构，负责将辽朝中央及各部族的政令传达给部民，石烈的具体职能有管理户籍、处理刑罚事务、"督催赋税、督办徭役等"⑪。石烈是行政单位的同时，也是军事单位。石烈长官将石烈

---

① 脱脱等：《辽史》卷六十二《刑法志下》，北京：中华书局，1974年，第945页。
② 陈述：《辽金史论集》第一辑，上海：上海古籍出版社，1987年，第65页。
③ 张宏利：《辽朝部族制度研究》，吉林大学博士学位论文，2015年。
④ 脱脱等：《辽史》卷一《太祖上》，北京：中华书局，1974年，第1页。
⑤ 脱脱等：《辽史》卷四十五《百官志一》，北京：中华书局，1974年，第718页。
⑥ 脱脱等：《辽史》卷四十六《百官志二》，北京：中华书局，1974年，第725页。
⑦ 脱脱等：《辽史》卷一百一十六《国语解》，北京：中华书局，1974年，第1534页。
⑧ 杨军：《"变家为国"：耶律阿保机对契丹部族结构的改造》，《历史研究》，2012年第3期。
⑨ 武玉环：《辽代部族制度初探》，《史学集刊》，2000年第1期。
⑩ 杨军：《辽朝人口总量考》，《史学集刊》，2014年第3期。
⑪ 张国庆：《辽代社会基层聚落组织及其功能考探——辽代乡村社会史研究之一》，《中国史研究》，2002年第2期。

的符合条件的人员编成部族军,在接到本部族长官出兵命令时,随部族长官作战。在和平时期,部分石烈长官率领本石烈军队随本部族长官驻守在辽朝划定的镇戍区。

辖石烈部族、不辖石烈部族的不同之处还在于是否置有司徒,如乌隗部"司徒居徐母山、郝里河之侧",涅剌部"司徒居郝里河侧"。① "凡戍军隶节度使,留后户隶司徒"②,这说明部族内设有双重管理机构:一为节度使,管理戍军;二为司徒,负责管理民事与生产等。他们承担的任务不同,戍守地也不同。节度使多在镇戍之地统领辽戍兵,司徒多在辽朝部民的居住地统领"留后户"进行生产。③

辖石烈部族,石烈设官情况为"某石烈。令稳。麻普。牙书"④。麻普,"即麻都不,县官之副也,初名达剌干。"⑤牙署,"官名。疑即牙书,石烈官也。"⑥"弥里马特本、辛衮、麻都不、麻普、马步是契丹语的本名。"⑦

可见,在辽圣宗时期,辽朝东南部地区各部族的职官体系已经形成,其管理模式如图3.1所示。

---

① 脱脱等:《辽史》卷三十三《营卫志下》,北京:中华书局,1974年,第385—386页。
② 脱脱等:《辽史》卷三十三《营卫志下》,北京:中华书局,1974年,第385—386页。
③ 武玉环:《辽代部族制度初探》,《史学集刊》,2000年第1期。
④ 脱脱等:《辽史》卷四十六《百官志二》,北京:中华书局,1974年,第725页。
⑤ 脱脱等:《辽史》卷一百一十六《国语解》,北京:中华书局,1974年,第1543页。
⑥ 脱脱等:《辽史》卷一百一十六《国语解》,北京:中华书局,1974年,第1538页。
⑦ 杨军:《契丹部族组织中的石烈》,《黑龙江社会科学》,2011年第6期。

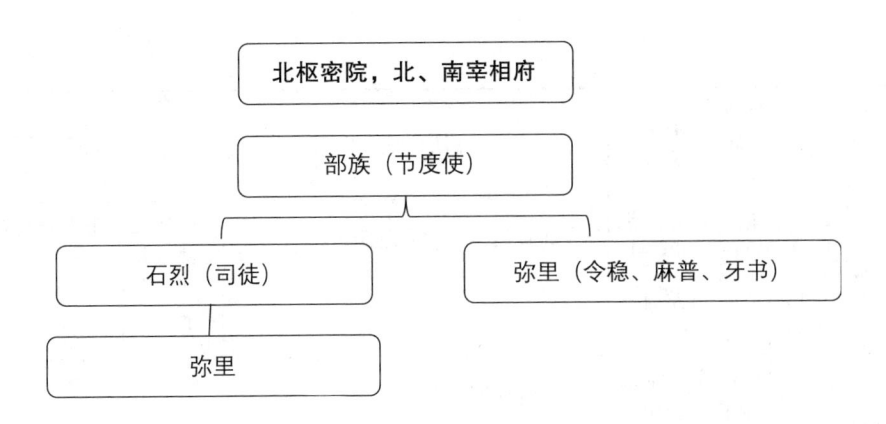

第三章　辽朝对东南部地区的行政管理

```
北枢密院，北、南宰相府
        │
    部族（节度使）
    ┌───┴───┐
石烈（司徒）  弥里（令稳、麻普、牙书）
    │
   弥里
```

图 3.1　部族管理模式表

综上，辽朝东南部地区共分布有乌隗部、涅剌部、稍瓦部、曷术部、隗衍突厥部五个小部族。辽朝设置了节度使等各级管理机构对其进行有效的治理。这些部族具有一定的独立性，但仍听命于辽朝的统一管理，对维护辽朝东南部地区稳定起到了作用。具体见表3.1所示。

表 3.1　部族表

族别	部族	行政隶属关系	军事隶属关系	居住地	镇戍地
契丹	乌隗部	北宰相府	东北路招讨司	今内蒙古自治区兴安盟、通辽市，吉林省长春市、白城市、松原市中南部、四平市、辽宁省开原市北部一带地区	
契丹	涅剌部	北宰相府	西南路招讨司	同上	今内蒙古自治区巴彦淖尔市乌拉特中旗境内的阴山北
奚	楮特奥隗部	南宰相府	东京部署司		今辽宁省辽阳市附近并东至女真部落附近，一直达到今吉林省中南部一带

-123-

续表

族别	部族	行政隶属关系	军事隶属关系	居住地	镇戍地
突厥	隗衍突厥部	北宰相府	黄龙府都部署司	今吉林省长春市农安县附近	今吉林长春市农安县农安镇东北
	奥衍突厥部	北宰相府	黄龙府都部署司		同上
族别不详	稍瓦部	南宰相府	东京都部署司	今辽宁省辽河以东	
	曷术部	南宰相府	东京都部署司	今辽宁省辽阳市、鞍山市、大石桥市	

三、辽朝对奚族的治理

奚族是我国东北古代民族之一，最初称库莫奚，"库莫奚国之先，东部宇文之别种也。"①隋唐后省去"库莫"，专称奚②。至辽朝，奚族逐渐被耶律阿保机征服，成为契丹治下的部族。史载，906年，耶律阿保机在率军出击幽州之后，在还师途中又袭击了西部奚。因"奚阻险，叛服不常，数招谕弗听"，911年，耶律阿保机亲征西部奚，"是役所向辄下"，又"分兵讨东部奚，亦平之，于是尽有奚、霫之地"，东部奚成为契丹政权的附庸。③936年，西部奚亦回到辽朝统治之下。④奚族臣服后，辽朝在其居住地设奚王府，由奚王直接管理，只"命契丹监督兵甲"⑤。

---

① 魏收：《魏书》卷一百《库莫奚传》，北京：中华书局，1974年，第2222页。
② 刘一：《奚族研究》，吉林大学博士学位论文，2014年。
③ 脱脱等：《辽史》卷一《太祖上》，北京：中华书局，1974年，第4页。
④ 任爱君：《契丹对奚族的征服及其统治方略》，《内蒙古社会科学（汉文版）》，2010年第2期。
⑤ 司马光：《资治通鉴》卷二六九《后梁纪四》，上海：中华书局，1956年，第8809页。

奚族势力逐渐强大，辽圣宗即位后，开始逐步削弱奚王府的势力[1]，并于统和二十五年（1007年）开始兴建中京大定府（今内蒙古自治区赤峰市东南宁城县的大明镇）[2]，此地以奚人为主，较为空虚。为充实中京之地，辽圣宗开始向中京地区迁徙人口，"奚、契丹、汉人、渤海杂处之"[3]，奚族的势力被削弱，辽朝对中京地区的统治力量加强。

奚族不同于辽朝东南部地区的乌隗部、涅剌部、稍瓦等部，奚族属于"有部而族者"[4]，势力庞大，骁勇善战，成为契丹统治者防卫边疆的重要力量。在辽朝与高丽的战争中，也有奚军的身影。开泰八年（1019年）秋七月，"肴里、涅哥二奚军征高丽有功，皆赐金帛"[5]。史料载有"肴里奚军详稳司""涅哥奚军详稳司"[6]。可见，这两支奚人军队参与了辽朝对高丽的征伐战争，并且因作战勇猛，还受到了辽圣宗的嘉奖。战争结束后，辽朝开始设置与高丽之间的边界防御体系，奚军便开始驻防这一地区。为了管理这些奚军，辽朝在东京设置"契丹、奚、汉、渤海四军都指挥使司"[7]，这一机构也被称为"四军兵马都指挥使"[8]"契丹、奚、渤海、汉儿兵马都（部）（署）"[9]，负责东京各族军队统一指挥。而奚军都指挥使司正在其治下，负责统一调配奚族军马。

总之，辽朝统治者根据女真、部族、奚族的分布及生产情况，设置了大王府、节度使等职官，对其进行治理。这些措施极具成效，使这些少数民族成为辽朝东南部地区外围的守护者，为维护这一地区的稳定作出了

---

[1] 康鹏：《辽代五京体制研究》，北京大学博士学位论文，2007年。
[2] 王宏北，树林娜：《辽代中京大定府述略》，《黑龙江民族丛刊》，2007年第6期。
[3] 宋绶：《契丹风俗》，北京：中华书局，2004年，第112页。
[4] 脱脱等：《辽史》卷三十二《营卫志中》，北京：中华书局，1974年，第376页。
[5] 脱脱等：《辽史》卷十六《圣宗七》，北京：中华书局，1974年，第186页。
[6] 脱脱等：《辽史》卷四十六《百官志二》，北京：中华书局，1974年，第740页。
[7] 脱脱等：《辽史》卷四十六《百官志二》，北京：中华书局，1974年，第744页。
[8] 脱脱等：《辽史》卷八十五《萧柳》，北京：中华书局，1974年，第1316页。
[9] 向南：《辽代石刻文编》，石家庄：河北教育出版社，1995年，第59页。

贡献。

第四节　辽朝东南部地区的治理方略

根据前文研究，辽朝统治者根据"因俗而治"的原则，通过设置从中央到地方的不同管理机构，对分布在东南部地区的汉人、渤海人、女真人，以及部族、奚族等进行了有效的治理。与此同时，辽朝还出台了一系列统治政策，以配合相应的管理机构，对东南部地区进行治理。本书将根据史料及石刻记载，对辽朝东南部地区的整体治理方略进行梳理。

一、提高行政效力

东京道建立后，辽朝统治者通过整顿吏治、改革司法、体恤民情等措施，提高了行政效力，对辽朝东南部地区的统治更见成效。

（一）整顿吏治

东丹国南迁之初，辽朝统治者即采取怀柔的政策以安定东南部地区的渤海人、汉人。至辽圣宗朝，辽朝更是重视当地的吏治整顿。统和九年（991年）秋七月，辽圣宗下诏命包括东京在内的诸道"举才行、察贪酷、抚高年、禁奢僭"，在举贤任能、监察贪腐的同时，辽圣宗还进一步提出"有殁于王事者官其子孙"[1]，这些措施有利于吏治的整肃。统和十二年（994年）六月，辽圣宗调整了东京在内各地方州县有才能长官的世选资格，即"有才能无过者，减一资考任之"[2]。太平五年（1025年）十二月，辽圣宗的吏治整顿进一步深入到部族官，"诏北南诸部廉察州县及石烈、弥

---

[1] 脱脱等：《辽史》卷十三《圣宗四》，北京：中华书局，1974年，第144页。
[2] 脱脱等：《辽史》卷十三《圣宗四》，北京：中华书局，1974年，第144页。

里之官，不治者罢之。诏大小职官有贪暴残民者，立罢之，终身不录；其不廉直，虽处重任，即代之；能清勤自持者，在卑位亦当荐拔；其内族受赂，事发，与常人所犯同科。"①这是对吏治整顿的进一步深化，尤其"内族受赂与常人所犯同科"一条，颇有官民平等和民族平等的精神。

（二）改革司法制度

改革司法，也是提高辽朝东南部地区治理效力的重要一环。辽穆宗曾"诏诸路录囚"②，即要求东京路在内的各路"录囚"，以便加强对辽朝东南部地区司法审判的监管。辽圣宗亦重视法治③，改革司法：统和八年（990年）春正月，"诏决滞狱"；统和十二年（994年）秋七月，"诏契丹人犯十恶者依汉律"。④辽圣宗修改民族间的"同罪异论"法，体现了民族平等精神，缓和了民族矛盾。⑤至圣宗朝后期，辽朝东南部地区的治安较为稳定：开泰五年（1016年）三月，"诸道狱空，诏进阶赐物"⑥；开泰八年（1019年）冬十月，"诏诸道，事无巨细，已断者，每三月一次条奏。"⑦辽兴宗还从司法、刑罚方面加强对辽朝东南部地区的治理：重熙十六年（1047年）三月，"遣使审决双州囚"⑧。辽道宗也对司法进行管理：大康四年（1078年）八月，"诏有司决滞狱"⑨；寿昌六年（1100

---

① 脱脱等：《辽史》卷十七《圣宗八》，北京：中华书局，1974年，第200页。
② 脱脱等：《辽史》卷六《穆宗上》，北京：中华书局，1974年，第78页。
③ 黄凤岐：《试论辽圣宗时期的社会改革》，《辽金史论集》第八辑，长春：吉林文史出版社，1994年，第84—102页。
④ 脱脱等：《辽史》卷十三《圣宗四》，北京：中华书局，1974年，第145页。
⑤ 黄凤岐：《试论辽圣宗时期的社会改革》，《辽金史论集》第八辑，长春：吉林文史出版社，1994年，第84—102页。
⑥ 脱脱等：《辽史》卷十五《圣宗六》，北京：中华书局，1974年，第178页。
⑦ 脱脱等：《辽史》卷十六《圣宗七》，北京：中华书局，1974年，第186页。
⑧ 脱脱等：《辽史》卷二十《兴宗三》，北京：中华书局，1974年，第237页。
⑨ 脱脱等：《辽史》卷二十三《道宗三》，北京：中华书局，1974年，第281页。

年）六月，"遣使决五京滞狱"①，辽道宗命令一些机构解决未处理好的一些刑罚事务，从而有效整肃了司法秩序。

（三）体恤民情

在整顿吏治、改革司法的同时，辽朝统治者对多民族混居的东南部地区的民情、民生也十分重视。保宁八年（976年）三月，辽景宗曾"遣五使廉问四方鳏寡孤独及贫乏失职者，振之。"②辽圣宗统治时期，因东南部地区灾害多发，辽朝经常出台赈济措施，如统和元年（983年）九月，"以东京、平州旱、蝗，诏振之"③；统和八年（990年）夏四月，"以岁旱，诸部艰食，振之"④；开泰元年（1012年）十二月，"诏诸道水灾饥民质男女者，起来年正月，日计佣钱十文，价折佣尽，遣还其家。"⑤辽兴宗、辽道宗还注重人民生计，发生灾情等紧急情况，均积极赈济救灾，如大康元年（1075年）二月，黄龙府附近的祥州发生火灾，辽道宗"遣使恤灾"⑥；大安八年（1092年）十一月，"以通州潦水害稼，遣使振之"⑦；景福元年（1031年）闰月，"振黄龙府饥民"⑧；大康二年（1076年）二月，"振黄龙府饥民"⑨；大康四年（1078年）春正月，"振东京饥"⑩；大安二年（1086年）秋七月，"出粟振辽州贫民"⑪；

---

① 脱脱等：《辽史》卷二十六《道宗六》，北京：中华书局，1974年，第313页。
② 脱脱等：《辽史》卷八《景宗上》，北京：中华书局，1974年，第95页。
③ 脱脱等：《辽史》卷十《圣宗一》，北京：中华书局，1974年，第111页。
④ 脱脱等：《辽史》卷十三《圣宗四》，北京：中华书局，1974年，第139页。
⑤ 脱脱等：《辽史》卷十五《圣宗六》，北京：中华书局，1974年，第172页。
⑥ 脱脱等：《辽史》卷二十三《道宗三》，北京：中华书局，1974年，第276页。
⑦ 脱脱等：《辽史》卷二十五《道宗五》，北京：中华书局，1974年，第301页。
⑧ 脱脱等：《辽史》卷十八《兴宗一》，北京：中华书局，1974年，第213页。
⑨ 脱脱等：《辽史》卷二十三《道宗三》，北京：中华书局，1974年，第277—280页。
⑩ 脱脱等：《辽史》卷二十三《道宗三》，北京：中华书局，1974年，第277—280页。
⑪ 脱脱等：《辽史》卷二十四《道宗四》，北京：中华书局，1974年，第292页。

十一月，"出粟振乾、显、成、懿四州贫民"①。辽道宗还为了救助地方贫民而减少东京路的贡赋，如大安四年（1088年）夏四月，"振苏、吉、复、渌、铁五州贫民、并免其租税。乙酉，减诸路常贡服御物"②；寿昌五年（1099年）冬十月，"振辽州饥，仍免租赋一年"③。这些政策，对于帮助这一地区居民度过灾荒，迅速恢复生产和发展生产，有积极意义。④

二、发展地方经济

因辽朝东南部地区的特殊自然情况及民族分布状况，辽朝统治者采取相应的经济政策，以促进农业经济的发展。辽朝自辽太祖、辽太宗以后，比较重视农业。辽太宗常"教耕织"⑤，并且几次下诏，令各地重视农业发展，还严令士兵不许践踏庄稼。辽圣宗同样重视农业生产，采取了一系列保护、鼓励农业的政策⑥：统和十年（992年）八月，"观稼，仍遣使分阅苗稼"⑦；统和十二年（994年）秋七月，"遣使视诸道禾稼"⑧；统和十三年（995年）春正月，"诏诸道劝农"⑨；统和十五年（997年）春正月，"诏诸道劝民种树"⑩；太平八年（1028年）春正月，"诏州县长吏

---

① 脱脱等：《辽史》卷二十四《道宗四》，北京：中华书局，1974年，第292页。
② 脱脱等：《辽史》卷二十五《道宗五》，北京：中华书局，1974年，第296页。
③ 脱脱等：《辽史》卷二十六《道宗六》，北京：中华书局，1974年，第312页。
④ 杨保隆：《简论辽朝的民族政策》，《北方文物》，19991年第3期。
⑤ 脱脱等：《辽史》卷四《太宗下》，北京：中华书局，1974年，第60、61页。
⑥ 黄凤岐：《试论辽圣宗时期的社会改革》，《辽金史论集》第八辑，长春：吉林文史出版社，1994年，第84—102页。
⑦ 脱脱等：《辽史》卷十三《圣宗四》，北京：中华书局，1974年，第149页。
⑧ 脱脱等：《辽史》卷十三《圣宗四》，北京：中华书局，1974年，第149页。
⑨ 脱脱等：《辽史》卷十三《圣宗四》，北京：中华书局，1974年，第149页。
⑩ 脱脱等：《辽史》卷十三《圣宗四》，北京：中华书局，1974年，第149页。

劝农"①。辽圣宗还保护农田,禁妨农务:统和十四年(996年)十一月,"诏诸军官毋非时畋猎妨农。"②这种重视生产的政策,使东南部地区农业发展迅速,至辽朝中后期,东南部地区的粮食产区已从南部沿海北拓至混同江流域。辽兴宗也注重东南部地区的经济发展:重熙二年(1033年)八月,"遣使阅诸路禾稼"③,辽兴宗遣使查看诸路的庄稼。辽道宗亦重视经济:清宁二年(1056年)三月闰月,"始行东京所铸钱"④。辽道宗统治时期,辽朝开始使用东京所铸钱币。清宁二年(1056年)六月,辽道宗"遣使分道平赋税,缮戎器,劝农桑,禁盗贼"⑤。辽道宗减少赋税,修军器,重视农业生产,严厉打击偷盗事务等,加强了对东南部地区的管理。

为稳定迁徙而来的渤海人,辽朝统治者还在东南部地区实行减免赋税政策,以维护统治稳定。在渤海人南迁之处,辽朝统治者即"给以田畴,捐其赋入"⑥,并且辽东地区"未有榷酤盐曲之法,关市之征亦甚宽弛"⑦。至辽圣宗统治时期,这种减免税收政策仍在继续:统和十二年(994年)二月"免诸部岁输羊及关征";统和十四年(996年)春正月,"蠲三京及诸州税赋";统和十五年(997年)春正月,"免流民税"。⑧

在这种发展农业生产及减免赋税的政策下,东南部地区的农业经济飞速发展,渤海人、汉人生活日趋稳定。在辽朝沈州遗址一带的考古发掘中,出现了大量家猪骨骸,而"家猪是农产品剩余量的反映"⑨,加之

---

① 脱脱等:《辽史》卷十七《圣宗八》,北京:中华书局,1974年,第201页。
② 脱脱等:《辽史》卷十七《圣宗八》,北京:中华书局,1974年,第201页。
③ 脱脱等:《辽史》卷十八《兴宗一》,北京:中华书局,1974年,第215页。
④ 脱脱等:《辽史》卷二十一《道宗一》,北京:中华书局,1974年,第254页。
⑤ 脱脱等:《辽史》卷二十一《道宗一》,北京:中华书局,1974年,第254页。
⑥ 洪皓:《松漠纪闻》,翟立伟标注,长春:吉林文史出版社,1986年,第19页。
⑦ 脱脱等:《辽史》卷十七《圣宗八》,北京:中华书局,1974年,第206页。
⑧ 脱脱等:《辽史》卷十三《圣宗四》,北京:中华书局,1974年,第144,147,149页。
⑨ 陈全家,吴敬,李文艳,等:《沈阳新民偏堡子遗址Ⅰ区辽金时期动物遗存研究》,《草原文物》,2012年第1期。

房址和铁质农业生产工具的发现，都表明辽朝时该地区有较发达的农业生产。在辽朝开州遗址的考古挖掘中，也有大量精美的瓷器及生产工具出土，并发现多处生活遗迹。[1]辽朝沈州与开州均为迁徙渤海遗民所设，而这些出土的房屋遗址、农业生产工具及家畜骨骼，均证明辽朝时此处的居民已经过上了定居的农耕生活。

在发展农业生产的同时，辽朝统治者还鼓励人民经商，制定税收优惠政策促进经济贸易。统和十九年（1001年）十一月闰月，"减关市税"[2]，这是辽朝重视商业的开始。开泰元年（1012年）十二月，"贵德、龙化、仪坤、双、辽、同、祖七州，至是有诏始征商"[3]，这在一定程度上反映出辽东地区商业的发达。辽朝还重视边境地区的榷场贸易。辽圣宗在东京道的保州设置了新的榷场[4]，与高丽互市。[5]榷场，是辽朝的一种特殊的贸易形式，是禁榷和互市相结合的历史产物。辽朝的榷场不仅是市易的场所，也是重要的交通道口或驿站。有史料记载，"与敌国互市之所也，皆设场官，严厉禁，广屋宇，以通二国之货，岁之所获亦大有助于经用焉。"[6]辽朝东南部地区有对高丽设置的保州榷场。[7]保州是在辽开泰三年（1014年）辽朝发动第三次大规模征伐高丽战争之初所修筑的，并且应是高丽在辽朝所赐的州"鸭绿江东数百里地"所建"六城"之外由辽朝重新修筑的一个州城。[8]保州的位置，据学者考证当位于今朝鲜平安北道

---

[1] 冯永谦：《凤城市文物志》，沈阳：辽宁民族出版社，1996年，第29页。

[2] 脱脱等：《辽史》卷十四《圣宗五》，北京：中华书局，1974年，第157页。

[3] 脱脱等：《辽史》卷十五《圣宗六》，北京：中华书局，1974年，第172页。

[4] 田广林：《契丹货币经济史》，北京：东方出版社，1999年，第187页。

[5] 黄凤岐：《试论辽圣宗时期的社会改革》，《辽金史论集》第八辑，长春：吉林文史出版社，1994年，第84—102页。

[6] 脱脱等：《金史》卷五十《食货志五》，北京：中华书局，1975年，第1113页。

[7] 陈述：《契丹社会经济史稿》，北京：三联书店，1978年，第125页。

[8] 赵永春，玄花：《辽金与高丽的"保州"交涉》，《中国边疆史地研究》，2008年第1期。

义州及新义州之间。①开泰三年（1014年），"取其保、定二州，于此置榷场。"②但由于辽朝征伐高丽，榷场贸易受阻，直至辽朝亡，辽丽两国之间的榷场贸易始终未能恢复。

总之，到辽圣宗统治后期，辽朝的经济发展较为繁荣，农业、商业等均得到了长足的发展。

三、文化建设

在发展经济的同时，辽朝还重视东南部地区的教育发展。辽朝在东京设有"东京学"，在诸路府、州、县也都有"府学""州学""县学"，如"黄龙府学"。各级学校均设置"博士、助教一员"③，而教学课本是《五经传疏》等儒家经典。

辽朝亦重视对东南部地区的人才选拔，辽圣宗时期形成正式的科举制度，制定了"贡举法"：太平十年（1030年）秋七月，"诏来岁行贡举法"④。辽朝为了选拔更多的人才以充实各部门，除了正式科举之外，还有临时考选⑤：统和十二年（994年）十一月，"诏诸部所俘宋人有官吏儒生抱器能者，诸道军有勇健者，具以名闻。庚戌，诏郡邑贡明经、茂材异等"⑥。辽圣宗要求五京统计"有勇健"的军民，并"具以名闻"，以备战争需要；同时，为摆脱世选制带来的弊端，下诏命各郡县"贡明经、茂材异等"。

---

① 谭其骧：《中国历史地图集释文汇编（东北卷）》，北京：中央民族学院出版社，1988年，第134页。

② 脱脱等：《辽史》卷三十八《地理志二》，北京：中华书局，1974年，第459页。

③ 脱脱等：《辽史》卷四十八《百官志四》，北京：中华书局，第807页。

④ 脱脱等：《辽史》卷十七《圣宗八》，北京：中华书局，1974年，第205页。

⑤ 黄凤岐：《试论辽圣宗时期的社会改革》，《辽金史论集》第八辑，长春：吉林文史出版社，1994年，第84—102页。

⑥ 脱脱等：《辽史》卷十三《圣宗四》，北京：中华书局，1974年，第145页。

第三章　辽朝对东南部地区的行政管理

　　辽统治者非常重视东南部地区佛教的管理。①保宁六年（974年）十二月，辽景宗"以沙门昭敏为三京诸道僧尼都总管，加兼侍中"②，命其管理东京道内的诸道僧尼，管控佛教文化的传播。统和二年（984年）九月，"以景宗忌日，诏诸道京镇遣官，行香饭僧"③。辽圣宗在辽景宗忌日，还诏令东京道遣官，行香、饭僧，可见此地佛教兴盛程度。

　　此外，辽朝东南部地区还遍布佛教的里、社。统和三年（985年）八月，辽圣宗驾临显州、乾州拜谒祖陵，见二地信奉佛教之人甚多，即"令乾、显二州上所部里社之数"④。这种邑社最早形成于北魏时期，至辽朝初期，辽东京地区的治理相对宽松，允许佛教徒结社并居住，可见其对渤海人、汉人治理相对宽松，这也是其治理东南部地区的方法之一。辽朝中晚期，在相对大一点的邑会组织下常设有分支邑社，这些小一点的邑社多以村、里为单位组织佛事活动。⑤辽朝多为千人邑，也有多达两、三千人的，甚至更多。他们建寺造像，结成了围绕寺庙的邑、会、社。⑥

　　可见，辽朝在根据东南部地区人口分布情况设立一系列管理体系的同时，还制定了相关统治方略，提高了行政效力，发展了地方经济，对文教发展也有很大的推动作用，促进了这一地区的发展与社会稳定。

---

　　① 李智裕，苗霖霖：《辽金时期东京地区渤海遗民佛教信仰初探》，《东北史地》，2014年第1期。

　　② 脱脱等：《辽史》卷八《景宗上》，北京：中华书局，1974年，第94页。

　　③ 脱脱等：《辽史》卷十《圣宗一》，北京：中华书局，1974年，第114页。

　　④ 脱脱等：《辽史》卷十《圣宗一》，北京：中华书局，1974年，第115页。

　　⑤ 杨卫东：《辽代涿州地区的佛教邑会活动——永乐村石塔考略》，《文物春秋》，2007年第3期。

　　⑥ 陈述：《围绕寺庙的邑、会、社——我国历史上一种民间组织》，《北方文物》，1985年第1期。

四、辽朝末期矛盾

辽兴宗朝，辽东南部地区逐渐形成一个从中央到地方的系统的管理体系。但是到辽朝末年，辽朝东南部地区的管理制度已经僵化，官员腐败使这套体系很难正常运行。从中央看，天祚帝赏罚不明，用人不当，听信谗言，乱杀无辜。①辽圣宗时期，将春捺钵地迁移到长春州附近地区，为的是皇帝能及时处理东南部女真及高丽事务②。但至天祚帝时期，他醉心渔猎，对朝政置之不理，未及时打压完颜阿骨打的势力。

不但天祚帝不关心东南部地区事务，诸多东京道的官员也出现了严重问题。至辽朝末期，东京留守的权力下降，加之官员腐败等因素，致使部分高官叛逃入女真、高丽。东京留守一直是辽朝在东南部地区的最高长官，担负着处理高丽事务的职责。根据史料记载，重熙十五年（1046年），"东京留守耶律忽札叛入高丽"，其叛逃原因与政治斗争相关，朝廷急"命将军萧迪诛之"，这才不致酿成大祸。③耶律忽札叛逃的记载仅见于《契丹国志》，其发生时间为高丽靖宗朝，但根据《高丽史》记载，这一时期，东京官民多有叛逃高丽之人：高丽靖宗五年（1039年）闰月，"契丹东京回礼使大坚济等九人来"；靖宗六年（1040年）夏四月，"契丹东京民巫仪老吴知桀等二十余人来投，赐物及田宅，处之岭南"；十二月，"契丹东京民二十余户来投。"④史料记载东京回礼使大坚济后就没有了来朝、来贺等字眼，故这很有可能也是来投的记载，而东京的平民进

---

① 刘梓：《辽道宗与天祚帝对辽朝灭亡的影响》，《北方文物》，2012年第2期，第54页。

② 武玉环：《春捺钵与辽朝政治——以长春州、鱼儿泊为视角的考察》，《北方文物》，2015年第3期，第61页。

③ 叶隆礼：《契丹国志》卷八，贾敬颜，林荣贵点校，上海：上海古籍出版社，1985年，第83页。

④ 郑麟趾：《高丽史》卷六《靖宗世家》，重庆：西南师范大学出版社，2014年，第19，20，22页。

入高丽的记载则更为直接。可见，东京官民逃往高丽的记载都出现在高丽靖宗朝，这与耶律忽札叛逃发生在一个时间段内，暴露出契丹的统治危机。这一时期，还有东京官员叛逃女真的记载，最为典型的是萧海里事件。天祚帝乾统二年（1102年）冬十月，萧海里率众叛逃并"劫干州武库器甲"，朝廷命北面林牙郝家奴进行追捕，萧海里进入"陪术水阿典部"。①至辽朝末期，因不满契丹的统治，加之灾荒等因素，大量渤海遗民也逃入女真，这加重了东南部地区的危机。

辽朝末期，民族矛盾也在不断激化，主要有辽朝与渤海人、辽朝与女真两个矛盾。

辽朝从灭渤海国之后，就对渤海人进行了迁徙，让他们散居，对他们进行了分化，从而强化辽朝对渤海人的管理。但至辽朝末期，渤海人的经济待遇不断下降，同时东京渤海军，还要长期驻防各处，防御高丽、女真等强敌，他们所承担的赋税与兵役压力较大。东京留守萧保先更是施政严酷，"渤海苦之"②，加之民族习惯不同，所以渤海人掀起了多次大的起义。辽东京舍利军详稳大延琳率领渤海遗民起事，并占据东京，建立"兴辽国"。③天庆六年（1116年）正月，东京裨将高永昌借机起兵，占领东京辽阳府，并建立了"大渤海国"，年号隆基，自称"渤海人"。东南部地区的渤海遗民纷纷响应，颇具战斗力的渤海遗民成为瓦解辽朝东南部地区的力量。

辽朝末年，辽朝与生女真矛盾不断激化。辽朝为强化对生女真的控制，迫使其进贡海东青等贡品，并扶植完颜部维护鹰路的畅通。到辽朝末期，辽朝统治者对女真催征海东青等贡物，加剧了辽朝与女真的矛盾。而萧海里的叛逃，则最终激化了这一矛盾。萧海里之名，在《契丹国志》《大金国志》中为"解里"，而《辽史》《金史》中为"海里"，但其

---

① 脱脱等：《辽史》卷二十七《天祚皇帝一》，北京：中华书局，1974年，第319页。
② 脱脱等：《辽史》卷二十八《天祚皇帝二》，北京：中华书局，1974年，第334页。
③ 脱脱等：《辽史》卷十七《圣宗八》，北京：中华书局，1974年，第203页。

事件大致相当。关于萧海里叛逃事件，《辽史》《金史》都记在天祚帝乾统二年（1102年），而《契丹国志》记在辽道宗寿昌二年（1096年）。《大金国志》说渤海杨割父子自平萧解里之后，阴怀异志，"如此十余年，未有以发也。辽主延禧初立之年，杨割死，阿骨打立"①，也是以萧解里叛辽为道宗时事，与《契丹国志》所记略同。根据考证，《契丹国志》和《大金国志》很有可能是出自同一位作者之手，且从可信度来看，《契丹国志》略高②，故萧海里事件应为《辽史》与《金史》的说法，其时间应该定为天祚帝时期。根据史料记载，萧海里起兵之时，先"劫干州武库器甲"③，并逃入女真境内。根据史料记载，天祚帝讨伐萧海里，"募兵得千余人，女直兵未尝满千"④，双方交战时，女真首领完颜阿骨打趁机将萧海里擒杀，获得大量军队及装备，并"降烛偎水部，领行军千户"⑤。最关键的是，完颜阿骨打见到了辽军的无能，"自此知辽兵之易与也"⑥。随后，完颜部女真即起兵反辽。可见，辽朝对女真各部的管理失当，促使矛盾不断激化，而萧海里的叛逃，给女真各部一个壮大实力的机会，促使其最终大举起兵。

小　结

辽朝东南部地区分布有契丹人、汉人、渤海人、女真人，以及部族、

---

① 宇文懋昭：《大金国志校正》卷一《太祖武元皇帝上》，崔文印校正. 北京：中华书局，1986年，第11页。

② 刘浦江：《〈契丹国志〉与〈大金国志〉关系试探》，《中国典籍与文化论丛》，第1辑，北京：中华书局，1993年，第242—254页。

③ 脱脱等：《辽史》卷二十七《天祚皇帝一》，北京：中华书局，1974年，第319页。

④ 脱脱等：《金史》卷二《太祖》，北京：中华书局，1975年，第21页。

⑤ 脱脱等：《金史》卷七十一《完颜斡鲁》，北京：中华书局，1975年，第1633页。

⑥ 脱脱等：《金史》卷一《穆宗》，北京：中华书局，1975年，第15页。

奚族等民族，在不同时期，这些民族的分布状况也有明显的变化。辽朝历代统治者根据"因俗而治"的原则，对东南部地区的各民族、各部族采取了不同的治理措施。针对居住在以辽阳为中心地区的汉人、渤海人，其治理措施相对复杂。从行政建置上看，中央统治机构有一个从东丹国中台省到东京道的转变过程，地方行政机构有府州县的一个变化过程。女真、部族、奚族则生活在辽朝东南部地区的周边地区，辽朝通过设置大王府及节度使进行管理，但管理程度各不相同。辽朝不但设置了不同机构对东南部地区的各民族进行管理，其统治措施还体现了提高行政效力、发展地方经济、重视宗教、科举等统治方略。总体上看，辽圣宗朝统治后期，辽朝对东南部地区的治理取得了较好的成效，不但维护了地方的社会稳定，更为日后发生的辽丽战争奠定了基础。辽朝末年，辽朝东南部地区的管理制度已经僵化，官员腐败使这套体系很难顺利运转，辽朝与渤海人、女真的矛盾也不断加剧。

第四章　辽朝对东南部地区的军事管辖

辽朝对东南部地区的治理，除了行政措施外，还有军事部署。辽朝根据东南部地区的复杂形势，设置了一系列军事机构，并最终增设军路对不同地区进行统辖。同时，辽朝针对女真、高丽、宋朝等势力，逐渐形成了一套完整的军事防御体系。但辽朝末期，由于边境矛盾不断激化，辽朝东南部地区的军事防御逐渐失效。

第一节　辽朝东南部地区的军事机构与军事力量

辽朝在东南部地区有重要的军力部署，包括军事机构与军事力量，具体情况如下。

一、军事机构

（一）对汉人、渤海人的军事设置

辽朝对汉人、渤海人的管理不仅体现在行政建置上，还体现在军事措施方面。汉人、渤海人是辽朝东南部地区防卫的主要军事力量，同时，渤

海人还在管理和防御女真的军事体系中占有主要位置。

辽朝通过中央和地方的一系列军事机构来加强对各族的统治。辽朝在中央设置北、南枢密院，北枢密院掌管辽国兵力，由契丹人担任北枢密使。南枢密使则是汉人枢密院，掌管汉人兵马之政。辽朝还设置了天下兵马大元帅府、大元帅府、都元帅府、大详稳司等军事指挥机构。[①]在地方的军事机构，据附表1可知，黄龙府都部署司管辖信州、祥州；北女直兵马司管辖祺州、韩州、同州、双州、咸州、肃州；东京统军司，管辖湖州、渤州、开州、宁州、衍州、顺化城；南女直汤河司，管辖镇海府、归州、卢州；北兵马司管辖铜州。

1. 东京都部署司

"东京都部署司"，在《辽史》中多次出现，但"东京兵马都部署司"则只出现过一次。《亡辽录》又作"东京兵马都部署司"[②]，可知"东京都部署司"应为"东京兵马都部署司"的简称。关于"东京兵马都部署司"的建立时间，有学者认为其建于辽道宗统治时期。[③]《高丽史》中载有"辽东京兵马都部署"。[④]《辽史》仅记有"东京兵马都部署司"，但并未记载其具体职官。[⑤]余蔚指出，兵马都部署一职当由东京留守兼领，东京留守"是一个全方位统管本路事务的职位，而它又通过兼都部署，而突出其在军事上的职责"[⑥]。东京都部署司统有稍瓦、曷术等部

---

① 麻铃：《辽朝"因俗而治"的治边思想》，《辽金史论集（第十辑）》，北京：中国社会科学出版社，2007年，第37页。

② 徐梦莘：《三朝北盟会编》卷二十一《政宣上帙二十一》，上海：上海古籍出版社，1987年，第153页。

③ 张宏利：《辽朝部族制度研究》，吉林大学博士学位论文，2015年。

④ 郑麟趾等：《高丽史》卷九《文宗三》，重庆：西南师范大学出版社，2014年，第13页。

⑤ 脱脱等：《辽史》卷四十六《百官志二》，北京：中华书局，1974年，第744页。

⑥ 余蔚：《中国行政区划通史（辽金卷）》，上海：复旦大学出版社，2012年，第79页。

族军,还管辖贵德州、岩州等州县,主要职责是防御女真的侵扰。①

2.黄龙府都部署司

"黄龙府都部署司",又作"黄龙府兵马都部署司"②。关于黄龙府都部署司的设立时间,李锡厚认为其设置于天庆五年(1115年)之后,在此之前,主持东北边防的是东北路统军司。③康鹏认为,黄龙府都部署司的设置时间大致在太平年间(1021—1031年)。④《契丹国志》载:"黄龙府置兵马都部署司"。⑤黄龙府都部署司的长官为兵马都部署。太平六年(1026年),辽圣宗命"黄翩为兵马都部署";太平九年(1029年),大延琳起义时,曾遣使招降黄翩。⑥黄翩所任的兵马都部署极有可能是"黄龙府兵马都部署"。⑦史书中极少见到任职"黄龙府兵马都部署"这一职官的,所以非常有可能是由"知黄龙府"兼任"知都部署"一职。⑧而"黄龙府请建堡障三、烽台十"⑨一事,当由黄翩奏于辽圣宗,黄翩当时的职务可能是"知黄龙府事"兼任"黄龙府兵马都部署"。史载"黄龙府正兵五千"⑩,其中包括部族军。黄龙府都部署司管辖隗衍突厥、奥衍突厥、北唐古三个部族军,职责为镇抚女真、五国部等。东京留守八哥奏

---

① 张宏利:《辽朝部族制度研究》,吉林大学博士学位论文,2015年。

② 徐梦莘:《三朝北盟会编》卷二十一《政宣上帙二十一》,上海:上海古籍出版社,1987年,第153页。

③ 李锡厚:《临潢集》,保定:河北大学出版社,2001年,第62—63页。

④ 康鹏:《辽代五京体制研究》,北京大学博士学位论文,2007年。

⑤ 叶隆礼:《契丹国志》卷二十六《诸蕃记》,贾敬颜,林荣贵点校,上海:上海古籍出版社,1985年,第246页。

⑥ 脱脱等:《辽史》卷十七《圣宗八》,北京:中华书局,1974年,第199,204页。

⑦ 康鹏:《辽代五京体制研究》,北京大学博士学位论文,2007年。

⑧ 余蔚:《中国行政区划通史(辽金卷)》,上海:复旦大学出版社,2012年,第71页。

⑨ 叶隆礼:《契丹国志》卷二十六《诸蕃记》,贾敬颜,林荣贵点校,上海:上海古籍出版社,1985年,第246页。

⑩ 脱脱等:《辽史》卷三十六《兵卫志下》,北京:中华书局,1974年,第434页。

黄龙府兵马都部署黄翩攻打女真，并"俘获人、马、牛、豕，不可胜计，得降户二百七十"[①]。辽道宗"以讨五国功，加知黄龙府事蒲延、怀化军节度使高元纪、易州观察使高正并千牛卫上将军。"[②]

3.北女直兵马司

北女直兵马司管辖祺州、韩州、同州、双州、咸州、肃州。康鹏推测其治咸州，即咸州兵马详稳司。[③]统和十八年（1000年），萧柳"为北女直详稳，政济宽猛，部民畏爱。"[④]

4.东京统军司

东京统军司与东京都统军使司似为一个机构。[⑤]统和二十六年（1008年），《耶律元宁墓志》谓父开里为"东京统军使"，元宁尝"权东京统军兵马都监"[⑥]。东京统军司统辖开州、保州、盐州、穆州、宣州、宁州、湖州、渤州、衍州、连州等州及怀化军、来远城、顺化城等军城的军事，负责辽阳府东南面的防务。[⑦]开州镇国军、定州保宁军、保州宣义军、辰州奉国军及来远城等处的汉军、渤海军，皆隶属东京统军司。东京统军司是主持东部防务的高级军事机构。[⑧]关于东京统军司，如表4.1所示。东京统军使参与征伐高丽之战，如萧柳在东京统军使任上奉命"从伐高丽"[⑨]，也当与其军司所掌东边戍防之事有直接关系。东京统军使在戍防本领区及邻近地区时如有失职或败绩，辽朝当即追究责任，如统和十三

---

① 脱脱等：《辽史》卷十七《圣宗八》，北京：中华书局，1974年，第199页。
② 脱脱等：《辽史》卷二十二《道宗二》，北京：中华书局，1974年，第270页。
③ 康鹏：《辽代五京体制研究》，北京大学博士学位论文，2007年。
④ 脱脱等：《辽史》卷八十五《萧柳》，北京：中华书局，1974年，第1316页。
⑤ 林鹄：《辽史百官志考订》，北京：中华书局，2015年，第126页。
⑥ 盖之庸：《内蒙古辽代石刻文研究》，呼和浩特：内蒙古大学出版社，2002年，第197页。
⑦ 康鹏：《辽代五京体制研究》，北京大学博士学位论文，2007年。
⑧ 李锡厚：《临潢集》，保定：河北大学出版社，2001年，第60页。
⑨ 脱脱等：《辽史》卷八十五《萧柳》，北京：中华书局，1974年，第1316页。

年（995年），东京统军使、金紫崇禄大夫耶律奴瓜"从奚王和朔奴伐兀惹，以战失利，削金紫崇禄阶"①。

表4.1 辽朝东京统军使表

	姓名	家族情况	担任东京统军使前所任官职	任职起止时间	罢免、迁官或致仕
景宗	察邻			保宁八年（976年）	
圣宗	耶律奴瓜	太祖异母弟，南府宰相耶律苏之孙	黄皮室详稳	统和六年至十九年（988—1001年）	南府宰相
	萧柳	淳钦皇后弟萧阿古只五世孙	北女直详稳	统和十九年（1001年）	致仕
	耶律韩留	仲父隋国王之后		开泰元年—开泰十年（1012—1021年）	
	萧孝恭			太平三年（1023年）六月	
	萧恺古			太平六年（1026年）五月以前	
天祚帝	奚回离保	奚王忒邻之后	北女直详稳	天庆元年—天庆十年（1111—1120年）	

5.南女直汤河司

南女直汤河司亦曰汤河详稳司。大安元年（1085年）十一月，有南女直详稳。②萧酬斡于天庆中，"为南女直详稳"③。萧袍鲁于大安六年（1090年）为"汤河女直详稳"④。南女直汤河司统辖辰州、卢州、归州、苏州、复州、镇海州等府州的军事，负责辽阳府南面的防务。⑤

---

① 脱脱等：《辽史》卷八十五《耶律奴瓜》，北京：中华书局，1974年，第1316页。
② 脱脱等：《辽史》卷二十四《道宗四》，北京：中华书局，1974年，第290页。
③ 脱脱等：《辽史》卷一百《萧酬斡》，北京：中华书局，1974年，第1429页。
④ 向南：《辽代石刻文编》，石家庄：河北教育出版社，1995年，第424页。
⑤ 康鹏：《辽代五京体制研究》，北京大学博士学位论文，2007年。

（二）对女真的军事设置

随着各级大王府的设置，辽朝对女真各部的管辖力度加强。辽朝中后期，军路制度发展，辽朝统治者也在女真生活区域内建立多条军路，以完善对女真各部的治理体系。在这一时期，辽朝还设置了南女直汤河司、东北路女直兵马司[1]掌管这一地区的军事防务。[2]

南路，形成于辽朝初期，主管机构为汤河兵马司兼南女直汤河司。南女直汤河司初辖归州、卢州、镇海府等，后镇海府废；统和二十九年（1011年），南女直汤河司增辖宁州；重熙十二年（1043），增复州；重熙二十年（1051年），又增苏州，并管治辽阳以南至辽东半岛的熟女真。[3]

东北路统军司，旧称"东北路挞领详稳司"，约建立于开泰年间（1012—1021年），大康前一般称"为东北路详稳司"或"东北路挞领详稳司"，大康后则多称为"东北路统军司"。[4]东北路统军司，又作"东北路都统军司"[5]"东北路招讨司""东北路女真兵马司"（简称"东北路兵马司"）[6]。东北路统军司的职官主要有东北路统军使、知东北统军司事、东北路统军副使、东北路统军都监、掌法官。[7]东北路统军司的职责在于镇抚女真等民族。

---

[1] 脱脱等：《辽史》卷三十五《兵卫志中》，北京：中华书局，1974年，第413页。

[2] 程尼娜：《辽代女真属国、属部研究》，《史学集刊》，2004年第2期。

[3] 余蔚，《中国行政区划通史（辽金卷）》，上海：复旦大学出版社，2012年，第80页。

[4] 康鹏：《辽代五京体制研究》，北京大学博士学位论文，2007年。

[5] 徐梦莘：《三朝北盟会编》卷二十一《政宣上帙二十一》，上海：上海古籍出版社，1987年，第153页。

[6] 王曾瑜：《辽金军制》，保定：河北大学出版社，2011年，第54页。

[7] 张宏利：《辽朝部族制度研究》，吉林大学博士学位论文，2015年。

二、军事力量

辽朝东南部地区的军事力量包括军队及兵种,具体情况如下所述。

(一)军队

1.东京渤海军

从辽朝初期,渤海遗民就是"宫卫骑兵"的重要组成部分,号称"天下精锐"[1]之军,是辽朝战斗力最强的武装力量[2]。直到辽朝中期,"东京渤海军"才逐渐形成。[3]"惟南、北、奚王,东京渤海兵马,燕京统军兵马,虽奉诏,未敢发兵,必以闻。"[4]关于东京渤海军的记载见于辽朝与高丽战争的记载中。开泰七年(1018年)十二月,"遥辇帐详稳阿果达客、省使酌古、渤海详稳高清明、天云军详稳海里等"均战死在辽丽战争中,次年(1019年)三月,辽圣宗下诏嘉奖"征高丽有功渤海将校官"。[5]东京渤海军的军源是五京乡丁。"东京,本渤海,以其地建南京辽阳府。统县六,辖军、府、州、城二十六,有丁四万一千四百。"[6]东京渤海军有马军、步军及水军等兵种。

"渤海军都指挥使司"是东京"渤海军"[7]的统率机构,军官大多由

---

[1] 陈述:《辽会要》,上海:上海古籍出版社,2009年,第639页。
[2] 武玉梅,张国庆:《辽朝军、兵种考探》,《黑龙江民族丛刊》,1999年第1期。
[3] 黄为放:《10—12世纪渤海移民问题研究》,长春师范大学博士学位论文,2017年。
[4] 脱脱等:《辽史》卷三十四《兵卫志上》,北京:中华书局,1974年,第397—398页。
[5] 脱脱等:《辽史》卷十六《圣宗七》,北京:中华书局,1974年,第185页。
[6] 脱脱等:《辽史》卷三十六《兵卫志下》,北京:中华书局,1974年,第421—422页。
[7] 关于"渤海军"称呼,《辽史》《金史》中多有记载,如《辽史》卷八十八《萧排押》、卷二七《天祚皇帝一》,《金史》卷二《太祖二》、卷一百二十一《胡沙补》等。

渤海人担任①，可将其职官设置归纳为"渤海详稳"②"渤海太保"③"渤海军监门军""渤海诸军判官""渤海诸军孔目"④等。"详稳"在《辽史·国语解》中为"诸官府监治长官"⑤，即辽军政统率机构的长官的通称，有将军、长官之意。辽朝的各级军队分设详稳司以进行管理⑥。"渤海详稳"则是管理渤海军的高级军官，而渤海太保则是在详稳之下、级别相对低一级的军官。渤海太保，太保系虚衔。⑦太平九年（1029年）八月，"渤海太保夏行美亦旧主兵，戍保州，延琳密驰书，使图统帅耶律蒲古。行美乃以实告，蒲古得书，遂杀渤海兵八百人，而断其东路"；十一月，"超授保州戍将夏行美平章事"。⑧渤海军还设有专门的"监门军"，下设"队正"等职务。监门军主要负责州城的守卫及辽皇帝、高级官员的保卫工作。另外，渤海军还设有"渤海诸军判官""渤海诸军孔目"两个职务。判官与孔目皆为唐朝时期的设置：判官是辅佐节度使的官吏，位于节度副使与行军司马之下⑨；孔目则为掌管文书事务的小官吏⑩；东京各州的渤海诸军设立判官与孔目两个职务，职能是统计各地军籍并处理相关事务。

东京渤海军的职能主要有两个：第一，防卫东京地区的军事要塞，维护当地稳定并防御女真各部；第二，戍卫辽朝与高丽边界地区。据《辽

---

① 金毓黻：《渤海国志长编》卷十五，长春：《社会科学战线》杂志社，1982年，第355页。
② 脱脱等：《辽史》卷十六《圣宗七》，北京：中华书局，1974年，第185页。
③ 脱脱等：《辽史》卷八十七《夏行美》，北京：中华书局，1974年，第1336页。
④ 郑麟趾等：《高丽史》卷五《德宗世家》，重庆：西南师范大学出版社，2014年，第14—15页。
⑤ 脱脱等：《辽史》卷一百一十六《国语解》，北京：中华书局，1974年，第1537页。
⑥ 脱脱等：《辽史》卷四十五《百官志一》，北京：中华书局，1974年，第688—699页。
⑦ 林鹄：《辽史百官志考订》，北京：中华书局，2015年，第75页。
⑧ 脱脱：《辽史》卷十七《圣宗八》，北京：中华书局，1974年，第204页。
⑨ 刘昫：《旧唐书》卷四四《职官志三》，北京：中华书局，1975年，第1922页。
⑩ 欧阳修，宋祁：《新唐书》卷四十九《百官志四》，北京：中华书局，1975年，第1291页。

史·百官志》中"北面边防官"条记载,"东京兵马都部署司"统率"契丹、奚、汉、渤海四军",并专门设有"渤海军都指挥使司",其职责为"控扼高丽",[①]是戍卫辽朝与高丽边界地区的有生力量。太平九年(1029年),大延琳在东京反叛,夏行美"总渤海军于保州"[②],他不但拒绝了大延琳共同反辽的建议,还击退了郭元率领的攻击保州的高丽军队,粉碎了其"乘机取""鸭江东畔"[③]的计划,保卫了边界地区的稳定。

2.汉军

汉军也很重要,辽朝的汉军指那些依中原军制编成的军队,其中很大一部分是依原建制收编的中原军队。[④]"东边边境能否确保,关键在于城池能否守得住。而守城,正是汉军的长处。契丹部族军在这一方面不具优势。所以,东边的边防,主要靠汉军。"[⑤]石刻中载有"管押中京路汉军,戍黄龙府……扈驾东巡,□□诸路汉军"[⑥],说明不同地点的汉军在东京地区驻扎位置不同。

3.部族军

部族军是辽朝重要的军事力量,为亦兵亦民的组织形式[⑦],他们由本部节度使管理,统一听从中央调遣,东南部边疆地区亦不例外。

辽朝初期,皇帝与北、南宰相共同议定出兵事宜,并由北、南宰相

[①] 脱脱等:《辽史》卷四十六《百官志二》,北京:中华书局,1974年,第744页。

[②] 脱脱等:《辽史》卷八十七《夏行美》,北京:中华书局,1974年,第1337页。

[③] 郑麟趾等:《高丽史》卷九十四《郭元传》,重庆:西南师范大学出版社,2014年,第32—33页。

[④] 李锡厚:《辽朝的汉军》,《中国史研究》,1989年第1期。

[⑤] 李锡厚:《辽朝的边防》,《中国边疆史地研究》,1993年第2期。

[⑥] 向南,张国庆,李宇峰:《辽代石刻文续编》,沈阳:辽宁人民出版社,2010年,第297—299页。

[⑦] 麻铃:《辽朝"因俗而治"的治边思想》,《辽金史论集(第十辑)》,北京:中国社会科学出版社,2007年,第37页。

府将征兵命令传达至各部族。北枢密院建立后，在皇帝授意下，北枢密院制订出兵计划，草拟征兵诏令并遣使下达至各部族。各部族接到皇帝征兵的诏令后，便开始征集部队。辽朝制定的征募规定有两个：一为年龄，辽朝限定在十五岁以上，五十岁以下；二为财产，部族军属骑兵，"每正军一名，马三匹……人铁甲九事，马鞯辔，马甲皮铁，视其力；弓四，箭四百……皆自备"①。各部族将符合征兵条件的部民编为部族军后，要有两次点集兵马。第一次由本部族自行进行，第二次由皇帝任命的军主再次点集，"符至，兵马本司自领，使者不得与。唯再共点军马讫，又以上闻。量兵马多少，再命使充军主，与本司互相监督。"②使者由北枢密院派出，使者先要与部族大王、节度使共同核对本部族军人数、武器装备。皇帝根据使者上报的兵马数，派北枢密院任命的使者充任各部族军的军主，以监督部族兵甲。

辽太祖至辽圣宗统治初期，辽朝不断对外征战，因而部族军被频繁地派往各地作战。辽圣宗结束对宋战争后，辽朝重新调整了部族军的隶属关系，北枢密院直辖的部族军由它指挥，其他部族军接受方面性军事机构的调遣③。例如，要抽调部族军离开所隶辖区前往其他地区作战，辽朝会"选勋戚大臣，充行营兵马都统、副都统、都监各一人"④，负责指挥这些部族军。辽朝东南部地区的隗衍突厥等部族，军事上隶属于东京都部署司，主要负责驻防东北部地区，防御生女真诸部，由黄龙府都部署司直辖。

（二）兵种

辽朝在防御东南部地区时，在要冲地区设置了多个兵种，除步兵、骑

---

① 脱脱等：《辽史》卷三十四《兵卫志上》，北京：中华书局，1974年，第397页。
② 脱脱等：《辽史》卷三十四《兵卫志上》，北京：中华书局，1974年，第397页。
③ 张宏利：《辽朝部族制度研究》，吉林大学博士学位论文，第144页。
④ 脱脱等：《辽史》卷三十四《兵卫志上》，北京：中华书局，1974年，第397页。

兵外，还在与高丽、北宋的边防地带设置水军。[1]

从辽圣宗统治时期开始，辽朝注重海防。开泰四年（1015年）十二月，"南巡海徼"[2]。到辽兴宗统治时期，辽朝水军力量在不断壮大。辽兴宗重熙十五年（1046年）出兵西夏时，命"蒲奴以兵二千据河桥，聚巨舰数十艘……布舟于河，绵亘三十余里"[3]，可见辽军所用战船之多。重熙十七年（1048年）夏四月，"蒲卢毛朵部大王蒲辇以造舟人来献"[4]，说明有专门的造舟人造战船。重熙十八年（1049年），辽兴宗复征夏国，萧惠"自河南进，战舰粮船绵亘数百里。既入敌境，侦候不远，铠甲载于车，军士不得乘马。"[5]重熙十八年（1048年），辽兴宗还命驻守西南的耶律铎轸"相地及造战舰，因成楼船百三十艘。上置兵，下立马，规制坚壮"[6]。可见辽朝的水军力量，战船规模在不断壮大。

辽朝在鸭绿江口地区集中着诸多水军。辽兴宗于重熙六年（高丽靖宗三年，1037年）冬十月"契丹以船兵侵鸭绿江"[7]，辽朝的水军已经控制住了鸭绿江口地区。其中一部分水军集中在来远城，据《耶律元宁墓志》记载，墓主人耶律元宁在任东京统军使时，曾与高丽军队在辰州下属的建安县作战，击败敌军，之后即在来远城修筑城防。辽朝意识到了海防的重要性，不但加强沿海的防御，而且修筑来远城，并添置水军，控制了高丽军队能够进入辽地的一个入海口。这些水军在海上巡查，防止高丽军队继续在海上行动。辽朝来远城的水军从《高丽史》的记载可见一斑：金兵在攻打开州时，袭击了来远城及柳白三军营，并且"尽烧战舰，掳守船人。统军尚书、左仆射、开国伯耶律宁与来远城刺史、检校尚书、右仆射

---

① 武玉梅，张国庆：《辽朝军、兵种考探》，《黑龙江民族丛刊》，1999年第1期。
② 脱脱等：《辽史》卷十五《圣宗六》，北京：中华书局，1974年，第177页。
③ 脱脱等：《辽史》卷八十七《萧蒲奴》，北京：中华书局，1974年，第1335页。
④ 脱脱等：《辽史》卷二十《兴宗三》，北京：中华书局，1974年，第239页。
⑤ 脱脱等：《辽史》卷九十三《萧惠》，北京：中华书局，1974年，第1375页。
⑥ 脱脱等：《辽史》卷九十三《耶律铎轸》，北京：中华书局，1974年，第1379页。
⑦ 郑麟趾等：《高丽史》卷六《靖宗世家》，重庆：西南师范大学出版社，2014年，第12页。

常孝孙等率其官民载船一百四十艘,出泊江头"。①来远城被攻破,大量战船被烧毁,可见来远城的水军战船数量之多。保州地区也有大量水军,史载:"后攻保州,辽将以舟师遁,胡十门邀击败之,降其士卒。"②来远城及保州均有水军,辽朝鸭绿江口水军力量较强。鸭绿江口除了有水军外,还驻扎有骑兵、步兵等。③

辽朝在辽东半岛的苏州、复州等地也有水军,史载:"苏、复州叛,众至十万……契丹、奚人聚舟千艘,将入于海……尽获其舟。于是,苏、复州、婆速路皆平。"④这段史料记述的是金朝占领辽东京地区的情况,可见当时苏州、复州二州均有强大水军。辽东半岛除了驻扎有水军外,还有骑兵、步兵等。⑤

总之,辽朝在东南部地区军力部署较强,不仅有诸多军事机构,还有军事力量——军队及兵种,为防御东南部地区起到了重要的作用。

第二节　辽朝东南部地区的防御方略与诸军路的设置

辽圣宗去世后,辽朝东南部地区形势日趋复杂,边境地区纷争不断,女真发展壮大,辽朝逐渐形成了一定的防御方略。在此形势下,辽朝还设置了一系列军路以加强军事管理。

---

① 郑麟趾等:《高丽史》卷七《文宗世家一》,重庆:西南师范大学出版社,2014年,第18页。

② 脱脱等:《金史》卷六十六《完颜胡十门》,北京:中华书局,1975年,第1562页。

③ 武玉梅,张国庆:《辽朝军、兵种考探》,《黑龙江民族丛刊》,1999年第1期。

④ 脱脱等:《金史》卷八十《斜卯阿里》,北京:中华书局,1975年,第1799页。

⑤ 武玉梅,张国庆:《辽朝军、兵种考探》,《黑龙江民族丛刊》,1999年第1期,第51页。

第四章　辽朝对东南部地区的军事管辖

一、防御方略

辽朝中后期，辽朝总体的政治形势并不稳定。辽宋关系从战争转入相对和平的阶段，但与西夏却进入战争状态。辽兴宗统治时期，辽朝多次征伐西夏，为了征伐西夏，辽朝制造了大量的"巨舰"①，它们"上置兵，下立马，规制坚壮"②。这一时期，辽朝主要关注西北形势，对东南部地区以维护稳定为主。

辽朝东南部地区，在经历过辽丽战争之后，总体形势虽进入相对平稳阶段，但渤海、女真、高丽三个方面，仍有不安定因素存在。

首先，从渤海方面看，辽太祖在灭渤海国的同时，即将其俘获的渤海人迁到辽东地区进行管理，辽太宗更是将东丹国的渤海遗民全部南迁到辽东地区，主要目的是有效控制这些渤海人，以防他们叛乱。这一地区的管理政策在辽太祖到辽景宗统治时期，均取得了较好的效果，直至辽圣宗统治初期，渤海人未发动大规模的叛乱。但到了太平九年（1029年），辽朝与宋朝、高丽的频繁战争，使辽朝东南部地区的渤海遗民苦不堪言。八月，辽朝东京舍利军详稳大延琳趁机率领渤海人起事，占据辽阳，登基称帝，建立兴辽国，年号天庆，与辽朝对抗。辽圣宗经过不断地军事打击，最终将大延琳讨平。之后，辽朝因担忧渤海遗民再次起事，对其严加控制、防范。③辽朝将参与大延琳起义的渤海人迁徙到上京、中京地区安置，这些渤海遗民与当地的奚、汉、契丹等族混居并相互牵制，实力大大削弱④。

其次，就女真而言，辽朝东南部地区的生女真主要分布在辽东京道的东北部，至辽朝中后期，生女真各部发展壮大，威胁到辽朝的统治。生女真分布在粟沫江之北和宁江州（今吉林省松原市）东北，东到今俄罗斯

---

① 脱脱等：《辽史》卷八十七《萧蒲奴》，北京：中华书局，1974年，第1335页。
② 脱脱等：《辽史》卷九十三《耶律铎轸》，北京：中华书局，1974年，第1379页。
③ 武玉环：《王氏高丽时期的渤海移民》，《吉林大学社会科学学报》，2007年第3期。
④ 蒋金玲：《辽代渤海移民的治理和归属研究》，吉林大学硕士学位论文，2004年。

-151-

的滨海地区，北到今黑龙江省哈尔滨市依兰县一带，西至松嫩平原，"地方数千里，户口十余万，无大君长，立首领，分主部落。"①这一地区的女真部落距离东京辽阳府较远，辽朝对其管辖较为松懈，不冠辽籍，称为生女真。辽朝中期，生女真仍处于相对分散的氏族部落阶段，各部互不统属。辽圣宗统治时期，以阿什河流域（今黑龙江省哈尔滨市阿城区一带）为中心的生女真完颜部逐渐发展起来，完颜部酋长完颜石鲁"稍以条教为治"②，部落逐渐发展壮大。到其子完颜乌古乃继任完颜部酋长后，"稍役属诸部，自白山、耶悔、统门、耶懒、土骨论之属"③，完颜部更为强大。辽道宗统治时期，完颜乌古乃已经建立起以完颜部为中心的生女真部落军事大联盟。咸雍年间（1065—1074年），辽朝以生女真部落首领完颜乌古乃为生女真部族节度使。

辽朝中后期，辽朝与高丽边境摩擦也不曾间断。景福元年（1031年），高丽德宗即位以后，辽朝进兵高丽通州一带，为的是阻止高丽在边境修筑城防，引起边境第一次摩擦。"壬寅朔，以通州振威副尉户长金巨、别将守坚，当庚戌丹兵之来，坚壁固守，又禽其大夫马首，加金巨郎将，守坚赠郎将。"④辽朝攻击的是辽丽边境西北地区的通州一带，为的是阻止高丽柳韶在边界修筑威远镇、兴化镇、定戎镇三座城防。景福二年（1032年）八月，辽朝进攻高丽西北边境，阻碍其修筑防御工事，边境发生第二次摩擦。十月，辽朝进攻高丽西北边境静州，阻碍其修筑防御工事，发生第三次摩擦。当时高丽也处在修筑边防城市中，并无力反击，只能对边境进行小规模的袭扰。

可见，这一时期，辽朝东南部地区的形势较为复杂，渤海人、女真人

---

① 叶隆礼：《契丹国志》卷二十六《诸蕃国杂记·女真国》，贾敬颜、林荣贵点校，上海：上海古籍出版社，1985年，第246页。

② 脱脱等：《金史》卷一《穆宗》，北京：中华书局，1975年，第4页。

③ 脱脱等：《金史》卷一《穆宗》，北京：中华书局，1975年，第4页。

④ 郑麟趾等：《高丽史》卷五《德宗世家》，重庆：西南师范大学出版社，2014年，第23页。

对辽朝的统治均有不满。为此，辽朝逐渐形成一定的防御方略，并采取了相应的防御措施。

二、军路设置

如上所述，辽朝中后期，女真与高丽问题成为辽最大的边患，渤海遗民后裔的叛乱也让契丹统治者十分忧虑。于是，辽朝在已设置了部分州县的基础上，建立并完善了各级军路，用以治理东南部地区，应对危机。

辽圣宗统治时期，辽朝对东南部地区的治理模式已经基本形成，逐渐摆脱了渤海国旧有管理模式的束缚，慢慢形成了一套具有契丹族特色的管理模式。辽朝中央有听命于皇帝的南、北枢密院，南、北宰相府及相关的南部职官体系。在地方，辽朝根据东南部地区契丹人、渤海人、汉人、奚人、女真人等人口分布状况，在东京留守治下，设置了一套行之有效的管理模式：在渤海人、汉人聚居区设置府、州、县等，基层社会组织机构实行直接管辖；在女真人生活区设置大王府进行羁縻统治；而在部族活动区域则设立部族节度使。这些体现了"因俗而治"的特点。随着新的统治问题的到来，辽朝在东南部地区增设了多个军路，以应对女真及高丽带来的问题，具体情况如下。

黄龙府路，形成于开泰九年（1020年），军路下辖黄龙府，以及信州、宾州、祥州等州，其主要职责是管理兀惹、铁骊、蒲卢毛朵部等部族，还有弹压渤海人，防御女真。[1]其长官为知黄龙府事，如重熙十三年（1044年）夏四月，知黄龙府事耶律欧里斯"将兵攻蒲卢毛朵部"[2]；辽道宗咸雍七年（1071年）三月，道宗"以讨五国功，加知黄龙府事蒲

---

[1] 余蔚：《中国行政区划通史（辽金卷）》，上海：复旦大学出版社，2012年，第71页。

[2] 脱脱等：《辽史》卷十九《兴宗二》，北京：中华书局，1974年，第230页。

延……并千牛卫上将军"①。黄龙府路对防御女真具有重要的作用：重熙九年（1040年）十一月，"女直侵边，发黄龙府铁骊军拒之"②；大康八年（1082年）三月，黄龙府女直部长术乃还"率部民内附，予官，赐印绶"③，得到了辽朝的接纳。

咸州路，形成于道宗朝，辖咸州、辽州、祺州、韩州、双州、银州、同州、鄀州、肃州、安州、通州等州，威慑其东面、今松花江以南的"非生非熟"女真。④回跋部女真虽系辽籍，但辽朝对其管理相对宽松，其主要分布在咸州东北到混同江流域之间。⑤咸州有"知咸州路兵马事""同知咸州路兵马事""咸州纠将"⑥等官职。例如，奚回离保在天庆间，"徙北女直详稳，兼知咸州路兵马事"⑦；耶律章奴于天庆五年（1115年），"改同知咸州路兵马事"⑧；萧特烈于天庆四年（1114年），"同知咸州路兵马事"⑨；耶律术者于天庆五年（1115年），"徙咸州纠将"⑩。此外，咸州还有"咸州安东军节度使司"⑪。咸州路对于防御生女真、回跋女真具有重要的作用。天庆二年（1112年）九月，完颜阿骨打"疑上知其异志，遂称兵"，先攻打附近的女真部落，"女直赵三、阿鹘产拒之"，完颜阿骨打俘虏其家属，"二人走诉咸州，详稳司送北枢密

---

① 脱脱等：《辽史》卷二十二《道宗二》，北京：中华书局，1974年，第270页。
② 脱脱等：《辽史》卷十八《兴宗一》，北京：中华书局，1974年，第222页。
③ 脱脱等：《辽史》卷二十四《道宗四》，北京：中华书局，1974年，第287页。
④ 余蔚：《中国行政区划通史（辽金卷）》，上海：复旦大学出版社，2012年，第72页。
⑤ 康鹏：《辽代五京体制研究》，北京大学博士学位论文，2007年。
⑥ 脱脱：《辽史》卷四十六《百官志二》，北京：中华书局，1974年，第745页。
⑦ 脱脱等：《辽史》卷一百一十四《奚回离保》，北京：中华书局，1974年，第1516页。
⑧ 脱脱等：《辽史》卷一百《耶律章奴》，北京：中华书局，1974年，第1431页。
⑨ 脱脱等：《辽史》卷一百一十四《萧特烈》，北京：中华书局，1974年，第1517页。
⑩ 脱脱等：《辽史》卷一百《耶律术者》，北京：中华书局，1974年，第1430页。
⑪ 脱脱等：《辽史》卷四十八《百官志四》，北京：中华书局，1974年，第812页。

院。枢密使萧奉先作常事以闻上，仍送咸州诘责，欲使自新。"①天庆三年（1113年）三月，"阿骨打一日率五百骑突至咸州"②，辽朝官员大为震惊。次日，完颜阿骨打"赴详稳司，与赵三等面折庭下"，完颜阿骨打不屈服，"送所司问状。一夕遁去。遣人诉于上，谓详稳司欲见杀，故不敢留。自是召不复至"③。可见，咸州路在辽朝防御女真方面具有重要作用。

保州路，形成于兴宗朝，辖保州、定州、宣州、怀远军、开州、盐州、穆州、贺州、来远城等九座州城④，主要职官有"保州统军使"等。保州路主要处理鸭绿江下游入海口与高丽接壤地区的军事事务。

南路，该称法见于《金史》，形成于辽朝初期，初辖归州、卢州、镇海府等，后镇海府废；统和二十九年（1011年）增辖宁州，重熙十二年（1043年）增复州；重熙二十年（1051年），又增苏州，并管治辽阳以南至辽东半岛的熟女真。⑤南路主要有汤河女直详稳、南女直详稳等职官。萧酬斡曾为"南女直详稳"⑥，萧袍鲁也曾为"汤河女直详稳"⑦。南路在防御北宋方面有重要的作用，主要是政治上的威慑。

综上，黄龙府路，辽圣宗统治时期始建，到辽兴宗统治时期建祥州，该路更为完善；咸州路，形成于辽道宗统治时期；保州路，为兴宗时期设置；南路，辽朝初期即已设置，但直至辽兴宗统治时期才扩展到辽东半岛南端。⑧总之，辽兴宗、辽道宗在辽圣宗军路体系的基础上，补充了新的

---

① 脱脱等：《辽史》卷二十七《天祚皇帝一》，北京：中华书局，1974年，第326，327页。

② 脱脱等：《辽史》卷二十七《天祚皇帝一》，北京：中华书局，1974年，第326，327页。

③ 脱脱等：《辽史》卷二十七《天祚皇帝一》，北京：中华书局，1974年，第326—327页。

④ 黄为放：《10—12世纪渤海移民问题研究》，长春师范大学博士学位论文，2017年。

⑤ 余蔚，《中国行政区划通史（辽金卷）》，上海：复旦大学出版社，2012年，第80页。

⑥ 脱脱等：《辽史》卷一百《萧酬斡》，北京：中华书局，1974年，第1429页。

⑦ 向南：《辽代石刻文编》，石家庄：河北教育出版社，1995年，第424页。

⑧ 余蔚：《中国行政区划通史（辽金卷）》，上海：复旦大学出版社，2012年，第80页。

州，军路体系得以完善。辽朝对东南部地区的统治模式已经成熟，形成了契丹自己独特的管理模式：南、北枢密院，南、北宰相府，东京留守，沿边巡检使，各级军路，节镇，县及基层社会组织等等。这套体系，体现了契丹统治者不断革新的管理智慧，有效地控制了多民族地区，并震慑了女真、高丽等威胁辽朝统治的势力，而其中更体现出辽朝中央集权的加强。

第三节 辽朝东南部地区防御体系的确立

辽朝在占据辽东地区后，在此地兴建防御设施，随着辽丽战争的结束，这套体系最终确立。这套防御体系以辽阳为中心，由北向南依次为黄龙府、咸州、保州、辽东半岛四个区域。辽朝在这些防御区建立军路、州城，并设置各类城防设施，以防御高丽、宋朝及女真等敌对势力，用以维护东南部地区的稳定。

一、黄龙府地区军事防御体系

黄龙府是辽朝以渤海国扶余府为基础设置的，并未迁徙扶余府的渤海人，而是迁徙其他地区的渤海人、汉人而来。建设府，为的是安抚渤海遗民。但之后燕颇反辽起义，此处被废除。保宁七年（975年）秋七月，黄龙府卫将燕颇"杀都监张琚以叛"，辽朝遣"敞史耶律曷里必"讨之。[①] 九月，辽朝"败燕颇于治河，遣其弟安抟追之"。[②] 但随着生女真势力壮大，并"精于骑射，前后屡与契丹为边患"，女真各部顺势南下，对黄龙府附近地区构成威胁，辽朝认为女真"深为患耳"。[③] 不但有女真各部，

---

① 脱脱等：《辽史》卷八《景宗上》，北京：中华书局，1974年，第94页。
② 脱脱等：《辽史》卷八《景宗上》，北京：中华书局，1974年，第94页。
③ 叶隆礼：《契丹国志》卷二十二《四至邻国地里远近》，贾敬颜，林荣贵点校，上海：上海古籍出版社，1985年，第213页。

兀惹等部也发展壮大，辽朝再次设立这个机构，为的是防卫此地。

黄龙府路于圣宗开泰九年（1020年）重设，下辖黄龙府，以及信州、宾州、祥州等州。信州，开泰初年（1012—1021年），辽圣宗迁徙所俘汉民与渤海遗民杂居建立。宾州，统和十七年（999年）辽将"鸭子、混同二水之间"①的渤海古城设为宾州，用以安置归降的兀惹人，位于"黄龙府南百余里"②。黄龙府地区还先后设立了诸多防御设施。

黄龙府地区的军事防御设施，具体情况如下。

1.军堡、烽燧

军堡是辽在黄龙府地区设置的防御设施之一。军堡，又称"堡寨"，是辽朝在边境地势险峻之地设置的兵营，担负辖区范围内的戍边御敌任务。③太平六年（1026年）二月，辽圣宗以"黄翩为兵马都部署，达骨只副之，赫石为都监"，命令他们在混同江、疏木河之间修建军堡，而"黄龙府请建堡障三、烽台十，诏以农隙筑之"。④此混同江即今松花江，疏木河即松花江下游段。⑤辽朝在修建这些军堡的同时，还沿边设置烽燧，用以通信联络各级部队。

2.边壕

边壕是辽朝在黄龙府地区设置的重要防御设施。宋朝使金的许亢宗渡过松花江后，见到了"溃堰断堑"，"自北而南，莫知远近，界隔甚明，乃契丹昔与女真两国古界也。"⑥这里所看到的"溃堰断堑"，应该是已经荒废了的边壕。从"莫知远近"，可知边壕距离很远，无法确定其具体的长度。由于迄今为止，缺乏系统全面的科学考察，边壕的起止地点

---

① 脱脱等：《辽史》卷三十八《地理志二》，北京：中华书局，1974年，第470页。
② 洪皓：《松漠纪闻》，翟立伟标注，长春：吉林文史出版社，1986年，第17页。
③ 张国庆：《辽朝边铺探微》，《中国边疆史地研究》，2016年第2期。
④ 脱脱等：《辽史》卷十七《圣宗八》，北京：中华书局，1974年，第199页。
⑤ 景爱，苗天娥：《辽金边壕与长城》，《东北史地》，2008年第6期。
⑥ 徐梦莘：《三朝北盟会编》卷二，上海：上海古籍出版社，1987年。

不甚清晰。边壕以北,为生女真活动的地区,距离金上京地区较近;边壕以南,为辽朝东南部地区的黄龙府地区。因城堡、烽台修建于太平六年(1026年),即辽圣宗统治后期,则松花江以北的边壕,也应当修于此时或在此前后,如此才能相互配合,发挥更大的防御作用。①

3.关铺

关铺是沿东京道东北部与生女真接壤的各要道隘口处设置的铺哨、军堡。之下亦设有一些"口铺"类哨卡,具体负责"侦候"边境之敌情。②辽朝在东南部地区,广设这种边哨。黄龙府附近的防口铺,多见于墓志记载。根据石刻资料记载,辽将耶律霞兹曾于乾亨元年(979年)率马军在边境以北的"达边口铺"③驻防。大延琳起义之时,占领"东都,右断河关,左截塞门。仍结援于女直,为祸非细怀忧者众",耶律宗福率领贵德州安远军部队,一路抵达东京附近的"边口",并在此屯驻军队,与叛军对峙。④这些边境上的口铺,即辽朝于沿边障塞险阻控御之处所设驻军的驻防之地。这些驻军职事为捍御盗贼、遇有边警驰报上传或传递文书等。边铺的设置,为黄龙府边境地区提供了安全保障。正是因为边境线上设有关铺,以及铺兵日夜值守"侦候",才对境外之敌,即北部的生女真部落等,形成了一定的震慑作用。辽朝在设置边铺之后,可以及时发现边境危机。重熙九年(1040年)十一月,"女直侵边。发黄龙府铁骊军拒之。"⑤

至辽兴宗朝,东南部地区的边铺开始大规模修建,东京留守耶律仁先主张在东京道辽与高丽、女真边境线上"置关铺,以为备守""沿边添

---

① 景爱,苗天娥:《辽金边壕与长城》,《东北史地》,2008年第6期。
② 张国庆:《辽朝边铺探微》,《中国边疆史地研究》,2016年第2期。
③ 向南,张国庆,李宇峰:《辽代石刻文续编》,沈阳:辽宁人民出版社,2010年,第60页。
④ 向南,张国庆,李宇峰:《辽代石刻文续编》,沈阳:辽宁人民出版社,2010年,第141页。
⑤ 脱脱等:《辽史》卷十八《兴宗一》,北京:中华书局,第222页。

置亭堡"①，用以准确掌握相应地区的军事动态。这些黄龙府地区的边境上的关铺，不仅能发挥查探敌情、及时汇报敌方动态的作用，还能与附近堡寨的驻军配合，及时阻击入侵之敌，给大部队集结与增援争取宝贵的时间。②

4.军事据点

辽朝还在黄龙府地区临时设立屯驻地点，用以应对战争，如白草谷、好草谷等。天庆六年（1116年）是春，"天祚募渤海武勇马军高永昌等二千人，屯白草谷，备御女真。"③据此推测，辽圣宗统治时期就已设置军事据点——白草谷，到天祚帝时，辽朝招募渤海武勇马军高永昌等二千人，驻扎在这一军事据点，以防生女真的寇扰。好草谷，天庆四年（1114年），女真率兵扰辽，"又败涞流河、黄龙府、咸州、好草谷四路都统，诛杀不可胜计。"④好草谷跟涞流河、黄龙府、咸州相近，可能是一个临时设立的军事据点，用以防御生女真、回跋部女真，由此看来好草谷也是一个屯兵重地。

黄龙府地区有边壕、军堡、烽台、边铺、军事据点等相互配合、相互补充，构成一个完整的军事防御体系。同时，黄龙府地区还驻扎有军队黄龙府正兵，史载："东京至鸭渌西北峰为界：黄龙府正兵五千"⑤，可见黄龙府的军队数量不多，但实力强大。

此外，辽朝还实行屯田，屯田戍守是辽朝的传统。⑥"当时沿边各置

---

① 向南：《辽代石刻文编》，石家庄：河北教育出版社，1995年，第353页。
② 张国庆：《辽朝边铺探微》，《中国边疆史地研究》，2016年第2期。
③ 叶隆礼：《契丹国志》卷十《天祚皇帝上》，贾敬颜，林荣贵点校，上海：上海古籍出版社，1985年，第108页。
④ 宇文懋昭：《大金国志校正》（附录《女真传》），崔文印校正. 北京：中华书局，1976年。
⑤ 脱脱等：《辽史》卷三十六《兵卫志下》，北京：中华书局，1974年，第434页。
⑥ 关树东：《辽朝的兵役和装备给养述略》，《辽金西夏史研究》，天津：天津古籍出版社，1997年，第93页。

屯田戍兵，易田积谷以给军饷。"①辽圣宗时期为解决戍边士兵的军饷，大力推行屯田。②

正是军事防御体系的确立，使女真无法轻易侵扰此地，如重熙九年（1040年）十一月，"女直侵边，发黄龙府铁骊军拒之"③。同时，以这些防御设施为基础，辽朝也经常在黄龙府附近屯兵出征。咸雍七年（1071年）三月，辽朝"以讨五国功，加知黄龙府事蒲延、怀化军节度使高元纪、易州观察使高正并千牛卫上将军，五国节度使萧陶苏斡、宁江州防御使大荣并静江军节度使。"④辽朝首先对黄龙府事蒲延进行嘉奖，说明黄龙府在征讨五国（部）时发挥了重要的作用。天庆五年（1115年）春正月，天祚帝"下诏亲征。遣僧家奴持书约和，斥阿骨打名。阿骨打遣赛剌复书，若归叛人阿疏迁黄龙府于别地，然后议之。都统耶律斡里朵等与女直兵战于达鲁古城，败绩。"⑤虽然在同年九月，"女直军陷黄龙府"⑥，但这些军队之所以在这里出发，也是仰赖此处军事设施的完备。

总之，黄龙府地区建立起来的军事防御体系、各种军事设施、军队等，都对防御生女真起到了重要的作用。

二、咸州地区军事防御体系

咸州地区，在辽景宗统治时期，女真不断侵扰。保宁五年（973年）五月，"女直侵边，杀都监达里迭、拽剌斡里鲁，驱掠边民牛马"；保宁

---

① 脱脱等：《辽史》卷五十九《食货志上》，北京：中华书局，1974年，第926页。
② 杨树森：《辽代农、牧业生产发展述论》，程尼娜：《辽金史论丛》，长春：吉林人民出版社，2003年，第143页。
③ 脱脱等：《辽史》十八《兴宗一》，北京：中华书局，1974年，第222页。
④ 脱脱等：《辽史》卷二十二《道宗二》，北京：中华书局，1974年，第270页。
⑤ 脱脱等：《辽史》卷二十八《天祚皇帝二》，北京：中华书局，1974年，第332页。
⑥ 脱脱等：《辽史》卷二十八《天祚皇帝二》，北京：中华书局，1974年，第332页。

八年（976年）八月，"女直侵贵德州东境"。①女真屡次侵边，甚至进犯贵德州东境，故在咸州地区设置军事防御体系，有重要价值。

咸州路，形成于辽道宗朝，辖咸州、辽州、祺州、韩州、双州、银州、同州、安州、通州等州，防范的对象是松花江以南的"非生非熟"女真。②咸州，位于今辽宁省开原市附近③，因为最初为渤海国故地，后居民迁走，盗贼横行，所以辽太宗迁徙"平、营等州客户数百"汉人移民至此，建城"初号郝里太保城"④。开泰八年（1019年），辽圣宗改为咸州，"建节以领之"⑤，设咸州节度使。辽州，下辖一州二县，辖祺州，辽滨、安定二县。韩州，辽圣宗统治时期，由三河、榆河二州合并而成。双州，人口由辽太宗所迁徙的渤海定州人，与沤里僧王（即耶律察割）⑥南征中原所俘获的"镇、定"二州人组成。应历元年（951年），耶律察割谋反被杀，双州没入。同州，由辽太祖所迁徙的渤海东平寨人所建，号镇东军。⑦

辽朝为防御"女直等国"，设"咸州正兵一千"。⑧可见咸州军力有限。天庆二年（1112年）九月，完颜阿骨打先攻打附近的女真部落，女真赵三、阿鹘产"二人走诉咸州，详稳司送北枢密院。枢密使萧奉先作常事以闻上，仍送咸州诘责，欲使自新。后数召，阿骨打竟称疾不至。"⑨可见，咸州详稳司在辽朝防御女真方面有着重要地位。天庆三年（1113年）三月，完颜阿骨打仅率五百骑兵就能冲至咸州城下，可见咸州军事实力

---

① 脱脱等：《辽史》卷八《景宗上》，北京：中华书局，1974年，第95页。
② 余蔚：《中国行政区划通史（辽金卷）》，上海：复旦大学出版社，2012年，第72页。
③ 张修桂，赖青寿：《辽史地理志汇释》，合肥：安徽教育出版社，2001年，第115页。
④ 脱脱等：《辽史》卷三十八《地理志二》，北京：中华书局，1974年，第470页。
⑤ 脱脱等：《辽史》卷十六《圣宗七》，北京：中华书局，1974年，第187页。
⑥ 张修桂：《〈辽史·地理志〉平议》，《历史地理》（第十五辑），上海：上海人民出版社，1999年，第332页。
⑦ 脱脱等：《辽史》卷三十八《地理志二》，北京：中华书局，1974年，第468，469页。
⑧ 脱脱等：《辽史》卷三十六《兵卫志下》，北京：中华书局，1974年，第434页。
⑨ 脱脱等：《辽史》卷二十七《天祚皇帝一》，北京：中华书局，1974年，第327页。

不强。

咸州路、咸州详稳司在辽朝防御生女真方面占有重要的地位，但可惜天祚帝并未对咸州所反映的情况采取积极的应对措施。另外，完颜阿骨打仅率五百骑兵便攻下咸州，也说明咸州的军事兵力确实有限。咸州军队虽然数量不太多，但在辽朝东南部边疆防御过程中，尤其是防御女真、攻打女真方面，起到了一定的作用。咸州军队在辽朝与女真的战争过程中发挥了重要作用。天祚帝东征女真时，调动了驻扎在黄龙府、咸州、好草谷①的军队。

三、鸭绿江口军事防御体系

鸭绿江口的军事防御体系的建立，是辽朝针鸭绿江流域反辽势力以及高丽所设置的重要防御基地，是辽朝加强东南部边防的一个重大举措。早在辽朝初期，辽朝统治者就在鸭绿江口地区设置州城，用以防卫这一地区。鸭绿江流域分布着诸多反辽势力，如定安国建立于鸭绿江入海口以南至渤海国西京鸭渌府（今吉林省临江市）的某一地区②，后受辽朝打击，其部众逐渐迁移至鸭绿江中上游渤海国的"西鄙"，即鸭渌府与长岭府之间，并在此处安定下来。定安国虽被辽朝打击并迁移至鸭绿江中上游地区，但是仍然具有一定的实力，并试图与宋朝联合攻打辽朝，可惜以失败告终。③鸭绿江流域的女真部落还经常向宋朝朝贡④，它们都使得辽朝对这

---

① 叶隆礼：《契丹国志》卷十，《天祚皇帝上》，贾敬颜，林荣贵点校，上海：上海古籍出版社，1985年，第103，104页。

② 此结论参照刘子敏《高句丽疆域沿革考辨》，王承礼《渤海的疆域和地理》，魏国忠、朱国忱、郝庆云《渤海国史》，谭其骧《中国历史地图集释文汇编（东北卷）》，魏存成《渤海政权的对外交通极其遗迹发现》等文章得出。

③ 黄为放：《10—12世纪渤海移民问题研究》，长春师范大学博士学位论文，2017年。

④ 程尼娜：《女真与北宋的朝贡关系研究》，《邓广铭教授百年诞辰国际学术研讨会论文集》，北京：中华书局，2008年，第937—949页。

一地区的控制力下降。到辽圣宗统治时期，高丽不断北进，辽朝开始征伐高丽。在此形势下，辽朝在鸭绿江流域建立军事防御体系就更显得重要。

保州路，下辖保州、定州、宣州、怀远军、开州、盐州、穆州、贺州、来远城等九座州城。①保州路所辖各州中，保州、定州、宣州三州及怀远军都位于鸭绿江入海口东岸地区②，开州、盐州、穆州、贺州四州均位于今辽宁省凤城市及附近地区③，来远城位于今辽宁省丹东市九连城④。这些州城均与高丽千里长城西段各关城直接或隔江对峙，其中保州为前冲、来远城为中坚、开州为后盾，足以震慑高丽。⑤保州路的统治机构起初是东京都统军司，后期是保州路统军司。鸭绿江口设立的军事防御体系主要起到防御高丽的作用。

这一地区的军事防御设施，有诸多军城，如来远城、顺化城。

来远城，位于今辽宁省丹东市九连城⑥；顺化城，位于今辽宁省瓦房店市南普兰店附近，开泰三年（1014年）以汉户置。来远城，向南《辽代石刻文编》、盖之庸《内蒙古辽代石刻文研究》均作"来辽城"。根据《内蒙古辽代石刻文研究（增订本）》的"耶律元宁墓志盖阴拓本"，"远"字上半部分脱落，但下半部分比较清晰，可确定为"遠"，而非"遼"，因此，此城确为"来远城"。《耶律元宁墓志》曰："虽时喧襦□之□□县民疾，而国重军振之事，须命将才，遂移东京统军兵马都监。会高丽恃阻河海，绝贡苍茅。时与驸马兰陵王奉顺天之词，问不庭之罪。公躬率锐旅，首为前锋，始遇敌于建安之南，贼平。向三千余众，犄角绕

---

① 黄为放：《10—12世纪渤海移民问题研究》，长春师范大学博士学位论文，2017年。
② 张修桂，赖青寿：《〈辽史·地理志〉汇释》，合肥：安徽教育出版社，2011年，第86页。
③ 张修桂，赖青寿：《〈辽史·地理志〉汇释》，合肥：安徽教育出版社，2011年，第81—85页。
④ 任鸿魁：《丹东史迹》，沈阳：辽宁民族出版社，2005年，第202—203页。
⑤ 黄为放：《10—12世纪渤海移民问题研究》，长春师范大学博士学位论文，2017年。
⑥ 任鸿魁：《丹东史迹》，沈阳：辽宁民族出版社，2005年，第202—203页。

□，剪戮殆尽。我一贾于余勇，银累公于降书。馆为藩臣，永事天阙。故高丽岁时之贡，不绝于此，由公之力也。因是□□□之□建来远城，留公主之，为兵马都部署。"[1]来远城是第一次辽丽战争时建立的。"驸马兰陵王"萧恒德与耶律元宁一起征伐高丽，萧恒德"从宣徽使耶律阿没里征高丽还"[2]。《耶律元宁墓志》对辽朝征伐高丽作了详细的补充。"会高丽恃阻河海，绝贡苞茅。时与驸马兰陵王奉顺天之词，问不庭之罪。"[3]在此情况下，辽朝征伐高丽。建安，治今辽宁省盖州市[4]。时任东京统军兵马都监的耶律元宁，作为前锋，首先遇高丽兵于今辽宁省盖州市。最后，辽朝击败高丽，"故高丽岁时之贡，不绝于此，由公之力也。"[5]因此，辽建来远城，并任命战功显赫的耶律元宁为兵马都部署，防守高丽。这一过程也说明了，辽将战线从建安之南（辽宁盖州）向来远城推进，并最终将高丽隔于来远城之外，筑来远城防守。这也说明来远城建城的时间，是在辽朝第一次征伐高丽之后。史料记载：统和九年（991年）二月"甲子，建威寇、振化、来远三城，屯戍卒"[6]。但据墓志载，来远城是在辽朝征伐高丽结束后才建立，并且耶律元宁是统和二十六年（1008年）去世，故来远城既不可能是在统和九年（991年）建立，也不可能是在统和二十九年（1011年）建立。来远城应该是在统和十一年（993年）辽朝征伐高丽后至统和二十六年（1008年）之间建立，具体时间有待进一步考证。

---

[1] 盖之庸：《内蒙古辽代石刻文研究》（增订本），呼和浩特：内蒙古大学出版社，2007年，第109—116页。

[2] 脱脱等：《辽史》卷八十八《萧恒德》，北京：中华书局，1974年，第1342页。

[3] 盖之庸：《内蒙古辽代石刻文研究》（增订本），呼和浩特：内蒙古大学出版社，2007年，第109—116页。

[4] 张修桂，赖青寿：《辽史地理志汇释》，合肥：安徽教育出版社，2001年，第87页。

[5] 盖之庸：《内蒙古辽代石刻文研究》（增订本），呼和浩特：内蒙古大学出版社，2007年，第109—116页。

[6] 脱脱等：《辽史》卷十三《圣宗四》，北京：中华书局，1974年，第141页。

有关来远城，"统和中伐高丽，以燕军骁猛，置两指挥，建城防戍。兵事属东京统军司。"①而墓志则载，来远城，是耶律元宁任东京统军兵马都监，率军战胜高丽后所建。因"南京析津府……太宗升为南京，又曰燕京"②，所以燕军可能为南京某州或数州军队的代称，具体情况有待进一步考证。但可以确定的是，耶律元宁任东京统军兵马都监时，所率军队可能为燕军。并且，《耶律元宁墓志》又载："后以伪宋麋料不敌之势，载举无名之师，扰掠我边疆，凌犯我都邑，景宗皇帝遂命诸将分御彼徒。北大王、惕隐备西轶之虞，以公扼东人之患，两道齐进，一时夹攻。成败宋之雄名，立全燕之显效。"③此指辽景宗统治时期，辽朝与宋朝交战。④辽宋交战中，耶律元宁"扼东人之患"，最终击败宋朝。在这一过程中，耶律元宁极有可能率领的就是燕军。"置两指挥"，一个为耶律元宁，另一个应该是耶律资忠。耶律资忠，曾"出知来远城事"⑤。

　　关于来远城的具体兵力，史料记载："东京沿女直界至鸭渌（绿）江：军堡凡七十，各守军二十人，计正兵一千四百。来远城宣义军营八：太子营正兵三百。大营正兵六百。蒲州营正兵二百。新营正兵五百。加陀营正兵三百。王海城正兵三百。柳白营正兵四百。沃野营正兵一千。"⑥这些军营与来远城相互配合，构成了军事防御体系。

　　神虎军城，"正兵一万。大康十年置"⑦。神虎军城，在今吉林省白山市抚松县至辽宁省本溪市桓仁满族自治县一带。于此处置城，既可以起到镇守女真与高丽接界之处、隔断双方联系，又将黄龙府、咸州、来远城

---

① 脱脱等：《辽史》卷三十八《地理志二》，北京：中华书局，1974年，第460页。
② 脱脱等：《辽史》卷四十《地理志四》，北京：中华书局，1974年，第494页。
③ 盖之庸：《内蒙古辽代石刻文研究》，呼和浩特：内蒙古大学出版社，2002年，第109页。
④ 脱脱等：《辽史》卷九《景宗下》，北京：中华书局，1974年，第103页。
⑤ 脱脱等：《辽史》卷八十八《耶律资忠》，北京：中华书局，1974年，第1344页。
⑥ 脱脱等：《辽史》卷三十六《兵卫志下》，北京：中华书局，1974年，第434页。
⑦ 脱脱等：《辽史》卷三十六《兵卫志下》，北京：中华书局，1974年，第434页。

贯通一气，使整个军事防御体系达到完备之程度。[①]

合主城，位于今辽宁省凤城市附近，地处开州与鸭绿江东岸的保州之间，辽朝在此地驻扎军队。[②]史料记载："太祖已破走辽主军，撒喝破合主、顺化二城，复请济师攻保州，使斡鲁以甲士千人往"[③]，可见合主城与保州较近，都是重要的军事州城。

毕里围城，位于今辽宁省丹东市鸭绿江对岸朝鲜某地，在保州附近，辽朝在此地驻扎军队。[④]据史料记载：天辅四年（1120年），"咸州路都统司以兵分屯于保州、毕里围二城，请益兵，诏曰：'汝等分列屯戍，以固封守，甚善。高丽累世臣事于辽，或有交通，可常遣人侦伺。'"[⑤]毕里围城和保州并列，说明其规模、军事作用及地理位置都很重要。

在鸭绿江口附近，还有几个山城，在各州之间起到联络及援应的作用，增加了沿江州城的防御力量。但这些山城可能是在来远城下，但也有可能不是[⑥]，笔者列举在表4.2中，以供以后学者继续研究。

表4.2 其他鸭绿江口军事防御体系中的山城

序号	城名	地点	概况
1	虎山山城[⑦]	辽宁省丹东市东北十五千米宽甸县虎山乡虎山山村	原为高句丽山城，位于来远城以东，与高丽关城松岭隔江相望，辽朝在此地驻扎军队

[①] 余蔚：《中国行政区划通史（辽金卷）》，上海：复旦大学出版社，2012年，第258页。

[②] 黄为放：《10—12世纪渤海移民问题研究》，长春师范大学博士学位论文，2017年。

[③] 脱脱等：《金史》卷一百三十五《高丽》，北京：中华书局，1975年，第2884页。

[④] 黄为放：《10—12世纪渤海移民问题研究》，长春师范大学博士学位论文，2017年。

[⑤] 脱脱等：《金史》卷一百三十五《高丽》，北京：中华书局，1975年，第2885页。

[⑥] 黄为放：《10—12世纪渤海移民问题研究》，长春师范大学博士学位论文，2017年。

[⑦] 任鸿魁：《丹东史迹》，沈阳：辽宁民族出版社，2005年，第189—195页。

续表

序号	城名	地点	概况
2	叆河尖古城[①]	辽宁省丹东市东北十五千米，古城位于鸭绿江北岸叆河注入鸭绿江之处的一个三角洲上	原为高句丽山城，位于来远城以东，和虎山山城遥相呼应，与高丽关城松岭隔江相望，辽朝在此地驻扎军队
3	凤凰山城[②]	辽宁省凤城市东南凤凰山东麓	原为高句丽山城，位于开州以东凤凰山上，辽朝进行了扩建，设置官署，并在此地驻扎军队
4	山荫城[③]	辽宁省凤城市东南凤凰山北	原为高句丽山城，位于凤凰山城北侧
5	刘家堡城[④]	辽宁省凤城市凤城县凤山乡利民村刘家堡	不详

辽朝在鸭绿江口附近也设置了军堡等军事防御设施，"东京沿女直界至鸭绿江：军堡凡七十，各守军二十人，计正兵一千四百。"[⑤]辽兴宗为防御高丽，经枢密副使耶律仁先奏议，同意在辽与高丽交界处的保州和定州边境关隘处设置关铺。《耶律仁先墓志》载："时朝廷以高丽女直等五国入寇闻"，辽兴宗命耶律仁先前往解决，耶律仁先"因奏保、定二州联于北鄙，宜置关铺，以为备守。有诏报，自是五国绝不敢窥扰"。[⑥]辽军还在鸭绿江上修筑桥梁，以便部队通行，并于鸭绿江东岸的各州城附近设置了"弓口门""栏子"[⑦]"探守庵""木寨"等军事设施，用以阻击高丽军队。此外，鸭绿江口还有水军以防御高丽。

---

① 曹汛：《叆河尖古城和汉安平瓦当》，《考古》，1980年第6期。
② 李龙彬，华玉冰，崔丽萍：《辽宁丹东凤凰山山城首次发掘取得重大收获》，《中国文物报》，2007年3月23日第2版。
③ 任鸿魁：《丹东史迹》，沈阳：辽宁民族出版社，2005年，第196页。
④ 任鸿魁：《丹东史迹》，沈阳：辽宁民族出版社，2005年，第181页。
⑤ 脱脱等：《辽史》卷三十六《兵卫志下》，北京：中华书局，1974年，第434页。
⑥ 向南：《辽代石刻文编》，石家庄：河北教育出版社，1995年，第352—353页。
⑦ 郑麟趾等：《高丽史》卷七《文宗世家一》，重庆：西南师范大学出版社，2014年，第29页。

据《耶律元宁墓志》记载，墓主人耶律元宁在任东京统军使时，曾与高丽军队在辰州下属的建安县作战，击败敌军，之后即在来远城修筑城防。高丽陆军不太可能跨越如此距离远征到辰州位置，而是应该直接攻击东京，并且辽朝军队也不太可能任由高丽军队如此横行东京。故应该是高丽海军在辰州建安县登陆，准备直接突击东京，这一点从地理位置上也能看出，但是高丽军队被耶律元宁率领的有渤海人参加的军队击败。辽朝重视海防，修筑来远城，并添置水军，控制了高丽军队能够进入辽地的一个入海口，这些水军在海上巡查，防止高丽军队继续在海上行动。

鸭绿江口的军事防御体系，由州、军城、军堡、关铺等构成。这一地区，主要由东京兵马都部署司下辖的"契丹、奚、汉、渤海"[1]等各族士兵戍卫，其中东京渤海军长期驻守保州等鸭绿江两岸地区的州城，他们设置房屋、放牧牲畜并垦田，以巩固此地防戍。

鸭绿江流域的军事防御体系与黄龙府地区的军事防御体系采取筑城与屯田兼顾的方法，但两地有很明显的差异。鸭绿江右岸地区，因与高丽对峙，且有大江与山林，故其关铺必与规模较大的军城配合。并且，其战略位置险要，军队驻扎必然规模巨大，很多遗址至今尚存。而黄龙府与生女真交界地区，虽有大量界壕、军寨遗址，但是多数已毁坏且少有大的山城或平地城遗址。

总之，辽朝在鸭绿江下游沿江一带建设了一道严密的抵御高丽扰边的军事防御体系。[2]而高丽方面，也有相应的防御措施，除了高丽千里长城，高丽还有一些用于配合千里长城的山城，如白马山城（义州郡与枇岘郡交界处，为高丽西段长城的最东端所在）[3]是用来防御辽朝的。

---

[1] 脱脱等：《辽史》卷四十六《百官志二》，北京：中华书局，1974年，第744页。
[2] 张国庆：《辽朝边铺探微》，《中国边疆史地研究》，2016年第2期。
[3] 魏存成：《朝鲜境内发现的高句丽山城》，《边疆考古研究（第9辑）》，北京：科学出版社，2010年，第156页。

四、辽东半岛军事防御体系

辽东半岛在辽朝初期并未设置军事防御设施，直至辽圣宗时期，辽朝开始重视军事防御设施的建立。辽朝初期，辽东半岛的曷苏馆女真发展壮大，与宋朝进行贩马贸易。部分反辽的渤海遗民，也通过这条路线向宋逃亡，如太平兴国四年（979年），北宋代州官员上书朝廷，"契丹安庆府主安海近来求内附，以蜡书赐之"[①]。

早在辽太祖统治时期，辽朝即将一部分渤海俘户置于辽东半岛的归州，后废除。到辽圣宗统治期间，辽朝重视辽东半岛的海防作用：辽圣宗于开泰四年（1015年）十二月"南巡海徼"[②]，统和二十九年（1011年）以渤海降户置宁州、归州。辽兴宗则将海防继续延伸到辽东半岛南端：重熙十二年（1043年）增复州；重熙二十年（1051年）又增苏州（今辽宁省大连市金州区），入金后称化成关，又称哈斯罕关。[③]

苏州居住人数众多，至"苏、复州叛"，人口已达到"十万"。[④]苏州在金朝也是防御重镇，史载："化成，辽苏州安复军"[⑤]；贞祐四年（1216年），"升为金州"[⑥]；兴定二年（1218年），"升为防御"[⑦]，且"关禁设自有辽，以其南来舟楫，非出此途不能登岸"[⑧]。苏州作为辽朝东南部沿海地区的门户，与中原政权隔海相望，是中原地区通过海路去往

---

① 李焘著：《续资治通鉴长编》卷二十，北京：中华书局，2004年，第1578页。
② 脱脱等：《辽史》卷十五《圣宗六》，北京：中华书局，1974年，第177页。
③ 田广林：《辽朝镇东关考》，《社会科学战线》，2006年第4期。
④ 脱脱等：《金史》卷八十《斜卯阿里》，北京：中华书局，1975年，第1799页。
⑤ 脱脱等：《金史》卷二十四《地理志上》，北京：中华书局，1975年，第557页。
⑥ 脱脱等：《金史》卷二十四《地理志上》，北京：中华书局，1975年，第557页。
⑦ 脱脱等：《金史》卷二十四《地理志上》，北京：中华书局，1975年，第557页。
⑧ 王寂：《鸭江行部志注释》，罗继祖等注，哈尔滨：黑龙江人民出版社，1984年，第48页。

辽朝东南部地区的必经之地，战略地位极其重要。①辰州大宁镇位于今辽宁省东港市小甸子镇牌楼村下王屯，是优良的港口。

渌州位于今辽宁省营口市区大水塘村古遗址处，这说明最晚在辽金时期，营口就已形成了一个南北物资交易的口岸，营口已是南北贸易的重要通道了。②渌州对辽海防、海运有重要作用。

南路管治辽阳以南至辽东半岛的熟女真③，辽东半岛的军事防御体系主要是防御高丽，防止女真与宋朝往来。

辽东半岛军事防御设施，具体情况如下。

1.三栅

辽朝将一部分女真人迁到辽东半岛地区进行管辖，这些女真人借助辽东半岛优越的地理位置优势，与宋朝进行贩马贸易，辽朝发现后遂"去海岸四百里下三栅"④，阻止女真人与宋朝进行贸易。淳化二年（991年），"女真首领野里雉等上言，契丹怒其朝贡中国，去海岸四百里下三栅，栅置兵三千，绝其贡路。"⑤辽朝为了控制女真与宋朝来往，在海岸边设置"三栅"。另有史料亦记载此事："雍熙中，来诉契丹置三栅屯兵，绝其朝贡之路，乞遣兵平之，真宗为降诏抚谕而不发兵。"⑥足见辽朝已经设置了针对宋朝的防御工事。

关于辽朝三栅的具体位置，有学者认为，三栅即辽朝所建的"威寇、

---

① 冯永谦：《辽宁地区辽代建制考述》，《东北地方史研究》，1986年第2期。
② 崔艳茹：《营口地区辽金时期的文化遗迹》，《辽金历史与考古》，沈阳：辽宁教育出版社，2011年。
③ 余蔚，《中国行政区划通史（辽金卷）》，上海：复旦大学出版社，2012年，第80页。
④ 毕沅：《续资治通鉴》卷十六，北京：中华书局，1957年，第376页。
⑤ 毕沅：《续资治通鉴》卷十六，北京：中华书局，1957年，第376页。
⑥ 宇文懋昭：《大金国志校正》（附录《女真传》），崔文印校正．北京：中华书局，1976．

振化、来远"三城[①]；有学者提出，三栅分别位于金州湾与大连湾之间的金州海峡、旅顺口区的土城子及山东长岛县城隍岛三处，各屯兵一千人[②]；另有学者认为，三栅分别位于镇东海口长城、旅顺老铁山和接近庙岛群岛北宋驻军的某岛[③]。综合各家观点，笔者认同孙玮的观点，辽朝在辽东半岛地区建三栅，以防御宋朝。

辽朝设三栅后，北宋也在登州"置刀鱼寨"，并设置"水兵三百，戍沙门岛，……每仲夏驻龟矶岛以备不虞，秋冬还南岸"，戍守蓬莱及沙门、龟矶等要冲岛屿。[④]北宋为了加强刀鱼寨与庙岛群岛各港口的联系，还在庙岛群岛的各个岛屿上，"安装了铜炮台，修建了烽火台。"[⑤]北宋通过建立诸多防御设施，积极备战辽朝。这从侧面反映出，辽朝对北宋产生了威胁，据此笔者推测辽朝在海上的布防也是不容小觑的。

2.山城、岛

辽东半岛军事防御体系中的山城，具体情况见表4.3所示。

4.3 辽东半岛军事防御体系中的山城

山城	地理位置	建设时间，沿用时间	山城形制	出土文物
高句丽牧羊城山城址	辽宁省大连市旅顺口区铁山区镇	高句丽时代修建，辽朝沿用		辽朝的若干遗物
大黑山高句丽山城址	辽宁省大连市金州区（原称"金县"）东八千米处的大黑山顶端	高句丽时代修建，辽朝沿用		

---

① 孙进己，孙泓：《女真民族史》，桂林：广西师范大学出版社，2010年，第159页。
② 袁宝连：《大连地方史简编》，大连：大连海事大学出版社，1991年，第21页。
③ 孙玮：《辽朝东京海事问题研究》，辽宁师范大学硕士学位论文，2011年。
④ 方汝翼等：《登州府志》卷二《沿革》，周悦让纂，清光绪七年（1881）刻本。
⑤ 《登州古满港史》编委会：《登州古港史》，北京：人民交通出版社，1994年，第142页。

续表

山城	地理位置	建设时间，沿用时间	山城形制	出土文物
西马圈子土城	辽宁省大连市金州区北三十里堡镇西马圈子村西北	始建于东汉时期，辽金时期沿用	长方形，南北长一百二十米、东西宽八十米，面积九千六百平方米	城内出土陶瓷片和柱础，附近有辽金时期火葬墓群。城为大型城
西甸子遗址	辽宁省大连市甘井子区营城子街道前牧城驿村西北	形成于辽朝朝晚期，延续到金朝		出土布纹瓦、陶器残片和少量瓷器。初步估计其为居住区遗址
连丰村遗址	辽宁省大连市金州区大魏家街道连丰村西土岗上		面积一万平方米	出土大量布纹瓦以及辽白瓷等
高句丽龙潭山山城址	辽宁省瓦房店市（原称复县）得利寺乡龙潭山上	高句丽人所修建，后经辽沿用		
李官土城子	辽宁省瓦房店市李官镇			发现辽金时期的陶瓷片和建筑构件

以上山城中，高句丽牧羊城山城址，从位置上看，应属于苏州管辖。复州下有一地名"马石山"，为今辽宁省大连市旅顺口区老铁山，而高句丽牧羊城山城遗址正在马石山山麓。此地位于渤海国与唐朝联系的"朝贡道"上，到了辽朝，仍然受到重视，是辽海防及海运的要地。南宋黄裳的《坠理图》，"不仅补绘出了辽东半岛，还详细记录了那里的地形与建制"[①]，从海疆的角度看，比前代地图更加完整。黄裳绘制的整个辽朝地图，只有陶河山（觉华岛，属于辽中京岩州）与马石山（老铁山，牧羊城山城位于老铁山山麓，属于辽东京苏州）两处海上要地，可见这两处在辽朝海防及航运上的重要性，而牧羊城山城正是老铁山上一处重要军事要塞。大黑山高句丽山城址（又称卑沙城）[②]、西甸子遗址、连丰村遗址[③]，

---

① 梁二平：《中国古代海洋地图举要》，北京：海洋出版社，2011年，第23页。
② 王禹浪，王文轶：《大连地区的高句丽山城》，《哈尔滨学院学报》，2011年第6期。
③ 张翠敏：《大连地区辽代考古发现与研究》，《辽金历史与考古》（第三辑），沈阳：辽宁教育出版社，2011年，第53—62页。

应是作为苏州的海防山城配合苏州关的防御。西马圈子土城,应该与复州、苏州一起构成辽东半岛西侧的重要港口,防御高丽、女真与北宋。

辽东半岛的军事防御设施,除了山城外,还有岛。长松岛,即长兴岛,位于复州西南,临近渤海,把守复州湾。但据史载,"永昌尽率其众来战,复大败之,遂以五千骑奔长松岛"①;又载,"斡鲁克东京,永昌走长松岛,克忠与渤海人挞不也追获之"②。高永昌在辽阳与金朝作战,失败后立即率领五千兵马渡海,逃跑到长松岛,后被金军擒获。可见,这时高永昌能快速渡海,一定是辽朝有海防设施,使高永昌能向大海撤退。并且,能让五千兵马快速入海,必然有大量船等设施支持。故松山岛为复州附近的岛屿,且有一定的海防设施。复州的长松岛应该有辽兴宗设置复州与苏州时期并行设置的沿海防御体系,与苏州铁山镇高句丽牧羊城山城一样,都是辽朝的海防体系。

辽圣宗巡查辽朝南部海防,逐步加强东京地区的海防体系,具体措施为巡查辽东湾北部地区的锦州至辰州一带。到了辽兴宗统治时期,海防继续向南扩展,增置苏州、复州,并对苏州、复州附近的高句丽、渤海山城进行海防部署。辽朝还设置了大量的海防设施及海军,设置三栅也是海防部署的重要措施之一,这一切都是为了监视女真,并防范高丽从海上进军,也是辽朝海防与海疆概念的雏形。

总之,辽东半岛,在辽圣宗到辽兴宗统治的时期,逐渐具备了比较系统的防御设施,加上水军形成了牢固的防御体系。辽东半岛的防御体系的作用如下:首先是防御高丽。第一次辽丽战争高丽从辰州建安登陆,辽朝对高丽的防御是其当时的主要任务。其次是防御女真、定安国和其他渤海遗民的反辽斗争,并阻止他们与北宋的联系。最后,防御北宋。

---

① 脱脱等:《金史》卷七十一《完颜斡鲁》,北京:中华书局,1975年,第1632页。
② 脱脱等:《金史》卷一二八《卢克忠》,北京:中华书局,1975年,第2758页。

五、辽朝东南部地区军事防御体系总体评价

辽朝东南部地区的军事防御体系，除了黄龙府路、咸州路、保州路、南路等四个军事防御体系外，辽阳附近也有军事据点：天庆六年（1116年）夏五月初，"自显州进兵，渤海止备辽河三叉梨树口"[①]，三叉梨树口是辽河附近的军事据点，是辽东京辽阳府附近地区的军事据点，用于防卫东京辽阳府。此外，辽圣宗统治时期，还有"金间山"这一军事据点："时渤海反于东京，有众数万，命孝穆为行营兵马都统讨之。大酋宿石贞栅于金间山上，险峻不可攻，孝穆为宣扬恩意，开其自新，凡所招降七万余户而还，以功授东辽王。"[②]辽朝东南部地区的军事防御体系也是辽朝对东南部地区治理的重要部分，它有利于防御生女真、宋朝、高丽等外敌入侵辽朝东南部地区，从而更好地巩固辽朝东南部地区的稳定与发展。

综上所述，直到辽兴宗统治时期，辽朝东南部地区的军事防御体系才真正形成：以东京辽阳府为中心，北有黄龙府地区军事防御体系，在黄龙府都部署司的管辖下，各州县、城、壕、堡、军形成一个防御生女真的边防体系；东北有咸州地区军事防御体系，防御回跋女真；西南有辽东半岛军事防御体系，在南女直汤河司的管辖下，以苏州、复州为核心，各州县、山城、军形成一个防御熟女真、宋朝的边防体系；东南有鸭绿江口军事防御体系，在保州路都统军司的管辖下，各州县、城、关铺、壕等形成一个防御高丽的边防体系。

辽朝东南部地区虽然形成了一套完善的军路体系，但至辽朝末期，其行政效率已经很低：咸州路并未对完颜阿骨打进行有效的控制；在与高丽

[①] 叶隆礼：《契丹国志》卷十《天祚皇帝上》，贾敬颜，林荣贵点校，上海：上海古籍出版社，1985年，第108页。

[②] 叶隆礼：《契丹国志》卷十五《萧孝穆》，贾敬颜，林荣贵点校，上海：上海古籍出版社，1985年，第158页。

接壤的保州路，也面临这种局面，虽陈设重兵，却因物资供给不足、女真压境等原因，最终未作抵抗而放弃保州。

辽朝后期，东南部地区饿殍遍野，这使得辽朝边界守军只能自己开荒，而辽道宗在与高丽谈判之后，停止了继续开垦等措施，使辽朝更为被动。萧韩家奴叙述："臣伏见比年以来，高丽未宾，阻卜犹强，战守之备，诚不容已。乃者，选富民防边，自备粮糗。道路修阻，动淹岁月；比至屯所，费已过半；只牛单穀，鲜有还者。其无丁之家，倍直佣僦，人惮其劳，半途亡窜，故戍卒之食多不能给。求假于人，则十倍其息，至有鬻子割田，不能偿者。或逋役不归，在军物故，则复补以少壮。其鸭渌（绿）江之东，戍役大率如此。"[1]据此可知，辽朝在鸭绿江边界及东部地区的士兵戍卫处于困境。禁止屯田之后，虽辽朝统治者也曾下令罢休鸭绿江浮桥，但整体上，边境压力仍十分巨大，每年东京道都需要补充大量物资。可见，辽朝在与高丽之间的边境地区虽有强大的军队驻防，但军队耗费巨大，矛盾不断激化。

辽兴宗继位后，由于自然气候的变化，气温逐渐转寒[2]，东京的自然灾害随之增加。辽朝开始"振黄龙府饥民"[3]"振辽州饥"[4]。至天祚帝统治时期，自然灾害频率与辽朝初期相比明显增加[5]，辽朝东南部地区甚至出现"辽东失业饥民困踣道路，死者十之八九"[6]的现象。

至辽朝末期，东南部地区的管理机制、民族关系等都产生了不同程度的矛盾。而随着这些矛盾的激化，辽朝东南部地区的统治危机也随之

---

① 脱脱等：《辽史》卷一百零三《萧韩家奴》，北京：中华书局，1974年，第1446页。
② 竺可桢：《中国近五千年来气候变迁的初步研究》，《中国科学》，1973年第2期。
③ 脱脱等：《辽史》卷十八《兴宗一》，北京：中华书局，1974年，第213页。
④ 脱脱等：《辽史》卷二十六《道宗六》，北京：中华书局，1974年，第312页。
⑤ 蒋金玲：《辽代自然灾害的时空分布特征与基本规律》，《东北师大学报（哲学社会科学版）》，2012年第3期。
⑥ 叶隆礼：《契丹国志》卷十九《天祚皇帝中》，贾敬颜，林荣贵点校，上海：上海古籍出版社，1985年，第117页。

来临。

第四节　辽朝末期东南部地区的多重矛盾

一、体制矛盾

辽朝建立初期，整个制度尚处于草创阶段，中央多沿袭契丹族部落传统旧制。灭渤海国之后，辽朝将渤海国旧制与契丹制度相结合来管理东南部地区。辽太宗设立东京道，辽朝逐渐从双轨转入单轨的统治模式。至辽圣宗统治时期，东京留守权力加大，地方府州县也进行了不同程度的改革。辽兴宗朝，辽朝东南部地区逐渐形成一个从中央到地方的系统的管理体系。但是到辽朝末期，辽朝东南部地区的管理制度已经僵化，官员腐败使这套体系很难顺利运转。

从中央上看，首先是天祚帝自身的问题，其赏罚不明，用人不当，听信谗言，乱杀无辜。[1]辽圣宗将春捺钵地迁移到长春州附近地区，为的是皇帝及时处理东南部女真及高丽事务[2]。但至天祚帝时，他醉心渔猎，对朝政置之不理，他的行为激怒了完颜阿骨打，使辽朝东南部地区的矛盾更加突出。天庆二年（1112年）二月，天祚帝"如春州，幸混同江钩鱼"[3]。在"头鱼宴"上，天祚帝"命诸酋次第起舞，独阿骨打辞以不能。谕之再三，终不从"[4]。虽然天祚帝已看出来完颜阿骨打"意气雄

---

[1]　刘梓：《辽道宗与天祚帝对辽朝灭亡的影响》，《北方文物》，2012年第2期。

[2]　武玉环：《春捺钵与辽朝政治——以长春州、鱼儿泊为视角的考察》，《北方文物》，2015年第3期。

[3]　脱脱等：《辽史》卷二十七《天祚皇帝一》，北京：中华书局，1974年，第326页。

[4]　脱脱等：《辽史》卷二十七《天祚皇帝一》，北京：中华书局，1974年，第326页。

豪，顾视不常"，意识到"可托以边事诛之。否则，必贻后患"，但枢密使萧奉先称："粗人不知礼义，无大过而杀之，恐伤向化之心。假有异志，又何能为？"①最终天祚帝放松了警惕，未对完颜阿骨打采取具体的打压措施。天祚帝荒废政务，天庆二年（1112年）九月，完颜阿骨打"疑上知其异志，遂称兵"，先攻打附近的女真部落，"女直赵三、阿鹣产拒之"，完颜阿骨打俘虏其家属，"二人走诉咸州，详稳司送北枢密院。枢密使萧奉先作常事以闻上，仍送咸州诘责，欲使自新。后数召，阿骨打竟称疾不至。"②对于完颜阿骨打的军事行动，天祚帝竟把它视为一件平常事，让地方官负责调解，使完颜阿骨打顺利完成起兵的准备工作。至于有识之士提出的防范女真的建议，天祚帝更是置若罔闻。东北路统军使萧兀纳曾上书建议："臣治与女直接境，观其所为，其志非小。宜先其未发，举兵图之。"③天祚帝不以为然，未作答复。之后，萧兀纳屡次进言，天祚帝也置之不理。

不但天祚帝不关心辽朝东南部地区事务，诸多东京道的官员也出现了严重问题。至辽朝末期，东京留守的权力下降，加之官员腐败等因素，致使部分高官叛逃入女真、高丽。东京留守一直是辽朝在东南部地区的最高长官，担负着处理高丽事务的职责。根据史料记载，重熙十五年（1046年），"东京留守耶律忽札叛入高丽"，其叛逃原因与政治斗争相关，朝廷急"命将军萧迪诛之"，这才不致酿成大祸。④耶律忽札叛逃的记载仅见于《契丹国志》，其发生时间为高丽靖宗朝，但根据《高丽史》记载，这一时期东京官民多有叛逃高丽之人，最为典型的是萧海里事件。至辽朝末期，因不满契丹的统治，加之灾荒等因素，大量渤海遗民也逃入女真，这加重了东南部地区的危机。

---

① 脱脱等：《辽史》卷二十七《天祚皇帝一》，北京：中华书局，1974年，第326页。
② 脱脱等：《辽史》卷二十七《天祚皇帝一》，北京：中华书局，1974年，第326,327页。
③ 脱脱等：《辽史》卷九十八《萧兀纳》，北京：中华书局，1974年，第1414页。
④ 叶隆礼：《契丹国志》卷八，贾敬颜，林荣贵点校，上海：上海古籍出版社，1985年，第83页。

辽朝东南部地区虽然形成了一套完善的军路体系，但至辽朝末期，其行政效率已经很低。完颜阿骨打曾多次攻击附近的其他部落，各部首领率兵反击，完颜阿骨打俘虏其家属，于是"女直赵三、阿鹘产"[①]去咸州投诉，但并未受到重视，被要求自我反省。最后，完颜阿骨打"率五百骑突至咸州"[②]，官民都大为震惊。"翌日，赴详稳司，与赵三等面折庭下。阿骨打不屈，送所司问状。一夕遁去……自是召不复至。"[③]可见，咸州路并未对完颜阿骨打进行有效的控制。在与高丽接壤的保州路，也面临这种局面，虽陈设重兵，但辽朝末期，却因物资供给不足、女真压境等原因，最终未做抵抗而放弃保州。

可见，辽朝虽在东南部地区设置了一套完整的管理体系，但辽朝末期的官员腐败等因素使各级机构逐渐丧失行政效力，矛盾日渐激化。

二、民族矛盾

辽朝末期，民族矛盾也在不断激化，主要有辽朝与渤海人、辽朝与女真的两种矛盾。

（一）辽朝与渤海的矛盾

辽朝从灭渤海国之后，就对渤海人进行了迁徙。尤其是辽太宗南迁东丹国后，将渤海人进行了大规模的迁徙，几十万渤海遗民都被迁徙到远离故土的以辽阳为中心的辽东地区。辽朝大量迁徙渤海人，让他们散居，对他们进行了分化，有利于辽朝对渤海人的管理。辽朝通过设置府州县等制度对渤海人进行了有效管理，也有渤海人担任一定军政职务的，但总体上来看，渤海这个民族在辽朝的地位相对较低。至辽朝末期，渤海人的经济

---

① 脱脱等：《辽史》卷二十七《天祚皇帝一》，北京：中华书局，1974年，第326、327页。
② 脱脱等：《辽史》卷二十七《天祚皇帝一》，北京：中华书局，1974年，第327页。
③ 脱脱等：《辽史》卷二十七《天祚皇帝一》，北京：中华书局，1974年，第327页。

待遇不断下降，同时东京渤海军还要长期驻防各处，防御高丽、女真等强敌，他们所承担的赋税与兵役压力较大。东京留守萧保先更是施政严酷，"渤海苦之"[1]，加之民族习惯不同，所以渤海人掀起了多次大的起义。连年对宋朝与高丽的战争导致辽东地区的渤海遗民"不堪命"[2]。太平九年（1029年），辽东京舍利军详稳大延琳乘机率领渤海遗民起事，并占领了东京，建立"兴辽国"。[3]大延琳起义规模较大，不但占领了东京附近多座州城，还向高丽乞援，以图夹击辽朝。辽圣宗调兵遣将，用了一年时间才将大延琳讨平。至辽朝末期，东京渤海军仍担负着防御女真及高丽的任务，这使得渤海人负担加重。东京地区的民族矛盾进一步激化，加之东京留守萧保先仍采取激化民族矛盾的政策，"是时，东京汉人与渤海人有怨，而多杀渤海人"[4]。辽天庆六年（1116年）正月，东京裨将高永昌借机起兵，占领东京辽阳府，并建立了"大渤海国"，年号隆基，自称"大渤海王"，东京道有五十余州响应。但是面对辽朝的重兵进攻，高永昌力不能支，向金朝求救，完颜阿骨打不但拒绝帮助，最后还出兵将其擒获[5]，部分高永昌的追随者逃往朝鲜半岛躲避。可以说，辽朝对治下渤海遗民的统治失衡[6]，导致了渤海遗民起义不断，这也就酿成了东南部地区的统治危机。完颜阿骨打起兵反辽之时，辽朝东南部地区的渤海人纷纷响应，颇具战斗力的渤海军成为瓦解东南部地区的力量。

（二）辽朝与女真的矛盾

辽朝末年，辽朝与生女真的矛盾不断激化。辽朝为强化对生女真的控制，迫使其进贡海东青等贡品，并扶植完颜部维护鹰路的畅通。生女真之

---

[1] 脱脱等：《辽史》卷二十八《天祚皇帝二》，北京：中华书局，1974年，第334页。
[2] 脱脱等：《辽史》卷十七《圣宗八》，北京：中华书局，1974年，第204页。
[3] 脱脱等：《辽史》卷十七《圣宗八》，北京：中华书局，1974年，第203页。
[4] 脱脱等：《金史》卷七十一《完颜斡鲁》，北京：中华书局，1975年，第1633页。
[5] 史话：《高永昌与"大渤海国"的历史影响》，《东北史地》，2016年第2期。
[6] 黄为放：《10—12世纪渤海移民问题研究》，长春师范大学博士学位论文，2017年。

北五国部地区出产"小而俊健，能擒鹅鹜"①的海东青，辽朝统治者与贵族酷爱之。完颜乌古乃因为辽朝擒获反叛的五国蒲聂部节度使拔乙门，打通了鹰路，"献于辽主。辽主召见于寝殿，燕赐加等，以为生女直部族节度使"②，从此为辽朝维护鹰路畅通成为生女真部族节度使一项重要的职责。到辽朝末期，契丹统治者对女真催征海东青等贡物，加剧了辽朝与女真的矛盾。

辽朝"岁遣使者，称天使，佩银牌自别，每至女真国，遇夕，必欲美姬艳女荐之枕席。女真旧例，率输中下之户作待国使处，未出适女待之，或有盛色而适人者，逼而取之，甚至近贵阀阅高者，亦恣其丑污，屏息不敢言"③。这些辽朝廷派来的官员在生女真部落"需求无厌""多方贪婪，女真浸忿之"。④及天祚嗣位，"天使所至，百般需索于部落，稍不奉命，则召其长加杖，甚者诛之，诸部怨叛。"⑤

生女真所在地区多山林，物产丰富，其中珍品如北珠、人参等为契丹贵族所珍爱。女真人携采集而来的各种物产到辽朝在边州开设的榷场换取粮食、布帛和生活中需要的手工业制品。《契丹国志·天祚皇帝上》记载："（宁江）州有榷场，女真以北珠、人参、生金、松实、白附子、蜜蜡、麻布之类为市，州人低其直，且拘辱之，谓之'打女真'。"⑥辽朝统治集团在与生女真人之间的榷场贸易中的"打女真"行径，极大地伤害了生女真人，使女真人与辽朝统治集团之间的民族矛盾日益加深。

---

① 脱脱等：《金史》卷一《景祖》，北京：中华书局，1975年，第5页。
② 脱脱等：《金史》卷一《景祖》，北京：中华书局，1975年，第5页。
③ 叶隆礼：《契丹国志》卷九《道宗天福皇帝》，贾敬颜，林荣贵点校，上海：上海古籍出版社，1985年，第95—96页。
④ 叶隆礼：《契丹国志》卷九《道宗天福皇帝》，贾敬颜，林荣贵点校，上海：上海古籍出版社，1985年，第95—96页。
⑤ 叶隆礼：《契丹国志》卷十《天祚皇帝上》，贾敬颜，林荣贵点校，上海：上海古籍出版社，1985年，第102页。
⑥ 叶隆礼：《契丹国志》卷十《天祚皇帝上》，贾敬颜，林荣贵点校，上海：上海古籍出版社，1985年，第102页。

可见，辽朝末期，生女真各部与辽朝的矛盾已经十分严重，而萧海里的叛逃，则最终激化了这一矛盾。关于萧海里叛逃事件，《辽史》《金史》都记在乾统二年（1102年），而《契丹国志》记为辽道宗寿昌二年（1096年）。《大金国志》说渤海杨割父子自平萧海里之后，阴怀异志，"如此十余年，未有以发也。辽主延禧初立之年，杨割死，阿骨打立。"[①]这说明萧海里叛辽为辽道宗统治时期的事，与《契丹国志》所记略同。根据考证，《契丹国志》和《大金国志》很有可能是出自同一位作者之手，且从可信度来看，《契丹国志》略高[②]，故萧海里事件应为《辽史》与《金史》的说法，其时间应该定为天祚帝时期。根据史料记载，萧海里起兵之时，先"劫干州武库器甲"[③]，并叛逃入女真境内。根据史料记载，天祚帝讨伐萧海里，"募兵得千余人，女直兵未尝满千"[④]，双方交战时，女真首领完颜阿骨打趁机将萧海里擒杀，获得大量军队及装备，并"降烛偎水部，领行军千户"[⑤]。最关键的是，完颜阿骨打见到了辽军的无能，"自此知辽兵之易与也"[⑥]。随后，完颜部女真即起兵反辽。

可见，对女真各部的管理失当，促使矛盾不断激化，而萧海里的叛逃，给女真各部一个壮大实力的机会，促使其最终大举起兵。

三、边境矛盾

辽丽战争结束后，辽朝在与高丽之间的边界地区设置保州路，并屯驻渤海、汉人军队，进行驻防。辽兴宗时期，为阻止高丽在边境修筑城防，

---

① 宇文懋昭：《大金国志校正》，崔文印校正. 北京：中华书局，1976.
② 刘浦江：《〈契丹国志〉与〈大金国志〉关系试探》，《中国典籍与文化论丛》，第1辑，北京：中华书局，1993年，242—254页。
③ 脱脱等：《辽史》卷二十七《天祚皇帝一》，北京：中华书局，1974年，第319页。
④ 脱脱等：《金史》卷二《太祖》，北京：中华书局，1975年，第21页。
⑤ 脱脱等：《金史》卷七十一《斡鲁》，北京：中华书局，1975年，第1633页。
⑥ 脱脱等：《金史》卷一《穆宗》，北京：中华书局，1975年，第15页。

辽与高丽先后发生多次军事冲突，因高丽也在修筑边防城市，并无力反击，只能对边境进行小规模的袭扰。辽朝为了防御高丽，增设了诸多防御设施，"或置城桥，或置弓口、栏子"①，并修筑浮桥，设置这些军事设施耗费了大量的人力物力。为长期驻防鸭绿江东岸地区，辽朝"又于松岭东北渐加垦田或置庵子屯畜人物"②，这些都需要驻守大量的军力，给辽朝带来了诸多压力，其中渤海人与汉人成为最大"受害者"。

辽朝后期，辽朝东南部地区饿殍遍野，这使得辽朝边界守军只能自己开荒，而辽道宗在与高丽谈判之后，停止了继续开垦等措施，使辽朝更为被动。禁止屯田之后，虽辽朝统治者也曾下令罢休鸭绿江浮桥，但整体上，边境压力仍巨大，每年东京道都需要补充大量物资。

可见，辽在与高丽之间的边境地区虽有强大的军队驻防，但军队耗费巨大，矛盾不断激化。

辽兴宗继位后，由于自然气候的变化，气温逐渐转寒③，东京的自然灾害随之增加。黄龙府地区频频出现饥民：景福元年（1031年）闰月，"振黄龙府饥民"④；大康二年（1076年）二月，又"振黄龙府饥"⑤。大康四年（1078年）春正月，"振东京饥"⑥，东京地区也出现饥民。大安四年（1088年），东京道的"苏、吉、复、渌、铁五州"⑦均发生饥荒。到寿昌五年（1099年）冬十月，"振辽州饥"⑧，辽州地区仍是饥荒

---

① 郑麟趾等：《高丽史》卷七《文宗世家一》，重庆：西南师范大学出版社，2014年，第27页。

② 郑麟趾等：《高丽史》卷七《文宗世家二》，重庆：西南师范大学出版社，2014年，第3—4页。

③ 竺可桢：《中国近五千年来气候变迁的初步研究》，《中国科学》，1973年第2期。

④ 脱脱等：《辽史》卷十八《兴宗一》，北京：中华书局，1974年，第213页。

⑤ 脱脱等：《辽史》卷二十三《道宗三》，北京：中华书局，1974年，第277页。

⑥ 脱脱等：《辽史》卷二十三《道宗三》，北京：中华书局，1974年，第280页。

⑦ 脱脱等：《辽史》卷二十五《道宗五》，北京：中华书局，1974年，第296页。

⑧ 脱脱等：《辽史》卷二十六《道宗六》，北京：中华书局，1974年，第312页。

第四章　辽朝对东南部地区的军事管辖

不断。至天祚帝统治时期，自然灾害频率与辽朝初期相比明显增加。[①]辽朝东南部地区甚至出现"辽东失业饥民困踣道路，死者十之八九"[②]的现象。

小　结

辽朝初期，辽朝统治者十分重视东南部地区的军事布局，既设有军事机构，又部署诸多军事力量，并最终形成有针对性的军路。辽朝中后期，东南部地区形势发生了变化，边境地区趋于稳定但摩擦不断，女真发展壮大。在此形势下，辽朝设置了一系列军路进行管辖，东南部地区军事防御体系得到了完善。根据东南部地区分布的不同边疆势力，辽朝建立了一套军事防御体系：以东京辽阳府为中心，北有黄龙府地区军事防御体系，在黄龙府都部署司的管辖下，各州县、城、壕、堡、军形成一个防御生女真的边防体系；东北有咸州地区军事防御体系，防御回跋女真；西南有辽东半岛军事防御体系，在南女直汤河司的管辖下，以苏州、复州为核心，各州县、山城、军形成一个防御熟女真、宋朝的边防体系；东南有鸭绿江口军事防御体系，在保州路都统军司的管辖下，各州县、城、关铺、壕等形成一个防御高丽的边防体系。辽朝末期，辽朝的军力部署、防御体系等，给边境地区汉人、渤海人造成巨大压力，边境矛盾不断升级，同时自然灾害加剧，辽朝逐渐走向衰亡。

---

① 蒋金玲：《辽代自然灾害的时空分布特征与基本规律》，《东北师大学报（哲学社会科学版）》，2012年第3期。

② 叶隆礼：《契丹国志》卷十九《天祚皇帝中》，贾敬颜，林荣贵点校，上海：上海古籍出版社，1985年，第117页。

第五章 辽朝对东南部边界地区的管控

经过几代统治者的治理，辽朝在东南部地区的统治逐渐稳定，开始关注与高丽的边界纠纷。旷日持久的三次辽丽战争结束后，辽朝与高丽的边界逐渐稳定。但辽丽边界上的保州则成为双方争夺的焦点，这一问题一直延续到金朝。本书根据文献及石刻材料，将辽朝与高丽边界的诸多历史事件进行梳理，并着力分析双方争夺的内在原因。

第一节 辽朝与高丽冲突及双方边界的确定

辽太祖积极经略辽东南部地区，并灭渤海国，辽朝开始管理渤海疆域。辽太宗出于多种考虑，将东丹国南迁。辽世宗、辽穆宗、辽景宗因内政问题较为棘手，更是无暇南顾。[1]兴起于朝鲜半岛南部的王氏高丽，便借此机会北进，加之与定安国、鸭绿江女真各部不断发生冲突，辽朝的边境危机愈演愈烈。

---

[1] 魏志江：《论辽与高丽关系的分期及其发展》，《扬州师范学院学报（社会科学版）》，1996年第1期。

一、第一次辽丽战争

辽圣宗继位后，东南部地区的各种矛盾逐渐浮出水面，以下这些因素促使辽朝最终决定出兵高丽。

（一）战争原因

辽丽战争发生的原因十分复杂，笔者根据史料并结合今人研究成果，分析战争原因如下。

（1）高丽收容渤海遗民，引起辽朝不满。渤海国灭亡后，高丽对渤海遗民采取接纳的态度，利用他们扩张领土。这一时期，有大量渤海遗民迁入高丽。高丽对这些渤海遗民礼遇有加，赐其各级官职及田宅，将他们安置在高丽北部的州镇，用以推行北进政策并抵御辽军。[①]由于渤海遗民的加入，高丽实力增强，王建及其继承者们继续执行北进政策[②]，引起了辽朝的强烈不满。

（2）高丽领土北进，激化了双方矛盾。高丽建国后，致力于北方边界的开拓，吸纳大量渤海遗民后，其势头更盛。高丽太祖元年（918年）九月，高丽以西京（今朝鲜平壤市）为根据地，筑城防守，向朝鲜半岛的东北和西北部扩张领土。[③]《高丽史》记载了高丽北京当时的状况：高丽北京虽然荒废已久，但"基址尚存，而荆棘滋茂，蕃人游猎于其间"[④]，边患严重。于是高丽太祖迁徙民以充实之，并命王式廉镇守其地。[⑤]西北

[①] 宋連玉，曺昌淳：《韓国の歴史》，东京：明石书店，2001年，第129页。

[②] 黄为放：《10—12世纪渤海移民问题研究》，长春师范大学博士学位论文，2017年。

[③] 金渭显：《契丹的东北政策——契丹与高丽女真关系之研究》，台北：华世出版社，1981年，第78页。

[④] 郑麟趾等：《高丽史》卷一《太祖世家一》，重庆：西南师范大学出版社，2014年，第14页。

[⑤] 郑麟趾等：《高丽史》卷九十二《王式廉传》，重庆：西南师范大学出版社，2014年，第13—15页。

方面，高丽于919年，置龙冈县（今朝鲜平安南道龙冈郡）；920年，开拓咸从（今朝鲜平安南道江西郡）、安北（今朝鲜平安南道安州市）；921年，置安南县；925年，开拓成州（今朝鲜平安南道成川郡），并修筑城郭。东北方面，高丽拓展至今朝鲜江原道安边郡一带。由于高丽积极向北拓展领土，至930年，高丽北部领土已拓张至今清川江流域。高丽继续在西北修筑通德镇（今朝鲜平安南道平原郡）等城镇[1]。947年后，高丽继续向西北扩张领土，先后修筑德昌（今朝鲜平安北道博川郡南）等城镇[2]。到辽景宗时期，高丽西北部领土已扩张至鸭绿江下游南岸，并在今咸镜南道地区修筑城郭。[3]

（3）双方对历史认知的差异，是发生战争的根本原因。高丽在建国之初，曾与辽朝有过往来。辽朝为解除征伐渤海国的后顾之忧，922年春二月，派遣使臣向高丽馈赠"橐驼、马及毡"[4]，高丽也遣使报聘。天赞四年（925年）冬十月，"高丽来贡"[5]。926年，辽朝灭渤海国，高丽与辽朝断交。高丽太祖王建的北进政策，必然与辽朝的边防思想发生冲突。但辽朝建立之初，统治者面临多种矛盾，无暇东顾。由于高丽的总体战略已经威胁到辽朝在东北亚地区的地位，双方矛盾一触即发。

（4）平灭定安国、女真诸部，解除辽朝进兵高丽的后顾之忧。辽朝征伐高丽，一方面是希望解除其南下攻宋的后顾之忧，另一方面还想借

---

[1] 兴德镇（今朝鲜平安南道殷山郡）、安定（今朝鲜平安南道顺安市）、永清镇（今朝鲜平安南道永柔郡）、朝阳镇（今朝鲜平安南道价川市）、安北镇（今朝鲜平安南道安州市）、连州（今朝鲜平安南道价川西郡）、肃州（今朝鲜平安南道肃州市）、大安州（今朝鲜平安南道慈山市）。

[2] 德成（今朝鲜平安南道渭州市）、长青（今朝鲜平安南道抚州市）、威化（今朝鲜平安南道云山市）、清塞（今朝鲜平安南道熙川市）、长德（今朝鲜平安南道德川市）。

[3] 杨昭全、孙玉梅：《中朝边界史》，长春：吉林文史出版社，1993年，第112—113页。

[4] 郑麟趾等：《高丽史》卷一《太祖世家一》，重庆：西南师范大学出版社，2014年，第16页。

[5] 脱脱等：《辽史》卷二《太祖下》，北京：中华书局，1974年，第21页。

机消灭定安国、女真部落等反辽势力。定安国是在渤海国灭亡之初，反辽的渤海遗民在鸭绿江入海口以南至渤海国西京鸭渌府的区域内建立的政权。天显二年（927年）至天显三年（928年），定安国迫于辽朝压力而迁徙至鸭绿江流域中上游地区。①定安国势力在鸭绿江中上游逐步发展壮大，并与女真联合，辽朝逐渐无力控制。保宁七年（975年）之后，燕颇、兀惹城主乌昭度等渤海遗民的反辽势力盘踞在鸭绿江中上游地区，以定安国为核心，并与北宋及鸭绿江女真各部联络，共同抗辽。这种局面，使辽朝对鸭绿江流域地区的控制能力大大下降。鸭绿江女真逐渐形成，其活动范围，"北到鸭绿江两岸，南到朝鲜大同江北岸，东以今狼林山脉与长白山女真为界"②，西则到达鸭绿江入海口附近地区。鸭绿江女真还多次与定安国联络，并将其国书带到宋朝。至辽圣宗登基之初，鸭绿江女真诸部已占据了沿江两岸地区，他们与渤海遗民混居，并不断寇盗辽朝的州城。可见，定安国及鸭绿江女真诸部这些反辽势力，对辽朝东南部地区构成严重威胁，故辽圣宗在征伐高丽之前，必须解除这个后顾之忧。

（5）高丽联宋使辽朝出兵找到了借口。越海事宋也是辽朝征伐高丽的原因之一，宋太宗雍熙三年（统和四年，986年），宋朝为收复燕云十六州，出兵攻打辽朝，并遣使高丽，约高丽共同夹击辽朝。虽然宋丽结盟因高丽未履约出兵而未果，但辽朝仍将此事作为其征伐高丽的借口。

综上所述，出于种种原因，辽圣宗继位后，即大举出兵高丽，以维护东南部地区的稳定。

（二）战争经过

983年，辽圣宗即位，决定征伐高丽，并开始为征伐作准备。冬十月，辽圣宗"亲阅东京留守耶律末只所总兵马"，又"命宣徽使兼侍中蒲

---

① 苗威：《定安国考论》，《中国边疆史地研究》，2011年第2期。
② 刘子敏，金宪淑：《辽代鸭绿江女真的分布》，《东疆学刊》，1998年第1期。

第五章　辽朝对东南部边界地区的管控

领、林牙肯德等将兵东讨，赐旗鼓及银符"。①统和二年（984年）二月，辽朝伐女真，东路行军宣徽使萧蒲宁"奏讨女直捷，遣使执手奖谕"②；八月，东京留守兼侍中耶律末只"奏女直术不直、赛里等八族乞举众内附，诏纳之"③。统和二年（984年）八月，辽朝派遣翰林学士耶律纯"奉国书使于高丽"以"议地界事"④，但双方未商议出结果。

统和三年（985年），辽圣宗准备大举征伐高丽，秋七月，"诏诸道缮甲兵"，以准备东征高丽，"驻跸土河"⑤。然而，圣宗因河水"暴涨，命造船桥"，并遣使查看东京诸军兵器以及东征的道路，但是到八月，"以辽泽沮洳"，只能暂停征伐高丽。⑥辽朝转而调动大军，打击鸭绿江女真诸部及渤海遗民建立的安定国及其他反辽势力。⑦辽圣宗命枢密使耶律斜轸为都统、驸马都尉萧恳德为监军，"以兵讨女直"；冬十一月，又"东征女直"。⑧统和四年（986年）春正月，辽军班师，俘获"生口十余万、马二十余万及诸物"⑨。定安国和女真诸部遭受巨大打击，鸭绿江流域地区渤海遗民的反辽势力衰落，这为辽朝进攻高丽扫清了障碍。之后，女真还"请以兵从征"，同辽朝一起征伐高丽，辽朝"许之"。⑩

统和十年（992年），辽圣宗"以东京留守萧恒德伐高丽"⑪。萧恒德

---

① 脱脱等：《辽史》卷十《圣宗一》，北京：中华书局，1974年，第112页。
② 陈述：《全辽文》卷五《星命总括自序》，北京：中华书局，1982年，第327页。
③ 脱脱等：《辽史》卷十《圣宗一》，北京：中华书局，1974年，第113页。
④ 陈述：《全辽文》卷五《星命总括自序》，北京：中华书局，1982年，第327页。
⑤ 脱脱等：《辽史》卷十《圣宗一》，北京：中华书局，1974年，第115页。
⑥ 脱脱等：《辽史》卷十《圣宗一》，北京：中华书局，1974年，第115页。
⑦ 金渭显：《契丹的东北政策——契丹与高丽女真关系之研究》，台北：华世出版社，1981年，第70页。
⑧ 脱脱等：《辽史》卷十《圣宗一》，北京：中华书局，1974年，第116页。
⑨ 脱脱等：《辽史》卷十一《圣宗二》，北京：中华书局，1974年，第119、125、125页。
⑩ 脱脱等：《辽史》卷十一《圣宗二》，北京：中华书局，1974年，第119、125、125页。
⑪ 脱脱等：《辽史》卷一百一十五《高丽》，北京：中华书局，1974年，第1519页。

"受诏，率兵拔其边城"①。统和十一年（993年）夏五月，"西北界女真报契丹谋举兵来侵"②，高丽没有意识到威胁，对辽军并不防备。同年秋八月，女真又报辽军到，高丽才意识到事情的紧急。至冬十月，高丽驻军抵御辽朝。闰月，高丽成宗视察西京平壤，进而到安北府，辽军迅即攻破蓬山郡（今朝鲜平安南道泰川市与黄海北道龟城市之间）③，兵锋推进至清川江北岸，高丽被迫"遣徐熙请和，逊宁罢兵"。④

（三）战后谈判

统和十二年（994年），东京留守萧恒德致书高丽："从安北府至鸭江东，计二百八十里"，令筑城。⑤辽圣宗最终"诏取女直鸭绿江东数百里地赐之"⑥，"江东数百里地"，位于今朝鲜平安北道义州一带，战略位置极为重要。

高丽着手筑城防守，高丽成宗十三年（994年）徐熙率军进驻江东，积极经营新得土地。史载，高丽成宗十三年（994年）至十五年（996年）高丽在辽朝所赐之地修有郭州、龟州、宣州、长兴镇、归化镇、兴华镇、安义镇等。⑦而《续资治通鉴长编》载：高丽在得到"鸭绿江东数百里"赐地之后，即率兵驱逐女真，修建了兴化、铁州、通州、龙州、龟州、郭州六城。⑧至此，鸭绿江左岸地区成为高丽领土。

---

① 脱脱等：《辽史》卷八十八《萧恒德》，北京：中华书局，1974年，第1342页。
② 脱脱等：《辽史补注》卷十三《圣宗四》，北京：中华书局，2018年，第450页。
③ 曹中屏：《高丽与辽王朝的领土争端与三十年战争》，《韩国研究》（第十辑），2010年，第75—76页。
④ 郑麟趾等：《高丽史》卷三《成宗世家》，重庆：西南师范大学出版社，2014年，第26页。
⑤ 郑麟趾等：《高丽史》卷三《成宗世家》，重庆：西南师范大学出版社，2014年，第26，27页。
⑥ 脱脱等：《辽史》卷十三《圣宗四》，北京：中华书局，1974年，第143页。
⑦ 郑麟趾等：《高丽史》卷八十二《兵志·城堡》，重庆：西南师范大学出版社，2014年，第27—36页。
⑧ 李焘：《续资治通鉴长编》卷七十四，北京：中华书局，1979年，第20—21页。

此后，高丽还加强了与辽朝的关系。统和十二年（高丽成宗十三年，994年），高丽开始使用辽朝年号，并积极遣使于辽朝。之后，辽朝与高丽进行往来，具体如表5.1所示。

表5.1　辽朝与高丽交往表

《辽史·高丽》	《高丽史》卷3
统和十二年（994年）十二月，王治进妓乐，诏却之	高丽成宗十三年（994年）八月，遣使契丹进妓乐，却之
统和十三年（995年），治遣李周桢来贡，又进鹰；十月，遣李知白奉贡；十一月，遣使册治为王，遣童子十人来学本国语	高丽成宗十四年（995年）二月，遣李周被如契丹献方物，又进鹰；九月，遣李知白入契丹献方物，遣使册封王治为高丽国王，遣童子十人于契丹习其语
统和十四年（996年），王治表乞为婚姻，以东京留守驸马萧恒德女下嫁之	高丽成宗十四年（995年），遣左承宣赵之遴入契丹请婚，以东京留守驸马萧恒德女许嫁

综上，辽朝对高丽的第一次征伐，辽朝将战略地位十分重要的"江东数百里地"赐予高丽。高丽修筑六城之后，继续推行其北进政策，不断拉拢女真，并与宋朝联系。辽圣宗认为高丽"贰于己"[1]，并遣使索要鸭绿江东六城，这成为日后辽丽战争爆发的原因[2]，从而使得辽朝东南部地区争执不断。

二、辽对高丽的第二次征伐

统和二十八年（1010年），辽圣宗以高丽康兆擅立国王为由，"自将步骑四十万渡鸭绿江"[3]，御驾亲征高丽，第二次辽丽战争爆发。

---

[1] 李焘：《续资治通鉴长编》卷七十四，北京：中华书局，1979年，第1695页。
[2] 魏志江：《中韩关系史研究》，广州：中山大学出版社，2006年，第18—19页。
[3] 郑麟趾等：《高丽史》卷四《显宗世家一》，重庆：西南师范大学出版社，2014年，第6页。

（一）战争原因

统和二十八年（1010年）夏五月，辽圣宗准备征伐高丽。[①]事情起因如下。高丽穆宗已十八岁，千秋太后摄政，"与金致阳通而生子，欲以其子嗣王位"，随后"康兆杀致阳父子，流太后亲属于海岛，又使人弑穆宗"。[②]辽圣宗问群臣曰：高丽康兆弑君，是"大逆"之行，"宜发兵问罪"，群臣"皆曰可"。[③]辽丽第一次战争后，高丽与辽朝签订和议，与宋朝断绝关系，但很快又与宋朝秘密往来。辽朝对高丽与女真、宋朝频繁往来深表不满，故要借口高丽内部政变将征伐高丽。

高丽得知辽圣宗欲发兵征讨之后，曾多次遣使契丹以求平息事态[④]，但终无果。

（二）战争过程

统和二十八年（1010年）秋八月，辽圣宗第二次征伐高丽，"北府宰相、驸马都尉萧排押为都统，北面林牙僧奴为都监"[⑤]。彼时，辽朝已经消灭了鸭绿江流域的渤海遗民政权，并取得了鸭绿江女真部族的支持，故进军神速，无后顾之忧。辽军"由北道进，至开京西岭"，攻破敌兵，高丽王询见状惧，"奔平州"，萧排押入开京，"大掠而还"。[⑥]九月，辽圣宗"遣枢密直学士高正、引进使韩杞宣问高丽王询"[⑦]。冬十月，女真部落"进良马万匹，乞从征高丽"，辽许之。[⑧]"王询遣使奉表乞罢

[①] 脱脱等：《辽史》卷十五《圣宗六》，北京：中华书局，1974年，第168页。
[②] 脱脱等：《辽史》卷十五《圣宗六》，北京：中华书局，1974年，第168页。
[③] 脱脱等：《辽史》卷十五《圣宗六》，北京：中华书局，1974年，第168页。
[④] 郑麟趾等：《高丽史》卷四《显宗世家一》，重庆：西南师范大学出版社，2014年，第5页。
[⑤] 脱脱等：《辽史》卷十五《圣宗六》，北京：中华书局，1974年，第168页。
[⑥] 脱脱等：《辽史》卷八十八《萧排押》，北京：中华书局，1974年，第1341页。
[⑦] 脱脱：《辽史》卷十五《圣宗六》，北京：中华书局，1974年，第168页。
[⑧] 脱脱：《辽史》卷十五《圣宗六》，北京：中华书局，1974年，第168页。

师"，辽不许。[①]

十一月，辽军将步骑四十万渡鸭绿江，"围兴化镇"[②]，不克。然后分兵两路绕过兴化镇，一路直趋铜州，一路直趋麟州。攻克铜州后，又迅速攻占了郭州、安北。其后，辽兵奔西京，攻克开京后，焚城而还。[③]辽朝在退兵途中，遭到高丽的猛烈阻击，损失惨重。统和二十九年（1011年）春正月辽班师，"己丑，次鸭渌（绿）江""庚寅，皇后及皇弟楚国王隆祐迎于来远城。壬辰，诏罢诸军。己亥，次东京"。[④]

在辽朝对高丽征伐的过程中，高丽一方面积极备战，另一方面仍遣使辽朝，并请罢兵。此时辽朝由于粮草日渐匮乏，辽圣宗遂以显宗"亲朝"为条件，接受高丽之求和，并拘河拱辰为质，答应退兵。在辽朝撤军后，高丽积极修复两国关系。[⑤]

（三）战后交涉

高丽显宗三年（1012年）二月，以高丽显宗拒亲赴辽朝，没有履行和约为由，遂诏复取江东六州之地。开泰元年（1012年）夏四月，辽朝要求高丽"乞称臣如旧，诏王询亲朝"，但是到八月，高丽王询"称病不能朝"[⑥]，辽朝又诏令复取六州地。江东六州位于鸭绿江下游以东地区，战略位置极为重要，因此高丽无意归地也成为辽朝第三次大规模征伐高丽的原因。

---

① 脱脱：《辽史》卷十五《圣宗六》，北京：中华书局，1974年，第168页。
② 郑麟趾等：《高丽史》卷四《显宗世家一》，重庆：西南师范大学出版社，2014年，第6页。
③ 郑麟趾等：《高丽史》卷四《显宗世家一》，重庆：西南师范大学出版社，2014年，第6页。
④ 脱脱等：《辽史》卷十五《圣宗六》，北京：中华书局，1974年，第169页。
⑤ 郑麟趾等：《高丽史》卷四《显宗世家一》，重庆：西南师范大学出版社，2014年，第8—10页。
⑥ 脱脱等：《辽史》卷十五《圣宗六》，北京：中华书局，1974年，第171页。

辽朝从开泰元年（1012年）至开泰四年（1015年），多次遣使向高丽"索六城"[①]。在一系列外交努力后，辽朝未索回六城之地。高丽则一方面继续作和议打算，另一方面作好与辽朝作战的准备，并积极寻求与宋朝的联盟以牵制契丹。此外，随着辽丽关系的紧张，高丽对辽朝的态度也逐渐强硬起来。与此同时，高丽密切与宋朝外交联系，复行宋朝年号。

三、辽朝对高丽的第三次征伐

第二次辽丽战争结束后，双方边界并未安定，第三次辽丽战争随即爆发。

（一）战争原因

江东六州之地的归属，仍是辽朝与高丽的矛盾所在。开泰三年（1014年）二月，辽朝"遣上京副留守耶律资忠复使高丽取六州旧地"[②]，高丽无意归还六城，还将使者扣押，这成为辽第三次征伐高丽的直接原因。第三次辽丽战争乃至之后的多个战役的爆发，还有更深层次的原因。首先，第二次战争中蒙受损失且未达成目标，是辽圣宗不能接受的，故其必然寻找机会再战。其次，澶渊之盟后，辽朝南部边界安定，这使国运正盛的辽王朝，具备进攻高丽的客观条件。

（二）战争过程

开泰四年（1015年）五月，辽圣宗"命北府宰相刘晟为都统，枢密使耶律世良为副，殿前都点检萧屈烈为都监，以伐高丽"[③]。九月，辽

[①] 郑麟趾等：《高丽史》卷四《显宗世家一》，重庆：西南师范大学出版社，2014年，第16—18页。

[②] 脱脱等：《辽史》卷十七《圣宗八》，北京：中华书局，1974年，第186页。

[③] 脱脱等：《辽史》卷十五《圣宗六》，北京：中华书局，1974年，第176页。

朝先攻"通州"，后攻"宁州城，不克而退"。[①]开泰四年（1015年），耶律世良、萧屈烈"与高丽战于郭州西，破之，斩首数万级，尽获其辎重。"[②]这时，辽朝军队势如破竹，"直抵鸡林，远临鸭水。继虹桥而真同拉朽，破车阵而不异摧枯"[③]，高丽军队损失巨大，但辽朝偏师深入，战果有限。开泰六年（1017年），辽朝复征高丽：五月，"伐高丽"；九月，"萧合卓等攻高丽兴化军不克，还师"[④]。开泰七年（1018年），辽朝再一次征伐高丽：冬十月，"诏以东平郡王萧排押为都统，殿前都点检萧虚列为副统，东京留守耶律八哥为都监伐高丽"[⑤]；十二月，"萧排押等与高丽战于茶、陀二河，辽军失利"[⑥]，萧排押"委甲仗走，坐是免官"[⑦]。到开泰八年（1019年）三月，辽朝因作战失利，而对班师回朝的"东平王萧韩宁、东京留守耶律八哥、国舅平章事萧排押、林牙要只"等进行判处，但最后也只是"数其罪而释之"。[⑧]

（三）战后结果

开泰九年（1020年）五月，"耶律资忠使高丽还，王询表请称藩纳贡，归所留王人只剌里。只剌里在高丽六年，忠节不屈，以为林牙。辛未，遣使释王询罪，并允其请。"[⑨]自此，辽丽关系进入相对稳定的时期。

辽与高丽三次战争，最终也未将"江东六州"索回。

---

① 郑麟趾等：《高丽史》卷四《显宗世家一》，重庆：西南师范大学出版社，2014年，第18，19页。

② 脱脱等：《辽史》卷十五《圣宗六》，北京：中华书局，1974年，第177页。

③ 向南：《辽代石刻文编》，石家庄：河北教育出版社，1995年，第187，188页。

④ 脱脱等：《辽史》卷十五《圣宗六》，北京：中华书局，1974年，第180页。

⑤ 脱脱等：《辽史》卷十六《圣宗七》，北京：中华书局，1974年，第184页。

⑥ 脱脱等：《辽史》卷十六《圣宗七》，北京：中华书局，1974年，第184页。

⑦ 脱脱等：《辽史》卷八十八《萧排押》，北京：中华书局，1974年，第1341页。

⑧ 脱脱等：《辽史》卷八十八《萧排押》，北京：中华书局，1974年，第1341页。

⑨ 脱脱等：《辽史》卷十七《圣宗八》，北京：中华书局，1974年，第186页。

四、辽与高丽边界的确定

第三次边界战争结束后，辽朝与高丽确立了宗藩关系，双方进入相对稳定的发展阶段。但高丽德宗继位后，向辽朝提出毁弃鸭绿江浮桥和保州等的要求，被辽朝拒绝。于是高丽对辽朝的态度开始转变，还发生了拒绝辽使的事件，如高丽德宗元年（1032年）春正月，"契丹遗留使来，至来远城，不纳"①。次年，辽丽双方不仅通使完全中断，还发生了军事摩擦。直到高丽靖宗即位后，辽朝与高丽的关系才得以缓解，但鸭绿江"江东六州"仍在高丽控制下，并未归还。为此，辽朝与高丽之间就相关事宜展开交涉，但未达成任何协议。大康元年（1075年）秋七月，"己卯，遣知中枢密院事柳洪、尚书右丞李同鉴同辽使审定地分，未定而还"②，辽朝与高丽交涉无果，双方在边界上陈兵对峙。

辽朝与高丽在多次交涉过程中，也在不断地修建防御设施，双方边界逐渐形成。辽朝与高丽之间的边界防御体系，主要有建立州城、修建港口及设置水军、实施羁縻统治三个部分。辽圣宗在第一次辽丽战争结束后，便于"鸭江西创筑五城"③，同时还扩建来远城。第二次辽丽战争结束，辽圣宗下诏修葺开州，用以防御高丽。这些新筑之城与高丽隔江对峙，巩固了边界地区的军事防御。开泰三年（1014年），辽设立保州④，夏行美率渤海军长期卫戍此地，作为防御高丽的水路要冲。第三次辽丽战争结束，太平二年（1022年）六月，耶律蒲古"城鸭渌（绿）江，蒲古守

---

① 郑麟趾等：《高丽史》卷五《德宗世家》，重庆：西南师范大学出版社，2014年，第23页。

② 郑麟趾等：《高丽史》卷九《文宗世家三》，重庆：西南师范大学出版社，2014年，第13页。

③ 徐居正：《东国通鉴》卷十四《高丽纪成宗世家》，朝鲜光文会影印版，1911年，第30—31页。

④ 赵永春，玄花：《辽金与高丽的"保州"交涉》，《中国边疆史地研究》，2008第1期。

之，在镇有治绩"①。太平三年（1023年），辽朝任命东京统军使萧孝恭兼任"沿边巡检使"②，专职督导与高丽之间的边界防御体系的建设③。在与高丽边境接壤的鸭绿江入海口两岸地区，辽朝设立了保州路统军司，辖保州、定州、宣州、怀远军、开州、盐州、穆州、贺州、来远城等九座州城。辽朝还在鸭绿江沿岸地区建立大量哨所和墩台④，以方便各州城之间联络。同时，辽军还在鸭绿江上修筑桥梁⑤，以便部队通行，并于鸭绿江东岸的各州城附近设立"弓口门""探守庵""木寨""栏子"等军事设施，用以阻击高丽军队。辽兴宗统治初期，辽朝在鸭绿江流域的军事防御体系不断完善，并兴建了一支水军，沿江袭击高丽军队，故《高丽史》中多有辽朝水军"侵鸭绿江"⑥的记载。在组建水军的同时，辽朝还在鸭绿江流域建立了港口，其中位于鸭绿江口的来远城的港口规模最大。在保州路以东，高丽的千里长城转向东南而下，辽朝的州城沿鸭绿江向东北而上，双方再无州城直接对峙。辽朝通过设置鸭绿江女直国大王府，对鸭绿江流域的女真各部"实行具有一定自治特征的羁縻统治"⑦，并使他们成为其对抗高丽、守卫边境的重要力量。

辽丽战争结束后，高丽也开始修筑其边境防御的关城，史称"千里长城"，分为西、东两段。1031年，辽圣宗驾崩，辽兴宗即位，高丽德宗三年（1033年），重用柳韶，建千里长城。这段千里长城西起鸭绿江口的麟州，沿鸭绿江向东延伸至今朝鲜平安北道义州郡东南的松岭。千里长

---

① 脱脱等：《辽史》卷八十七《耶律蒲古》，北京：中华书局，1974年，第1336页。
② 脱脱等：《辽史》卷十六《圣宗七》，北京：中华书局，1974年，第191页。
③ 余蔚：《中国行政区划通史（辽金卷）》，上海：复旦大学出版社，2012年，第80页。
④ 任鸿魁：《丹东史迹》，沈阳：辽宁民族出版社，2005年，第179页。
⑤ 郑麟趾等：《高丽史》卷九十四《王可道传》，重庆：西南师范大学出版社，2014年，第34—35页。
⑥ 郑麟趾等：《高丽史》卷六《靖宗世家》，重庆：西南师范大学出版社，2014年，第12页。
⑦ 程尼娜：《辽代女真属国、属部研究》，《史学集刊》，2004年第2期，第85页。

城西段较短，位于义州附近及以东地区，主要作用是防御辽朝，与鸭绿江以东辽的保州等州城对峙，并在鸭绿江隔江与来远等城对峙。高丽靖宗元年（1035年）九月，高丽着手修建松岭以东段千里长城，直到高丽靖宗十年（1044年）共四次才全部修建完毕。彼时的千里长城的东段自松岭向东南延伸，经龙兴江上游的云山，再向西南向，到九龙江与清川江交会处的介川，到慈江道清川江上游的熙川，再转向东南进入平安南道，到达大同江中上游的宁远，再东南向入咸境南道，达龙兴江入海口附近的永兴，再东北向到达咸兴湾附近的定坪和连浦里。千里长城东段较长，由松岭向东南绵延千里至海，主要作用是防御辽朝治下的女真诸部。[①]高丽长城绵延千里，历时十二年修筑完成，垒石建造，高厚各二十五尺，并配以"革车、绣质、弩雷、腾石炮、八牛弩"等城防武器，形成了一条坚固的防线。[②]

从此，辽朝东南部与高丽西北之间的分界在宣州、保州、定州及其以东一线，宣州、保州、定州以北属辽朝，以南属高丽；而辽朝与高丽的东北分界是以朝鲜千里长城为界，定州以北地区归属辽朝控制的女真，以南归属高丽。[③]朝鲜千里长城，东起高丽东海岸都连浦（今朝鲜咸镜南道定平东南郡），西逾大岭，经大同江上游，沿清川江转向西北而达于鸭绿江口。[④]概括地说，辽朝与高丽的边境已经从渤海国与新罗的以大同江为界，北退至清川江流域。[⑤]双方边界西部接壤之处，辽朝建立大量州城、港口，并设置了水军，还增添了许多防御设施。在辽丽边界东部不接壤地区，辽朝则设置鸭绿江女直国大王府，并差遣契丹人及渤海人对其进行管

---

① 卢启铉：《高丽外交史》，紫荆，金荣国译，延吉：延边大学出版社，2002年，第104—105页。

② 朝鲜民主主义人民共和国社会科学院考古研究所：《朝鲜考古学概要》，李云铎译，哈尔滨：黑龙江文物出版编辑室，1983年，第265页。

③ 杨昭全：《中朝边界史》，长春：吉林文史出版社，1993年，第115页。

④ 麻铃：《辽、金与高丽的战争》，《东北史地》，2004年第12期。

⑤ 杨昭全：《中朝边界史》，长春：吉林文史出版社，1993年，第115页。

理，以期利用鸭绿江女真各部维护边界地区的稳定。

第二节 保州交涉问题

保州在辽圣宗时期建立，逐渐成为辽丽矛盾的焦点，辽丽针对保州问题不断交涉，直到金朝才真正得以解决。保州作为辽丽边界上的军事重镇，其相关问题体现出辽朝对东南部地区的治理方略与边疆政策。

一、辽朝与高丽双方争夺保州的原因

保州是高丽在辽朝所赐的"鸭绿江东数百里地"所建"六城"之外由辽朝重新修筑的一个州城[1]。开泰三年（1014年）五月，辽圣宗"诏国舅详稳萧敌烈、东京留守耶律团石等造浮梁于鸭渌（绿）江，城保、宣义、定远等州"[2]，保州由此建立。[3]可见，辽朝在发动第三次大规模征伐高丽战争之初，就修筑了保州城，并以此地作为桥头堡与高丽作战。保州之所以成为战略要点的原因如下。

第一，地理位置重要。保州地处鸭绿江口右岸，与左岸的来远城相互呼应，扼守鸭绿江口，地理位置十分重要。朝鲜半岛山地纵横，地势险要，这为辽朝军队的进攻造成困难。契丹传统骑兵很难展开攻击，快速机

---

[1] 赵永春，玄花：《辽金与高丽的"保州"交涉》，《中国边疆史地研究》，2008年第1期。

[2] 脱脱等：《辽史》卷一百一十五《高丽》，北京：中华书局，1974年，第1521页。

[3] 卢启铉：《高丽外交史》，紫荆，金荣国译，延吉：延边大学出版社，2002年，第90—91页，将原保州之地说成是高丽领土，显然是不对的。三上次男：《金初与高丽的关系》，《历史学研究》1939年9卷4号；三上次男：《金代女真研究》，金启琮译，哈尔滨：黑龙江人民出版社，1984年，第109页。以上文献认为保州城修筑于统和末年（983—1012年），辽圣宗时曾一度归高丽领有，开泰元年（1012年）辽朝又以武力夺取，显然也是不准确的。

动的优势无法发挥。而占有保州，辽朝可以发挥渤海水军、汉族、渤海步兵及契丹骑兵综合作战的优势，还能以此为基地，进一步进攻高丽。而高丽则面临重大的威胁，辽朝以此为基地运送部队，使高丽随时在辽朝的攻击范围内。特别是辽朝水军进驻鸭绿江后，高丽进一步丧失军事优势。辽兴宗朝时，辽朝的水军发展很快①，有大量的"巨舰"②"楼船"，它们"上置兵，下立马，规制坚壮"③。对辽朝东南部地区而言，鸭绿江流域的辽朝水军也是在兴宗时期设立的，且渤海遗民是水军的构成主体。因此，高丽想要清除保州这个隐患，多次上书辽朝统治者，希望"归还"鸭绿江东岸之地。

第二，历史认识的差异。在辽朝与高丽第一次战争中，高丽使臣徐熙辩称："我国即高勾（句）丽之旧也，故号高丽，都平壤。若论地界上，国之东京皆在我境，何得谓之侵蚀乎？"④足见高丽一直都以高句丽后人自居，以恢复高句丽旧壤为政治目的，故占有鸭绿江流域地区是其诉求。而辽丽双方边界稳定后，辽朝在右岸保有一块领土，这是高丽统治者无法接受的。而辽兴宗、辽道宗统治期间，辽朝为了应对西夏，同时保持与宋朝之间的稳定，自然希望维持鸭绿江右岸的现状，并对高丽形成压力，故其矛盾自然爆发在保州的争夺上。这种历史认识的不同，也是辽丽双方保州争端的根源之一。

第三，军事摩擦不断。因为领土接壤，双方多有军事冲突，使局势日趋紧张，保州自然成为焦点。景福元年（1031年），高丽德宗即位以后，辽朝进兵高丽通州一带，引起边境第一次摩擦，为的是阻止高丽在边境修筑城防。景福二年（1032年）八月，辽朝进攻高丽西北边境，阻碍其修筑防御工事，发生边境第二次摩擦。高丽德宗二年（1032年）十月，辽朝进

---

① 武玉梅，张国庆：《辽朝军、兵种考探》，《黑龙江民族丛刊》，1999年第1期。
② 脱脱等：《辽史》卷八十七《萧蒲奴》，北京：中华书局，1974年，第1335页。
③ 脱脱等：《辽史》卷九十三《耶律铎轸》，北京：中华书局，1974年，第1379页。
④ 郑麟趾等：《高丽史》卷九十四《徐熙传》，重庆：西南师范大学出版社，2014年，第1—6页。

攻高丽西北边境静州，阻碍其修筑防御工事，属于边境第三次摩擦。辽朝针对高丽修筑边防城，派出军队侵扰，但是无果。《耶律仁先墓志》曰："时朝廷以高丽女直等五国入寇闻，上曰'仁先可往'。命驰驿安定之。因奏保、定二州联于北鄙，宜置关铺，以为备守。有诏报，自是五国绝不敢窥扰，上嘉之，赐予甚厚。"[1]史料中所言之事，是高丽联合境内女真等五部进攻辽朝，并且是在保州与定州的鸭绿江东岸地区发动的。军事冲突的加剧，使辽丽双方不断增加城防设施，而双方争夺的脚步也在不断加快。

二、保州纠纷过程

辽朝修筑鸭绿江浮桥及保州等城，取得了进攻和控制高丽的有利位置，高丽欲破坏，但终未取得成功。辽朝第三次征伐高丽虽然失败，但保州并未割给高丽，仍控制在辽朝手中。

景福元年（高丽德宗元年，1031年），高丽德宗即位以后，辽朝进兵高丽通州一带，引起边境第一次摩擦，高丽德宗元年（1031年）二月，"壬寅朔，以通州振威副尉户长金巨、别将守坚当庚戌丹兵之来，坚壁固守，又禽（擒）其大夫马首，加金巨郎将，守坚赠郎将。"[2]辽朝攻击的是辽丽边境西北地区的通州一带，为的是阻止高丽柳韶在边界修筑威远镇、兴化镇、定戎镇三座城防。此后，大臣王可道又向高丽德宗建议，"请毁鸭绿城桥，归所留我行人"[3]，如果辽朝不执行，则与其断绝来往。于是，高丽德宗采纳了王可道的建议，开始对辽朝采取强硬态度。辽

---

[1] 向南：《辽代石刻文编》，石家庄：河北教育出版社，1995年，第352—353页。

[2] 郑麟趾等：《高丽史》卷五《德宗世家》，重庆：西南师范大学出版社，2014年，第23页。

[3] 郑麟趾等：《高丽史》卷九十四《王可道传》，重庆：西南师范大学出版社，2014年，第34—35页。

朝不同意高丽的要求，高丽德宗最终停止向辽朝派遣使臣，拒绝使用辽朝年号。

辽兴宗景福二年（1032年）二月，高丽积极备战，意欲用武力夺取保州等地。辽朝亦采取了强硬措施，将高丽派往辽朝的"李礼均等八人"全部扣"留不还"，双方矛盾再次激化。①该年八月，辽朝进攻高丽西北边境，阻碍其修筑防御工事，双方产生摩擦。高丽德宗二年（1032年）十月，辽朝进攻高丽西北边境静州，阻碍其修筑防御工事，再次发生冲突。高丽德宗二年（1032年）冬十月，"契丹侵静州。"②综上，辽朝因高丽修筑边防城，派出军队侵扰，但是无果而终。同时高丽也在修筑边防城市，辽朝并无力反击，只能在边境进行小规模的袭扰，规模相当小。

高丽靖宗即位以后，改变了对契丹的强硬政策，开始谋求与辽朝恢复和好关系。重熙四年（1035年）五月，辽朝向高丽送去牒文，对高丽提出质问。高丽表明了重新与辽朝和好并向辽朝朝贡的意向。辽朝借高丽靖宗登基的机会，质问其于边界兴建边防，高丽则逐条解答，双方不欢而散。③重熙六年（1037年），辽朝又向高丽宁德镇送去一牒，于是，高丽便于十二月派使臣表示欲重新"乞修朝贡"。④辽朝又于重熙七年（1038年）正月向高丽派遣使者，双方重新恢复了关系，高丽主动请求使用辽朝年号，辽靖宗也接受"高丽国王"⑤的册封。

---

① 郑麟趾等：《高丽史》卷五《德宗世家》，重庆：西南师范大学出版社，2014年，第29页。

② 郑麟趾等：《高丽史》卷五《德宗世家》，重庆：西南师范大学出版社，2014年，第29页。

③ 卢启铉：《高丽外交史》，紫荆，金荣国译，延吉：延边大学出版社，2002年，第160页。

④ 郑麟趾等：《高丽史》卷六《靖宗世家》，重庆：西南师范大学出版社，2014年，第13页。

⑤ 郑麟趾等：《高丽史》卷六《靖宗世家》，重庆：西南师范大学出版社，2014年，第13页。

高丽虽然与辽朝重新恢复了关系，但高丽仍认为辽朝所修保州等城对高丽是个威胁，遂于高丽靖宗五年（1039年）二月再次向辽朝派使，以辽朝所修筑保州等城堡影响农耕为借口，请求"罢鸭江东加筑城堡"，辽兴宗拒绝了高丽的请求。①

　　重熙九年（1040年）十一月，"女直侵边，发黄龙府铁骊军拒之。"②《耶律仁先墓志》曰："时朝廷以高丽女直等五国入寇闻，上曰'仁先可往'。命驰驿安定之。因奏保、定二州联于北鄙，宜置关铺，以为备守。有诏报，自是五国绝不敢窥扰，上嘉之，赐予甚厚。"③这次边境摩擦，是高丽联合境内女真等五部进攻辽朝。耶律仁先提出了加强保州与定州关防的建议，有利于维护辽丽边界稳定。

　　高丽靖宗五年（1039年）"二月丁卯，遣户部郎中庾先谢安抚，仍请罢鸭江东加筑城堡"。④高丽请罢江东城堡及江桥，辽兴宗根本不予理会，但是兴宗接受了萧韩家奴的意见，对东边戍卒政策予以调整，重熙十年（1041年）夏四月，"诏罢修鸭渌（绿）江浮梁及汉兵屯戍之役"⑤。这客观上减轻了辽朝的压力，也对辽丽关系有一定的缓解作用。

　　重熙二十二年（1053年）秋七月，"是月，契丹始设弓口门栏于抱州城东野。"⑥高丽文宗九年（1054年）七月，"都兵马使奏：'契丹前太后、皇帝诏赐鸭（绿）江以东为我国封境，然或置城桥，或置弓口、栏子，渐逾旧限，是谓不厌。今又创立邮亭，蚕食我疆。宜送国书于东京留

---

①　郑麟趾等：《高丽史》卷六《靖宗世家》，重庆：西南师范大学出版社，2014年，第17页。

②　脱脱等：《辽史》卷十八《兴宗一》，北京：中华书局，1974年，第222页。

③　向南：《辽代石刻文编》，石家庄：河北教育出版社，1995年，第352—353页。

④　郑麟趾等：《高丽史》卷六《靖宗世家》，重庆：西南师范大学出版社，2014年，第16页。

⑤　脱脱等：《辽史》卷十九《兴宗纪二》，北京：中华书局，1974年，第225页。

⑥　郑麟趾等：《高丽史》卷七《文宗世家一》，重庆：西南师范大学出版社，2014年，第29页。

守，陈其不可。'"①辽朝对此不予理会，所以高丽只能作罢，但是双方就辽保州主权开始了争执。

高丽屡次请求辽朝毁弃保州，均没有结果。高丽文宗九年（1054年）再次派遣使请求辽朝"还前赐地，其城桥弓栏亭舍悉令毁罢"。②高丽文宗十一年（1056年）四月，高丽文宗认为辽朝不仅在保州修建弓口门、邮亭，又于"松岭东北渐加垦田或置庵子屯畜人物"，是准备侵犯高丽，故又遣使请求辽朝毁弃保州，并试图索要保州等地。③高丽文宗曾遣使向辽道宗"乞赐鸭绿江以东地"，辽道宗"不许"④。对于高丽的抗议，辽朝不予理会。

高丽文宗二十九年（1074年）七月，高丽接到"辽东京兵马都部署奉枢密院札子，移牒请治鸭江以东疆域"⑤。辽朝在高丽不断提出领土要求之后，提议与高丽共同勘察和划定鸭绿江以东边界。高丽遂派遣知中枢院院事柳洪、尚书右丞李唐鉴等前往鸭绿江以东辽丽边界地区，"同辽使审定地分，未定而还"。⑥第一次谈判双方未达成协议，最终划界未果。大康四年（1078年）夏四月，"高丽遣使乞赐鸭渌（绿）江以东地"⑦，但辽道宗不同意。

辽朝后期，辽朝东京地区发生饥荒，这促使辽朝边界守军只能自己

---

① 郑麟趾等：《高丽史》卷七《文宗世家一》，重庆：西南师范大学出版社，2014年，第33页。

② 郑麟趾等：《高丽史》卷七《文宗世家一》，重庆：西南师范大学出版社，2014年，第34页。

③ 郑麟趾等：《高丽史》卷八《文宗世家二》，重庆：西南师范大学出版社，2014年，第5页。

④ 脱脱等：《辽史》卷一百一十五《高丽》，北京：中华书局，1974年，第1519页。

⑤ 郑麟趾等：《高丽史》卷九《文宗世家三》，重庆：西南师范大学出版社，2014年，第13页。

⑥ 郑麟趾等：《高丽史》卷九《文宗世家三》，重庆：西南师范大学出版社，2014年，第13页。

⑦ 脱脱等：《辽史》卷二十三《道宗纪三》，北京：中华书局，1974年，第280页。

开荒垦田，而辽道宗在与高丽谈判之后，停止开垦，高丽则大量垦荒，并在争执中逐渐处于有利地位。根据萧韩家奴的叙述，"臣伏见比年以来，高丽未宾，阻卜犹强，战守之备，诚不容已。乃者，选富民防边，自备粮糗。道路修阻，动淹岁月；比至屯所，费已过半；只牛单毂，鲜有还者。其无丁之家，倍直佣倩，人惮其劳，半途亡窜，故戍卒之食多不能给。求假于人，则十倍其息，至有鬻子割田，不能偿者。或遭役不归，在军物故，则复补以少壮。其鸭渌（绿）江之东，戍役大率如此。"①由此可知，辽朝在鸭绿江边界及东部地区的士兵戍卫已陷于困境。辽朝在东部与高丽之间的边界地区也是采取屯田的形式，"屯田区的军队不向国家缴纳赋税。类似于西北屯田区的形式在辽朝还有东京——鸭绿、东京沿女真至鸭绿江一带"②，而这时辽军屯田不利，并且辽道宗之后禁止了开荒屯田。相反，高丽不但屯田，还大量运送军粮到西北边境地区，并不时发放一些军用物资给戍边士兵贫乏者。而居住在鸭绿江东岸的辽军后勤保障出现困难，最后来远及保州因无粮食，导致辽朝被迫放弃城池。大康四年（1078年）夏四月辛亥，"高丽遣使乞赐鸭渌（绿）江以东地，不许。"③高丽又遣使来索要鸭绿江以东地区，但辽道宗不同意。高丽北部边界地区也发生了灾害，但朝廷有赈济，并对边疆地区的防御州城给予大量粮食。高丽文宗二十一年（1066年）三月，"漕运杂谷四万九千四百石于朔北诸州郡，以给边民。"④高丽肃宗六年（1100年）夏四月庚申，"割平虏镇关内楸子田，与民耕之。"⑤高丽有充足的粮食供应，并在边境大量垦荒，使其北部边界军队物资供应情况比辽要好很多。

---

① 脱脱等：《辽史》卷一〇三《萧韩家奴》，北京：中华书局，1974年，第1446页。
② 郭满：《辽代军队后勤保障制度研究》，吉林大学硕士学位论文，2009年。
③ 脱脱等：《辽史》卷二十三《道宗三》，北京：中华书局，1974年，第280页。
④ 郑麟趾等：《高丽史》卷八《文宗世家二》，重庆：西南师范大学出版社，2014年，第30页。
⑤ 郑麟趾等：《高丽史》卷十一《肃宗世家一》，重庆：西南师范大学出版社，2014年，第29页。

辽朝和高丽的保州纠纷问题，虽未得到很好的解决，但双方都注意维持和平状态，保持友好往来关系。高丽宣宗三年（1085年）五月，"时辽欲于鸭绿江将起榷场，故请罢之。"①辽朝提出建立榷场，高丽得知后立即抗议，此事不了了之。高丽担忧辽朝建立榷场，并在江东保州附近之地囤积军事物资，更担心其拉拢女真。到大安二年（1086年），辽朝又提出在鸭绿江东保州等地设置榷场的计划，但高丽还是不同意。高丽宣宗五年（1087年）九月，高丽宣宗再次派遣太仆少卿金先锡等"如辽乞罢榷场"。②辽朝第三次提出建立榷场，高丽反对，并于次月在边境地区龟州加强边境防御。同年十一月，辽朝回信高丽，同意不建立榷场，此事完结。

　　辽朝后期，辽朝与高丽虽然都能采取一些互让政策，维护和平友好关系，但保州问题一直未能得到很好解决。

三、保州的丢失

　　辽朝后期，女真首领完颜阿骨打掀起了反辽斗争，并于天庆五年（1115年）正式建立金朝政权。金太祖派遣加古撒喝率偏师前往鸭绿江下游经略保州等地。加古撒喝进攻保州，"久不下"③，遂向金太祖请求增派援兵。金收国二年（1116年）闰正月，高丽派遣使者赴金，以"贺捷"为名，向金太祖请求："保州本吾旧地，愿以见还。"④因当时正值金攻

---

① 郑麟趾等：《高丽史》卷十《宣宗世家》，重庆：西南师范大学出版社，2014年，第8页。

② 郑麟趾等：《高丽史》卷十《宣宗世家》，重庆：西南师范大学出版社，2014年，第16页。

③ 郑麟趾等：《高丽史》卷十四《睿宗世家三》，重庆：西南师范大学出版社，2014年，第11页。

④ 郑麟趾等：《高丽史》卷十四《睿宗世家三》，重庆：西南师范大学出版社，2014年，第11页。

辽的关键时刻，金太祖为取得外援，以扩大攻辽同盟，遂对高丽采取了友好态度，对高丽使者言："尔其自取之。"①金太祖虽允许高丽去攻取保州，但高丽并未实行，而是在金军攻取来远城和保州"城中食尽"之时，"遣都兵马录事邵亿送米一千石"，以助辽朝。②高丽睿宗十一年（金收国二年，1116年）八月，金军快要将保州攻陷之时，高丽一方面遣使如金，请保州；另一方面，遣使进入保州，对保州城的辽军进行"招谕"，最终辽朝将保州和来远城拱手让给了高丽，高丽随即进入保州城。故待金军进入保州城时，高丽兵已在城中。③

高丽进入保州城后，高丽睿宗即下诏"改抱（保）州为义州防御使，以鸭江为界置关防"④，但金太祖并未放弃保州的领有权。高丽睿宗随后便派使如金，"请保州"⑤。金太祖诏谕高丽王称："保州近尔边境，听尔自取，今乃勤我师徒，破敌城下。且蒲马止是口陈，俟有表请，即当别议"。⑥金朝坚持，高丽需向金奉表称臣，才可"别议"。可见，金朝在与高丽交涉保州的问题上，态度开始变得强硬起来，但高丽对金太祖所提条件置之不理。

金天辅二年（1118年）十二月，金反辽取得较大的胜利，又遣使诏谕高丽国王称："朕始兴师伐辽……屡败敌兵，北自上京，南至于海，其间京府州县部族人民悉皆抚定。"⑦高丽遂于高丽睿宗十四年（1118年）遣

---

① 郑麟趾等：《高丽史》卷十四《睿宗世家三》，重庆：西南师范大学出版社，2014年，第11页。

② 郑麟趾等：《高丽史》卷十四《睿宗世家三》，重庆：西南师范大学出版社，2014年，第11页。

③ 郑麟趾等：《高丽史》卷十四《睿宗世家三》，重庆：西南师范大学出版社，2014年，第11页。

④ 郑麟趾等：《高丽史》卷十四《睿宗世家三》，重庆：西南师范大学出版社，2014年，第21页。

⑤ 脱脱等：《金史》卷一百三十五《高丽》，北京：中华书局，1975年，第2884页。

⑥ 脱脱等：《金史》卷一百三十五《高丽》，北京：中华书局，1975年，第2884页。

⑦ 郑麟趾等：《高丽史》卷十四《睿宗世家三》，重庆：西南师范大学出版社，2014年，第21页。

使报聘于金，但拒绝向金称臣，金太祖"拒不受"①，双方关于"保州"的交涉陷入僵局。高丽遂"增筑长城三尺"②，加强边备。金朝遂"发兵止之"③，高丽不从。金朝告诫边吏"毋得侵轶生事，但慎固营垒，广布耳目而已"。④

金太祖于金天辅四年（1120年）攻取辽朝上京，金天辅六年（1122年）正月攻取辽朝中京，四月又攻取辽朝西京，年底占领了辽朝南京。天祚帝西遁。天辅七年（1123年），金太祖在率兵北返途中病逝，其弟吴乞买继位，是为金太宗。金太宗即位以后，即遣使高丽，"至境上，接待之礼不逊"⑤。高丽反对按照臣下之礼接待金朝使者，"随等不敢往"⑥。金太宗曰："高丽世臣于辽，当以事辽之礼事我，而我国有新丧，辽主未获，勿遽强之。"⑦

金天会三年（1125年）五月，高丽仁宗"遣司宰少卿陈淑、尚衣奉御崔学鸾如金。金以国书非表又不称臣，不纳"。⑧天会四年（1126年）四月，高丽遂"遣郑应文、李侯如金称臣。"⑨金太宗见高丽同意称臣，"优诏答之"，随即派遣高伯淑、乌至忠等出使高丽。金太宗称，金朝与高丽的使者往来应该当依照辽朝的旧例，"仍取保州路及边地人口在彼

---

① 脱脱等：《金史》卷一百三十五《高丽》，北京：中华书局，1975年，第2881—2891页。《高丽史》将此事系于睿宗十四年（天辅三年，1119年）二月，但从内容分析，当在金天辅四年（1120）攻取辽上京之后，待考。

② 脱脱等：《金史》卷一百三十五《高丽》，北京：中华书局，1975年，第2885页。

③ 脱脱等：《金史》卷一百三十五《高丽》，北京：中华书局，1975年，第2885页。

④ 脱脱等：《金史》卷一百三十五《高丽》，北京：中华书局，1975年，第2885页。

⑤ 脱脱等：《金史》卷一百三十五《高丽》，北京：中华书局，1975年，第2885页。

⑥ 脱脱等：《金史》卷一百三十五《高丽》，北京：中华书局，1975年，第2885页。

⑦ 脱脱等：《金史》卷一百三十五《高丽》，北京：中华书局，1975年，第2885页。

⑧ 郑麟趾等：《高丽史》卷十五《仁宗世家一》，重庆：西南师范大学出版社，2014年，第10页。

⑨ 郑麟趾等：《高丽史》卷十五《仁宗世家一》，重庆：西南师范大学出版社，2014年，第10页。

界者，须尽数发还。"①如高丽均能遵从辽的规定，金朝便会将保州"赐之"②。高丽仁宗最终同意"一依事辽旧制"③，即高丽需要按照向辽朝称臣的礼仪接待金使。但高丽在附表中强调保州本高句丽旧地，此地应该"归属"高丽。这引起金太宗的不满，金太宗坚持对辽朝原领土具有所有权，称将保州之地交与高丽是"朝廷不爱其地，特行割赐"④。同时，要求高丽归还保州等地流入高丽的女真人户，并令高丽向金朝献上称臣誓表。天会八年（1130年）十二月，高丽仁宗又派遣左司郎中金瑞等人使金请免追索保州投入人口。完颜勖向金太宗上书曰："所索户口，皆前世奸宄叛亡……高丽称藩，职贡不阙，国且臣属，民亦非外……臣愚以为宜施惠下之仁，弘乐天之德，听免征索，则彼不谓己有，如自我得之矣。"⑤金太宗采纳了完颜勖的建议，不再索取"保州亡入高丽户口""自是保州封域始定"。⑥金朝与高丽关于保州的交涉告一段落，金朝与高丽的边界也最后确定下来：金朝与高丽的分界同辽朝与高丽的分界相比，除了金朝将保州一带赐给高丽，双方以鸭绿江下游入海地段为界以外，其余分界没有变化。⑦

总体上看，保州在辽朝建立，金朝"割赐"于高丽，从侧面证明了辽朝东南部地区治理政策是具有一定成效的。辽朝对东南部地区的治理政策，经历了一个从东丹国南迁到东京道形成的复杂过程，而三次辽丽战争，也使辽朝认识了东南部地区的具体情况并不断维护当地的防御体系。

---

① 脱脱等：《金史》卷一百三十五《高丽》，北京：中华书局，1975年，第2885页。
② 脱脱等：《金史》卷一百三十五《高丽》，北京：中华书局，1975年，第2885页。
③ 脱脱等：《金史》卷一百三十五《高丽》，北京：中华书局，1975年，第2885页。
④ 郑麟趾等：《高丽史》卷十五《仁宗世家一》，重庆：西南师范大学出版社，2014年，第19、20页。
⑤ 脱脱等：《金史》卷六十六《完颜勖》，北京：中华书局，1975年，第1558—1559页。
⑥ 脱脱等：《金史》卷一百三十五《高丽》，北京：中华书局，1975年，第2886页。
⑦ 赵永春，玄花：《辽金与高丽的"保州"交涉》，《中国边疆史地研究》，2008年第1期。

所以，以保州为中心的鸭绿江右岸防御体系，是辽朝对东南部地区治理政策的重要一环，也是其维护稳定并在对高丽边防中占据优势的保障。而金朝放弃保州的主要原因是其受中原天朝大国思想的影响，在土地和名分上，更重视名分。故金朝效仿辽朝，通过割赐保州，以达到高丽向其称臣的政治目的。

第三节　辽朝东南部边界地区的管理模式

辽朝与高丽战争结束后，双方边界地区基本稳定下来，但仍摩擦不断。为保障边界地区的稳定，辽朝采取了一套完整的管理模式，包括行政管理与军事部署两个方面。

一、行政管理

辽朝与高丽的边界在鸭绿江流域，在中下游地区双方陈兵对峙，针对这一状况，辽朝在边境地区采取了不同的管理模式。在鸭绿江中下游地区，主要分布着渤海人、汉人、奚人等，辽朝在此处设置保州军路，并下辖多个州县，而在上游地区则设置治理女真国的鸭绿江女直国大王府，形成了对边境地区的有效管理。

辽朝在东南部边界地区设置了保州路，形成于兴宗朝。[①]保州路的主要职官有"保州统军使"等。保州路的设置主要处理鸭绿江下游入海口与高丽边界接壤地区的军事事务。

辽朝在东南部边界地区还设置了诸多州县，包括保州、定州、宣州、开州、盐州、穆州、贺州等州。保州、定州、宣州三州都位于鸭绿江入海口东岸地区，开州、盐州、穆州、贺州四州均位于今辽宁省凤城市及附近

[①] 黄为放：《10—12世纪渤海移民问题研究》，长春师范大学博士学位论文，2017年。

地区。[①]太宗天显四年（926年），辽朝置开州开封府、开远军节度；开泰三年（1014年），更军额为镇国军，后府废，仍为开州。[②]

在鸭绿江流域广大地区生活着鸭绿江女真各部，辽朝通过对他们的控制，使其牵制高丽，以达到维护边界地区稳定的目的。辽朝在东南部边界设置鸭绿江女直国大王府，并"差契丹或渤海人充节度管押"，以治理鸭绿江女真各部。[③]辽丽战争时，这些女真部族也随辽朝大军出征：开泰四年（1015年）春正月，"东京留守善宁、平章涅里衮奏，已总大军及女直诸部兵分道进讨，遂遣使赍密诏军前。"[④]

辽朝通过设置鸭绿江女直国大王府，对女真各部"实行具有一定自治特征的羁縻统治"[⑤]，并使他们成为其对抗高丽、守卫边疆的重要力量。

二、军事部署

在设置行政机构的同时，为确保与高丽军事对峙中的优势，辽朝在边界地区还设置了一系列军事设施。这些军城、军铺分布在边界地区的险要之处，在保州军路统辖之下。

（一）军城

来远城，位于今辽宁省丹东九连城[⑥]；顺化城，位于今辽宁瓦房店市南普兰店附近，开泰三年（1014年）以汉户置。辽建来远城，并任命战功

[①] 黄为放：《10—12世纪渤海移民问题研究》，长春师范大学博士学位论文，2017年。

[②] 余蔚：《中国行政区划通史（辽金卷）》，上海：复旦大学出版社，2012年，第230页。

[③] 叶隆礼：《契丹国志》卷二十二《四至邻国地里远近》，贾敬颜，林荣贵点校，上海：上海古籍出版社，2014年，237页。

[④] 脱脱等：《辽史》卷十五《圣宗六》，北京：中华书局，1974年，第176页。

[⑤] 程尼娜：《辽代女真属国、属部研究》，《史学集刊》，2004年第2期。

[⑥] 任鸿魁：《丹东史迹》，沈阳：辽宁民族出版社，2005年，第202—203页。

显赫的耶律元宁为兵马都部署，防守高丽。这一过程也说明了，辽将战线从建安之南（辽宁盖州）向来远城推进，并最终筑城防守，将高丽隔于来远城之外。这也就是说明来远城建城的时间，是在辽第一次征伐高丽之后。史料记载：统和九年（991年）二月"甲子，建威寇、振化、来远三城，屯戍卒"①。但据墓志载，来远城是在辽征伐高丽结束后才建立，并且耶律元宁是统和二十六年（1008年）去世，故来远城既不可能是在统和九年（991年）建立，也不可能是在统和二十九年（1011年）建立，来远城应该是在辽圣宗统和十一年（993年）征伐高丽后至统和二十六年（1008年）之间建立，具体时间有待进一步考证。

关于来远城的戍兵，辽景宗时与宋交战，耶律元宁"扼东人之患"，最终击败宋朝。这一过程中，耶律元宁极有可能率领的就是燕军。"置两指挥"，一个为耶律元宁，另一个应该是耶律资忠。耶律资忠，曾"出知来远城事"。②

而关于来远城的具体兵力，史书记载："来远城宣义军营八：太子营正兵三百。大营正兵六百。蒲州营正兵二百。新营正兵五百。加陀营正兵三百。"③来远城是在辽第一次征伐高丽后所建，也是为防御高丽而建，在辽对高丽的征伐过程中具有重要地位。辽圣宗第二次征伐高丽时，统和二十九年（1011年）春正月，"己丑，次鸭渌（绿）江。庚寅，皇后及皇弟楚国王隆祐迎于来远城"④。

辽朝在来远城一带设置太子营、柳白营等八处驻军堡寨，史载："东京沿女直界至鸭渌（绿）江：军堡凡七十，各守军二十人，计正兵一千四百。来远城宣义军营八：太子营正兵三百。大营正兵六百。蒲州营正兵二百。新营正兵五百。加陀营正兵三百。王海城正兵三百。柳白营正

---

① 脱脱等：《辽史》卷十三《圣宗四》，北京：中华书局，1974年，第141页。
② 脱脱等：《辽史》卷八十八《耶律资忠》，北京：中华书局，1974年，第1344页。
③ 脱脱等：《辽史》卷三十六《兵卫志下》，北京：中华书局，1974年，第434页。
④ 脱脱等：《辽史》卷十五《圣宗六》，北京：中华书局，1974年，第169页。

兵四百。沃野营正兵一千。神虎军城正兵一万。大康十年置。"①这些军营与来远城相互配合，构成了军事防御体系。

神虎军城，起到了镇守女真与高丽的作用，并隔断双方联系。从整个东南部边疆的防御来看，又将黄龙府、咸州、来远城贯通一气，使整个军事防御体系达到完备之程度。

合主城，与保州较近，都是重要的军事州城。

毕里围城，规模、军事作用及地理位置都很重要，为鸭绿江沿岸的重要城镇。金军应该是驻扎在保州与毕里围城附近的鸭绿江右岸地区，全面封锁了高丽在鸭绿江的入海口，防止高丽与辽联系。

在鸭绿江口附近，还有几个山城，在各州之间起到联络及援应的作用，增加了沿江州城的防御力量。

（二）军堡、关铺、弓口门、庵子

辽朝在鸭绿江口附近也设置了军堡等军事防御设施，据《辽史·兵卫志》记载，"东京沿女直界至鸭绿江：军堡凡七十，各守军二十人，计正兵一千四百。"②这些军堡被用于监视边境女真的情况。

辽兴宗为防御高丽，经枢密副使耶律仁先奏议，同意在辽与高丽交界处的保州和定州边境关隘处设置"关铺"。《耶律仁先墓志》载："时朝廷以高丽女直等五国入寇闻"，辽兴宗命耶律仁先前往解决，耶律仁先"因奏保、定二州联于北鄙，宜置关铺，以为备守。有诏报，自是五国绝不敢窥扰"。③辽军还在鸭绿江上修筑桥梁，以便部队通行，并于鸭绿江东岸的各州城附近设置了"弓口门""栏子"④"探守庵""木寨"等军事设施，用以阻击高丽军队。

---

① 脱脱等：《辽史》卷三十六《兵卫志下》，北京：中华书局，1974年，第434页。
② 脱脱等：《辽史》卷三十六《兵卫志下》，北京：中华书局，1974年，第434页。
③ 向南：《辽代石刻文编》，石家庄：河北教育出版社，1995年，第352—353页。
④ 郑麟趾等：《高丽史》卷七《文宗世家一》，重庆：西南师范大学出版社，2014年，第29页。

辽朝在东南部边界的军事部署，主要由军城、军堡、关铺等构成。这一地区，主要由东京兵马都部署司下辖的"契丹、奚、汉、渤海"[1]等各族士兵戍卫，其中东京渤海军长期驻守保州等鸭绿江两岸地区的州城，他们设置房屋、放牧牲畜并"垦田"[2]，以巩固此地防戍。此外，辽朝东南部边界还有水军以防御高丽。

三、治理措施

辽朝在形成东南部边疆治理模式的同时，也在调整这一地区的治理方略。辽朝前期，辽朝对渤海遗民的治理政策总体来讲较为宽松，但大延琳起义后，辽朝担心渤海遗民再次起事，改变了以往的治理方针，开始对渤海遗民采取控制、防范的民族政策[3]。同时，针对东南部地区与高丽交界处的具体情况，辽朝还提出了屯田、驻军等措施。

（一）增强军力

辽兴宗采取了诸多措施以增强军力：重熙四年（1035年）十二月，"诏诸军炮、弩、弓、剑手以时阅习"[4]；重熙十六年（1047年）十一月，"遣使括马"[5]；重熙二十年（1051年）冬十月，"括诸道军籍"[6]。这些均说明辽兴宗之前，辽朝军力消耗较大，到辽兴宗时开始增加各道的军户，以强化辽朝的军事实力。针对与高丽之间的边界地区，辽朝则调拨渤海人、奚人前去驻防，用以增加军事防御力量。

---

[1] 脱脱等：《辽史》卷四十六《百官志二》，北京：中华书局，1974年，第744页。
[2] 郑麟趾等：《高丽史》卷八《文宗世家二》，重庆：西南师范大学出版社，2014年，第5页。
[3] 武玉环：《王氏高丽时期的渤海移民》，《吉林大学社会科学学报》，2007年第3期。
[4] 脱脱等：《辽史》卷十八《兴宗一》，北京：中华书局，1974年，第217页。
[5] 脱脱等：《辽史》卷二十《兴宗三》，北京：中华书局，1974年，第239页。
[6] 脱脱等：《辽史》卷二十《兴宗三》，北京：中华书局，1974年，第243页。

（二）注重经济

辽兴宗注重东南部边疆的经济发展，重熙二年（1033年）八月，"遣使阅诸路禾稼"[1]，辽兴宗遣使察看诸路的庄稼。辽道宗亦重视经济，清宁二年（1056年）三月闰月，"始行东京所铸钱"[2]，辽道宗令辽朝统治区域内使用东京所铸钱币。清宁二年（1056年）六月，"遣使分道平赋税，缮戎器，劝农桑，禁盗贼"[3]，辽道宗减少赋税，修军器，重视农业生产，严厉打击偷盗事务等，以加强对东南部边疆的管理。

（三）赈灾救济

辽兴宗、辽道宗统治时期，辽朝还注重人民生计，发生灾情等紧急情况，辽统治者均进行赈济。如大康元年（1075年）二月，黄龙府附近的祥州发生火灾，辽道宗"遣使恤灾"[4]；大安八年（1092年）十一月，"以通州潦水害稼，遣使振之"[5]。辽兴宗、辽道宗还赈济饥荒，如景福元年（1031年）闰月，"振黄龙府饥民"[6]；大康二年（1076年）二月，"振黄龙府饥"[7]；大康四年（1078年）春正月，"振东京饥"[8]；大安二年（1086年）秋七月"出粟振辽州贫民"[9]；十一月，"出粟振乾、显、成、懿四州贫民"[10]。辽道宗还减少东京路的贡赋，如大安四年（1088年）夏四月，"振苏、吉、复、渌、铁五州贫民、并免其租税""乙酉，

---

[1] 脱脱等：《辽史》卷十八《兴宗一》，北京：中华书局，1974年，第215页。
[2] 脱脱等：《辽史》卷二十一《道宗一》，北京：中华书局，1974年，第254页。
[3] 脱脱等：《辽史》卷二十一《道宗一》，北京：中华书局，1974年，第254页。
[4] 脱脱等：《辽史》卷二十三《道宗三》，北京：中华书局，1974年，第276页。
[5] 脱脱等：《辽史》卷二十五《道宗五》，北京：中华书局，1974年，第301页。
[6] 脱脱等：《辽史》卷十八《兴宗一》，北京：中华书局，1974年，第213页。
[7] 脱脱等：《辽史》卷二十三《道宗三》，北京：中华书局，1974年，第277页。
[8] 脱脱等：《辽史》卷二十三《道宗三》，北京：中华书局，1974年，第280页。
[9] 脱脱等：《辽史》卷二十四《道宗四》，北京：中华书局，1974年，第292页。
[10] 脱脱等：《辽史》卷二十四《道宗四》，北京：中华书局，1974年，第292页。

减诸路常贡服御物"①；寿昌五年（1099年）冬十月，"振辽州饥，仍免租赋一年"②。这些政策，对于帮助人民度过灾荒，迅速恢复生产和发展生产，有积极意义。③

（四）司法管理

辽兴宗还从司法、刑罚方面加强对辽朝东南部地区的治理：重熙十六年（1047年）三月，"遣使审决双州囚"④。辽道宗在大康四年（1078年）八月，"诏有司决滞狱"⑤；寿昌六年（1100年）六月，"遣使决五京滞狱"⑥。辽道宗命令一些机构解决未处理好的刑罚事务，从而有效整肃了司法秩序。

可见，辽朝根据东南部地区的民族分布情况，考虑到与高丽对峙的需要，在鸭绿江流域实施军路、州、县的行政管理模式，并部署大量军城、军埔等军事设施。在辽朝末期之前，这种管理模式是行之有效的，阻止了高丽的北进，维护了边界地区的稳定与发展。

第四节　辽朝与高丽的往来

从辽朝初期开始，辽朝与高丽就有政治、经济、文化等方面的往来。

---

① 脱脱等：《辽史》卷二十五《道宗五》，北京：中华书局，1974年，第296页。
② 脱脱等：《辽史》卷二十六《道宗六》，北京：中华书局，1974年，第312页。
③ 杨保隆：《简论辽朝的民族政策》，《北方文物》，19991年第3期。
④ 脱脱等：《辽史》卷二十《兴宗三》，北京：中华书局，1974年，第237页。
⑤ 脱脱等：《辽史》卷二十三《道宗三》，北京：中华书局，1974年，第281页。
⑥ 脱脱等：《辽史》卷二十六《道宗六》，北京：中华书局，1974年，第313页。

一、辽朝与高丽政治往来

916年，耶律阿保机建立辽朝。918年，王建建立高丽王朝。辽朝与高丽的交涉始于922年，是年"春二月，契丹来遗橐驼、马及毡"[1]。高丽亦遣使报聘。然而，天显元年（926年），辽朝灭渤海国后，辽朝境土与高丽相连。高丽太祖对辽朝势力的扩张深为忧惧，决定与辽朝断交。[2]会同五年（942年），"契丹遣使来遗橐驼五十匹。王以契丹尝与渤海连和，忽生疑贰，背盟殄灭，此甚无道，不足远结为邻。遂绝交聘，流其使三十人于海岛，系橐驼万夫桥下，皆饿死。"[3]会同六年（高丽太祖二十六年，943年），王建临终前尝亲授《训要》云："惟我东方，旧慕唐风。文物礼乐，悉遵其制。……契丹是禽兽之国，风俗不同，言语亦异。衣冠制度，慎勿效焉。"[4]高丽单方面断绝与辽朝的交聘，引起辽朝的不满，但由于辽太宗正忙于中原战事，无暇东顾。辽世宗、辽穆宗和辽景宗统治时期，内乱频仍，朝政混乱，亦无暇顾及高丽。[5]983年，辽圣宗即位，决定征伐高丽，以控制朝鲜半岛。统和十一年（993年）开始征伐高丽，辽朝与高丽进行数次大规模战争之后确立起制度化的册封朝贡关系[6]，到开泰九年（1020年）"高丽王询表请称藩纳贡"[7]，辽丽宗藩关系最终确定，这也就正式确立了辽朝对高丽的宗主国地位。宗藩体制下辽朝与高丽政治往来的具体表现如下。

---

[1] 郑麟趾：《高丽史》卷一，重庆：西南师范大学出版社，2014年，第12页。
[2] 魏志江：《辽宋丽三角关系与东亚地区秩序》，《韩国研究论丛》，1998年2月，第311页。
[3] 郑麟趾：《高丽史》卷二，重庆：西南师范大学出版社，2014年，第10—11页。
[4] 郑麟趾：《高丽史》卷二，重庆：西南师范大学出版社，2014年，第11页。
[5] 魏志江：《论辽与高丽关系的分期及其发展》，《扬州师院学报》，1996年第1期。
[6] 杨军：《东亚封贡体系确立的时间——以辽金与高丽的关系为中心》，《贵州社会科学》，2008年第5期。
[7] 脱脱等：《辽史》卷十六《圣宗七》，北京：中华书局，1974年，第187页。

（一）辽朝对高丽的册封与高丽的谢封册

藩属国对宗主国的义务主要是受宗主国册封、使用宗主国年号与历法、使用宗主国的律例、向其朝贡。[①]藩属国高丽，其国王即位乃至立太子均需禀明辽朝，请求辽朝册封，辽朝也通过册封等手段来行使其对高丽的宗主权。[②]

太平二年（1022年），辽朝正式遣使册封王询为高丽国王。《高丽史》载："夏四月，契丹遣御史大夫、上将军萧怀礼等来，册王开府仪同三司、守尚书令、上柱国、高丽国王，食邑一万户，食实封一千户，仍赐车服、仪物，自是复行契丹年号"[③]。除高丽德宗因两国关系紧张未被册封外，高丽靖宗、高丽文宗、高丽宣宗、高丽肃宗、高丽睿宗即位，均受到辽朝的册封。高丽文宗时加册六次，其中册命太子一次。[④]

此外，还有册立太子。辽圣宗太平三年（1023年）夏四月，"契丹遣左散骑常侍武白、耶律克恭等来册太子钦为辅国大将军、检校太师、守太保兼侍中、高丽国公。"[⑤]

对于辽朝的册封，高丽须上表谢封册。例如，重熙八年（1039年）四月，"契丹遣大理卿韩保衡来册王"[⑥]；同年七月，高丽便遣"右散骑常侍林维幹如契丹谢册封"[⑦]；咸雍元年（1065年）四月，辽朝"遣耶律

[①] 杨军：《中国与朝鲜半岛关系史论》，北京：社会科学文献出版社，2006年，第172页。

[②] 魏志江：《论1020—1125年的辽丽关系》，《南京大学学报（哲学·人文·社会科学版）》，1997年第1期。

[③] 郑麟趾：《高丽史》卷四，重庆：西南师范大学出版社，2014年，第26页。

[④] 魏志江：《论1020—1125年的辽丽关系》，《南京大学学报（哲学·人文·社会科学版）》，1997年第1期。

[⑤] 郑麟趾：《高丽史》卷五，重庆：西南师范大学出版社，2014年，第1页。

[⑥] 郑麟趾：《高丽史》卷六，重庆：西南师范大学出版社，2014年，第12页。

[⑦] 郑麟趾：《高丽史》卷六，重庆：西南师范大学出版社，2014年，第13页。

迪、麻晏如册王太子"①；同年九月，高丽便"遣礼部尚书崔尚、将作少监金成渐如契丹，谢太子册命"②。

高丽要使用宗主国辽朝的年号。例如，高丽显宗十三年（1022年），辽朝正式遣使册封王询为国王，高丽"自是复行契丹年号"③。高丽对辽朝不满时，也通过改变年号来表示抗议。例如，德宗即位年（1031年），高丽十月"辛巳，遣工部郎中柳乔如契丹会葬。郎中金行恭贺即位，表请毁鸭绿城桥，归我被留行人"④；十一月"辛丑，金行恭回报契丹不从所奏，遂停贺正使，仍用圣宗'太平'年号"⑤。

（二）高丽对辽朝的进贡与辽朝的回赐

自辽丽宗藩关系确定后，高丽经常向辽朝进贡。根据《辽史》记载，高丽对辽朝的进贡情况如表5.2所示。

表5.2　高丽对辽朝的进贡情况

时间	记载内容
太平元年（1021年）十一月	高丽遣使来贡
重熙七年（1038年）二月丁丑	高丽遣使来贡
重熙十三年（1044年）三月、六月和十二月	高丽遣使来贡
重熙十四年（1045年）四月辛亥	高丽遣使来贡
重熙十五年（1046年）三月丁酉	高丽遣使来贡
重熙十六年（1047年）十二月壬戌	高丽遣使来贡
重熙十七年（1048年）夏四月丙子	高丽遣使来贡
重熙十九年（1050年）夏四月甲申	高丽遣使来贡
重熙二十二年（1053年）六月癸未	高丽遣使来贡

① 郑麟趾：《高丽史》卷六，重庆：西南师范大学出版社，2014年，第13页。
② 郑麟趾：《高丽史》卷八，重庆：西南师范大学出版社，2014年，第12—20页。
③ 郑麟趾：《高丽史》卷四，重庆：西南师范大学出版社，2014年，第27页。
④ 郑麟趾：《高丽史》卷五，重庆：西南师范大学出版社，2014年，第15—16页。
⑤ 郑麟趾：《高丽史》卷五，重庆：西南师范大学出版社，2014年，第16页。

续表

时间	记载内容
重熙二十三年（1054年）夏四月癸卯	高丽遣使来贡
清宁二年（1056年）六月丁卯	高丽遣使来贡
清宁三年（1057年）十一月庚子	高丽遣使来贡
咸雍七年（1071年）十一月丙午	高丽遣使来贡
咸雍八年（1072年）六月丁丑	高丽遣使来贡
咸雍九年（1073年）十二月壬辰	高丽遣使来贡
咸雍十年（1074年）十一月戊午	高丽遣使来贡
大康七年（1081年）十一月己亥	高丽遣使来贡
大安三年（1087年）三月乙卯	高丽遣使来贡
大安五年（1089年）春正月甲午	高丽遣使来贡
大安六年（1090年）十一月壬戌	高丽遣使来贡
寿昌元年（1095年）二月癸酉	高丽遣使来贡
寿昌二年（1096年）冬十月庚辰	高丽遣使来贡
乾统九年（1109年）十二月甲申	高丽遣使来贡

高丽向辽朝进贡的物品，据《契丹国志》记载，"新罗国贡进物件金器二百两，金抱肚一条五十两，金钞锣五十两，金鞍辔马一匹五十两，紫花绵绸一百匹，白绵绸五百匹，细布一千匹，粗布五千匹，铜器一千斤，法清酒醋共一百瓶，脑元茶十斤，藤造器物五十事，成形人参不定数，无灰木刀摆十个，细纸墨不定数目。"[1]《高丽史》中有对高丽向辽朝贡物的间接记载。重熙七年（1038年），高丽使臣金元冲自辽朝回来，带回辽帝给高丽国王的诏书，其中明确记载了高丽此次进贡的物品有"金吸瓶、银药瓶、幞头纱、纻布、贡平布、脑原茶、大纸、细墨、龙须蓆席"[2]，虽然所记物品没有《契丹国志》记录详尽，但其中大部分种类与《契丹国

---

[1] 叶隆礼：《契丹国志》卷二十一，贾敬颜、林荣贵点校，上海：上海古籍出版社，1985年，第203页。

[2] 郑麟趾：《高丽史》卷六，重庆：西南师范大学出版社，2014年，第10页。

志》较为符合。高丽所贡的脑原茶为珍贵名茶。高丽在八节进献中，每次有紫花绵绸三百匹；白绵绸五百匹、细布一千匹、粗布五千匹；纻布、贡平布均为高丽贡品。①

辽朝亦对高丽进行回赐，如太平九年（1029年）"二月戊辰，遣使赐高丽王钦物"②；清宁元年（1055年）"九月壬午，遣使赐高丽、夏国先帝遗物"③；大安四年（1088年），"是岁，辽遣使赐羊二千口、车二十三辆、马三匹"④。辽朝回赐的物品主要有"犀玉腰带二条，细衣二袭，金涂鞍辔马二匹，素鞍辔马五匹，散马二十匹，弓箭器仗二副，细绵绮罗绫二百匹，衣著绢一千匹，羊二百口，酒果子不定数"。⑤而押送辽朝回赐物品到高丽的使者即回礼使，《高丽史》记载的辽朝回礼使名称之前均有"东京"二字，辽朝与高丽外交活动多在东京进行⑥，东京既承担了高丽朝贡队伍的盘查、迎送、接待等工作，也为辽朝回谢高丽节省了大量的人力物力。⑦根据《高丽史》记载，辽朝的回赐情况如表5.3所示。

表5.3 辽朝的回赐情况

时间	记载内容
重熙七年（1038年）十一月	乙卯，契丹东京回礼使、义勇军都指挥康德宁来
重熙八年（1039年）闰月	丁亥朔，契丹东京回礼使大坚济等九人来
重熙八年（1039年）九月	庚申，契丹东京回礼使、都指挥使高维翰来
重熙十二年（1043年）十一月	戊寅，东京回礼使、检校左仆射张昌龄来

---

① 陈述：《契丹社会经济史稿》，北京：三联书店，1963年，第134页。
② 脱脱等：《辽史》卷十七《圣宗八》，北京：中华书局，1974年，第203页。
③ 脱脱等：《辽史》卷二十一《道宗一》，北京：中华书局，1974年，第252页。
④ 郑麟趾：《高丽史》卷十，重庆：西南师范大学出版社，2014年，第13页。
⑤ 叶隆礼：《契丹国志》卷二十一，贾敬颜，林荣贵点校，上海：上海古籍出版社，1985年，第204页。
⑥ 杨军：《东亚封贡体系确立的时间——以辽金与高丽的关系为中心》，《贵州社会科学》，2008年第5期。
⑦ 刘一：《辽丽封贡制度研究》，《满族研究》，2012年第2期。

续表

时间	记载内容
重熙十七年（1048年）	辛酉，契丹东京回礼使、棣州刺史高庆善来
重熙十九年（1050年）九月	丁亥，契丹东京回礼使、忠顺军都指挥使高长安来
重熙二十年（1051年）十月	丁未，契丹东京回礼使、检校工部尚书耶律守行来
清宁元年（1055年）十一月	契丹东京回礼使、检校工部尚书耶律道来
清宁三年（1057年）六月	丁未，契丹东京持礼回谢使、检校工部尚书耶律可行来
清宁四年（1058年）九月	乙亥，契丹东京回礼使、检校左散骑常侍耶律延宁来
清宁五年（1059年）九月	丙申，契丹东京回谢使、检校右散骑常侍耶律延宁来
清宁七年（1061年）四月	丙辰，契丹东京回礼使、检校工部尚书萧嗷思来
清宁八年（1062年）正月	壬戌，东京回礼使、检校尚书、右仆射耶律章来
咸雍五年（1069年）十二月	辽东京回礼使、检校右仆射耶律极里哥来
大安七年（1091年）二月	癸丑，辽东京持礼回谢使、礼宾副使乌耶吕来
大安八年（1092年）四月	戊辰，辽东京持礼使高良庆来
寿昌元年（1095年）五月	癸丑，辽东京回礼使高遂来
寿昌二年（1096年）五月	戊午，辽东京持礼使、礼宾副使高良定来
寿昌二年（1096年）十二月	辛亥，辽东京持礼回谢使大义来
寿昌七年（1101年）正月	辽东京持礼使、礼宾副使高克少来
乾统三年（1103年）十月	庚申，辽东京回礼使、礼宾副使高维玉等来
乾统四年（1104年）十月	庚午，辽东京大王耶律淳遣使来聘
天庆二年（1112年）十一月	辽东京回谢持礼使、礼宾副使谢善来
天庆五年（1115年）十二月	壬寅，辽东京留守遣回谢持礼使、礼宾副使高孝顺来

显然，这种"进贡"与"回赐"的关系，并非仅仅是物品等价交换的关系，对辽朝而言，只不过借此体现其与高丽的宗藩关系，而高丽则希图以朝贡的名义换取契丹大量的生产品和生活用品。①高丽的频贡，造成辽朝财政不堪重负，因此大安四年（1088年）三月，辽道宗特诏"免高丽岁贡"。②

（三）辽朝对高丽的示谕与高丽对辽朝的请求

高丽立太子以及国内重大政治活动，均遣使向辽廷禀告。如高丽文宗八年（1054年）四月，高丽"遣给事中金良贽如契丹告立太子"③；宣宗三年（1086年）五月，"遣告奏使、尚书右丞韩莹，时辽欲于鸭绿江将起榷场，故请罢之"④；肃宗四年（1099年）十月，"遣告奏兼密进使文翼如辽，请赐元子册命"⑤。高丽睿宗统治时期，尹瓘北征曷懒甸女真，高丽亦向辽朝奏告，如高丽睿宗四年（1109年）二月，"遣李汝霖如辽，奏新筑东界九城"⑥，是年十二月"遣都官郎中李国琼如辽奏还女真九城"⑦。

同时，辽朝遇改元、出征诸大事，亦遣使向高丽通报，如清宁二年（1056年），允毁亭后谕高丽："自余琐事，俾守恒规。"⑧大康元年（1075年）七月，"辽东京兵马都部署牒告，改咸雍十一年为大康元年。"⑨乾统元年（1101年）三月，"辽遣检校右散骑常侍耶律毂来告道

---

① 魏志江：《论1020—1125年的辽丽关系》，《南京大学学报（哲学·人文·社会科学版）》，1997年第1期。

② 脱脱等：《辽史》卷二十五《道宗五》，北京：中华书局，1974年，第296页。

③ 郑麟趾：《高丽史》卷七，重庆：西南师范大学出版社，2014年，第20页。

④ 郑麟趾：《高丽史》卷十，重庆：西南师范大学出版社，2014年，第6页。

⑤ 郑麟趾：《高丽史》卷十一，重庆：西南师范大学出版社，2014年，第14—15页。

⑥ 郑麟趾：《高丽史》卷十三，重庆：西南师范大学出版社，2014年，第1—2页。

⑦ 郑麟趾：《高丽史》卷十三，重庆：西南师范大学出版社，2014年，第8页。

⑧ 郑麟趾：《高丽史》卷十，重庆：西南师范大学出版社，2014年，第11—12页。

⑨ 郑麟趾：《高丽史》卷九，重庆：西南师范大学出版社，2014年，第9页。

宗崩，皇太孙燕国公延禧嗣位。"①天庆五年（1115年）八月，天祚帝将亲征女真，遣使高丽请兵，史载："辽将伐女真，遣使来请兵"②。

关于横宣使（横赐使、宣赐使），最早出现于《高丽史》中。学界对其观点不一：一说，辽、金两朝遣使高丽、西夏有横赐使和横宣使的名目，此"横"字义同于横帐之"横"，此"横"字当系契丹字，横即为黄（即耶律氏），故横赐、横宣即敕赐、敕宣之意③；一说，为金朝横宣使，"横赐、横宣当为金与高丽对同一种使节的不同称谓""金遣横赐使，高丽遣谢横赐（横宣）使相回应的记载的频率是每三年一次，除1172年和1198年之外没有间断。横赐（横宣）使是用以和合金丽君臣关系的，按时定期派遣的礼仪性的使节"④；一说，横宣使应是高丽对辽朝派遣的"横赐""宣赐"二使的统称，横宣使的使命是代表辽朝皇帝对高丽国王进行赏赐。⑤在《高丽史》中，有关横宣使的记载如表5.4所示。

表5.4 在《高丽史》中有关横宣使的内容

时间	记载内容
重熙九年（1040年）四月	辛丑，契丹横宣使、秦州防御使马世长等来
重熙十四年（1045年）六月	己卯，契丹横宣使、检校太傅、判三班院事耶律宣来
重熙十九年（1050年）闰月	壬戌，契丹横宣使、匡义军节度使萧质来
重熙二十三年（1054年）十月	甲辰，契丹横宣使、益州刺史耶律芳来
清宁三年（1057年）十月	癸亥，契丹横宣使、泰州刺史耶律宏来
清宁六年（1060年）十一月	契丹宣赐使、高州管内观察使萧奥来
清宁九年（1063年）十一月	癸卯，契丹遣益州刺史萧格来聘
咸雍二年（1066年）十一月	壬子，辽横赐使、归州刺史耶律贺来

---

① 郑麟趾：《高丽史》卷十一，重庆：西南师范大学出版社，2014年，第19页。
② 郑麟趾：《高丽史》卷十四，重庆：西南师范大学出版社，2014年，第4页。
③ 稻叶岩吉：《契丹の横宣横赐の名称》，《史林》17卷1号，1932年1月。
④ 玄花：《金丽外交制度初探》，长春：吉林大学硕士毕业论文，2007年。
⑤ 刘一：《辽丽封贡制度研究》，《满族研究》，2012年第2期。

续表

时间	记载内容
咸雍八年（1072年）十一月	丙午朔，辽遣永州刺史耶律直来行三年一次聘礼
大康元年（1075年）十一月	乙亥，辽遣横宣使、益州管内观察使耶律甫来
大康四年（1078年）十一月	丁酉，辽宣赐使、益州管内观察使耶律温来
大康七年（1081年）十一月	壬寅，辽遣横宣使、利州管内观察使耶律德让来
大安四年（1088年）正月	戊午，辽遣横宣使、御史大夫耶律延寿来
大安六年（1090年）十二月	辽遣横宣使、益州管内观察使耶律利称来
大安九年（1093年）十二月	甲子，辽遣横宣使、安州管内观察使耶律括来
寿昌三年（1097年）正月	壬寅，辽遣横宣使、海州防御使耶律括来赐前王
寿昌五年（1099年）四月	丁亥，辽遣横宣使、宁州管内观察使萧朗来，兼赐《藏经》
乾统二年（1102年）十二月	壬子，辽遣横宣使、归州管内观察使萧轲来
乾统六年（1106年）二月	甲子朔，辽横宣使来
乾统八年（1108年）十二月	戊子，辽遣横宣使、检校司徒耶律宁来
天庆元年（1111年）十二月	己酉，辽遣横赐使、检校司空萧遵礼来
天庆四年（1114年）十一月	乙亥，辽遣横宣使耶律谘、副使李硕来

辽朝横宣使代表的是辽朝统治者，因此使者往往由贵戚担任。设置横宣使的目的是对高丽进行赏赐，是辽朝对高丽朝贡活动的一种回馈。辽朝向高丽派遣横宣使的频率基本为三年一次（特殊情况除外），时间多在当年年末，尤其辽道宗继位以后，这种活动更加规范。[①]

---

① 刘一：《辽丽封贡制度研究》，《满族研究》，2012年第2期。

（四）辽朝与高丽的礼仪性活动

辽丽两国自1020年后，每逢四季节令均遣使问候。为了避免不必要的礼仪负担和繁文缛节，太平二年（1022年），辽圣宗遂改四季问候为春夏、秋冬两季问候。史载：是年"八月庚子，契丹东京持礼使李克方来言：'自今春夏季问候使并差一次，与贺千龄、节正旦使同行；秋冬季问候使并差一次，与贺太后生辰使同行。'"①

遇有重大丧葬事，两国亦互相遣使致祭、会葬，如太平十一年（1031年），"圣宗崩，即皇帝位于柩前。……甲申，遣使告哀于宋及夏、高丽"。秋七月丙午朔，"高丽遣使吊慰。"②重熙二十四年（1055年）八月己丑，"即皇帝位于柩前……癸巳，遣使报哀于宋及夏、高丽。"③清宁元年（1055年）十一月甲子，"葬兴宗皇帝于庆陵。宋及高丽遣使来会。"④清宁元年（1055年）九月，"契丹兴宗告哀使、鸿胪少卿张嗣复来。王闻嗣复过鸭绿江，减常膳、辍音乐、禁屠宰、断弋猎。乙丑，王服素襕，率百官出昌德门前，嗣复传诏举哀行服，辍朝市三日。"⑤"遣知中枢院事崔惟善、工部侍郎李得路如契丹吊丧会葬。"⑥辽道宗崩，遣使告哀，史载：乾统元年（1101年）夏四月，"遣太府少卿王公胤、阁门使鲁作公如辽吊丧会葬。"⑦高丽国王薨，辽亦遣使吊祭，如重熙十五年（1046年）八月癸丑，"高丽王钦薨，遣使来告。"⑧高丽肃宗十年（1105年）"十月丙寅，肃宗薨，……戊子，遣中书舍人金缘如

---

① 郑麟趾：《高丽史》卷四，重庆：西南师范大学出版社，2014年，第27页。
② 脱脱等：《辽史》卷十八《兴宗一》，北京：中华书局，1974年，第211、212页。
③ 脱脱等：《辽史》卷二十一《道宗一》，北京：中华书局，1974年，第252页。
④ 脱脱等：《辽史》卷二十一《道宗一》，北京：中华书局，1974年，第252页。
⑤ 郑麟趾：《高丽史》卷七，重庆：西南师范大学出版社，2014年，第24页。
⑥ 郑麟趾：《高丽史》卷六十四，重庆：西南师范大学出版社，2014年，第13页。
⑦ 郑麟趾：《高丽史》卷十一，重庆：西南师范大学出版社，2014年，第19—20页。
⑧ 脱脱等：《辽史》卷十八《兴宗一》，北京：中华书局，1974年，第233页。

辽告哀。"①高丽睿宗元年（1106年）正月，"辽遣祭奠使耶律演、左企弓来。丙午，辽遣吊慰使耶律忠，刘企常来。"②高丽靖宗去世，辽朝亦于高丽文宗元年（1047年）二月，"遣忠顺军节度使萧慎微、守殿中少监康化成等来祭靖宗于虞宫。"③此外，两国皇太后、太皇太后丧，亦互相遣使致祭，如高丽文宗十二年（1058年）二月"辛酉，契丹遣检校尚书右仆射萧禧来告太皇太后丧，王以玄冠素服迎之"。④五月葬钦哀皇后于庆陵，"高丽遣使来会葬。"⑤此外，辽朝皇帝或皇太后死后，要将死去皇帝或皇太后的遗物馈遗高丽一部分，以示对死者的怀念，如清宁元年（1055年）九月，遣使赐高丽先帝遗物。⑥

除丧事互相吊祭外，每逢生辰、节日、正旦等，两国均遣使致贺。如高丽靖宗五年（1039年）七月，"契丹遣少府监陈迈来贺生辰。"⑦是年十一月，"遣工部侍郎李仁静如契丹贺永寿节兼贺正。"⑧高丽靖宗六年（1040年）八月，"遣工部侍郎庚昌如契丹贺皇太后生日。"⑨高丽文宗二十九年（1075年），四月"丙寅，遣刑部侍郎崔奭如辽贺天安节，殿中内给事全咸正贺坤宁节，都官员外郎赵惟阜贺正。"⑩辽朝几乎每年都遣使贺高丽国王生辰。辽朝派遣去高丽的使者中频度最高的就是生辰使。辽朝派往高丽的生辰使大多由汉人官员担任，偶有渤海人，几乎不见契丹人。究其原因，一方面由于使者往往需要参与一系列礼仪、庆典活动，如创作诗词歌赋为王贺寿，或与高丽文臣进行文学交流等，故派遣文化程度

---

① 郑麟趾：《高丽史》卷十二，重庆：西南师范大学出版社，2014年，第11页。
② 郑麟趾：《高丽史》卷十二，重庆：西南师范大学出版社，2014年，第14页。
③ 郑麟趾：《高丽史》卷七，重庆：西南师范大学出版社，2014年，第3页。
④ 郑麟趾：《高丽史》卷八，重庆：西南师范大学出版社，2014年，第6—7页。
⑤ 脱脱等：《辽史》卷二十一《道宗一》，北京：中华书局，1974年，第256页。
⑥ 脱脱等：《辽史》卷二十一《道宗一》，北京：中华书局，1974年，第252页。
⑦ 郑麟趾：《高丽史》卷六，重庆：西南师范大学出版社，2014年，第13页。
⑧ 郑麟趾：《高丽史》卷六，重庆：西南师范大学出版社，2014年，第15页。
⑨ 郑麟趾：《高丽史》卷六，重庆：西南师范大学出版社，2014年，第15页。
⑩ 郑麟趾：《高丽史》卷九，重庆：西南师范大学出版社，2014年，第9页。

较高的汉官较契丹人更加适合；另一方面，高丽历来崇慕华风，辽朝派遣汉官作为生辰使，也是出于满足高丽喜好的考虑。①

（五）辽朝与高丽的朝贡路线

1.辽朝上京朝贡路线

918年，辽太祖选西楼地兴建皇都。938年，辽太宗改国号"大辽"，并改"皇都"为"上京"。辽朝上京在今内蒙古自治区巴林左旗林东镇。②辽朝初期，高丽朝贡路线主要沿用唐朝营州路线。③从营州到上京的大致路线为，营州—庆州（今内蒙古自治区巴林右旗）—上京。④

辽朝灭渤海国后，建东丹国，并于神册四年（919年），升辽阳古城为南京，天显十三年（938年）改南京为东京。⑤1007年，辽圣宗于营州（今辽宁省朝阳市）兴建中京之后，进一步完善了由中京至上京的路线，此时高丽朝贡路线为，"辽朝与高丽使团往来路线，在高丽境内，是自开京（今朝鲜开城市）经西京（今朝鲜平壤市），北至龙州（今朝鲜平安北道龙川郡），由此进入辽境内的保州来远城（今朝鲜平安北道义州郡）；在辽朝境内，是从来远城经开远城（今辽宁省凤城市）至东京辽阳府；在东京至中京之间，辽朝设有专门的驿道，高丽朝贡使团可以凭借这条驿道从辽朝东京而进入中京；再分途去上京或南京。"⑥

高丽去辽朝上京的朝贡路是在"唐营州路"以及"渤海长岭营州路"⑦的基础上建立的，辽朝逐步加以完善和拓展，这条朝贡路线自辽圣宗统治时期起直至辽朝灭亡，一直是高丽使团前往辽朝上京的主要通道。

---

① 刘一：《辽丽封贡制度研究》，《满族研究》，2012年第2期。
② 董新林：《辽上京城址的发现和研究述论》，《北方文物》，2006年第3期。
③ 王占峰：《高丽与辽、北宋朝贡路研究》，延边大学硕士学位论文，2008年。
④ 王绵厚、李健才：《东北古代交通》，沈阳：沈阳出版社，1990年，第177页。
⑤ 脱脱等：《辽史》卷三十八《地理志二》，北京：中华书局，1974年，第456页。
⑥ 李孝聪：《中国区域历史地理》，北京：北京大学出版社，2004年，第462页。
⑦ 尹铱哲：《渤海国交通运输史研究》，北京：华龄出版社，2006年，第136页。

2.辽朝南京、中京朝贡路线

辽朝南京的朝贡路线，是高丽朝贡经过的主干道路。有学者认为，这条路线为，"北京—潞县（今北京市通州区）—三河—蓟州—玉田—石城（今河北省唐山市开平区）—滦州（今河北省滦州市）—平州（今河北省秦皇岛市卢龙县）—营州（今河北省秦皇岛市昌黎县）—迁州（今河北省秦皇岛市抚宁区）—山海关—来州（今辽宁省葫芦岛市绥中县前卫镇）—隰州（今辽宁省兴城市东关街）—锦州—显州（今辽宁省北镇市）—沈阳。或北去松、嫩、黑龙江流域，或东去朝鲜半岛，或南下辽东半岛。"[1]而南京朝贡路线应为，幽州（今北京市）过平州（今河北省秦皇岛市卢龙县），经迁州（今河北省秦皇岛市抚宁区）的新营州，出榆关过锦州，到达东京以南铁州（今辽宁省营口市汤池镇），到达东京（今辽宁省辽阳市）渡鸭绿江至平壤。[2]

辽朝中京的朝贡路线。中京处于上京、南京、东京之间，高丽朝贡于辽朝，首先要由东京取道至中京。《武经总要》详细记载了东京至中京的这段道路：由东京出发，"西行六十里至鹤柱馆（今辽宁省鞍山市千山区鞍山驿堡），又九十里至辽水馆（今辽宁省盘锦市大洼区），又七十里至闾山馆，馆在医巫山中。又九十里至独山馆（今辽宁省辽阳市辽阳县），又六十里唐叶馆（今辽宁省辽阳市唐马寨镇），又五十里乾州（今辽宁省北镇市北镇庙前），又五十里至辽州（今辽宁省新民市辽滨塔），北六十里至宜州（今辽宁省锦州市义县），又百里至牛心山馆（今辽宁省锦州市义县以西牛心山），又六十里至霸州（今辽宁省朝阳市），又七十里至建安馆（今辽宁省朝阳市黄花滩村），又五十里至富水（今内蒙古自治区赤峰市克什克腾旗土城子镇）、会安（今辽宁省朝阳市建平县沙海镇），至中京（今内蒙古自治区宁城县大明城）三驿

---

① 唐晓峰，黄义军：《历史地理学读本》，北京：北京大学出版社，2006年，第573页。

② 王占峰：《高丽与辽、北宋朝贡路研究》，延边大学硕士学位论文，2008年。

程，各去七十里。"①东京至中京分为南北两路，南路，由东京出发经鹤柱馆、辽水馆、闾山馆到达中京；北路，由东京出发经独山馆、唐叶馆、乾州、辽州、宜州、霸州、建安馆再通过中京道抵达中京。②

东京建于会同元年（938年），是辽朝的主要军政要冲、军事重地，同时也是高丽、女真与辽贸易的主要场所。据《辽史·食货志下》载："东平郡城中置看楼，分南、北市，禺中交易市北，午漏下交易市南。雄州、高昌、渤海亦立互市，以通南宋、西北诸部、高丽之货，故女直以金、帛、布、蜜、蜡诸药材，及铁离、靺鞨、于厥等部以蛤珠、青鼠、貂鼠、胶鱼之皮、牛羊驼马、毳罽等物，来易于辽者，道路襁属。"③但是，东京是高丽朝贡道路上的必经之处，高丽使者需要通过东京才能到达南京、中京、上京的。据《三国史记》载："吾人朝聘者，过东京，涉辽水，……以向燕、蓟……"④

总之，高丽向辽朝贡的路线是在不断变化着的，这种改变受辽朝独特的行政体制影响。高丽向辽朝朝贡的陆路路线也是随着辽朝政治中心的转移而不断发生变迁的。辽朝的都城虽然是上京，但是随着时间的推移及政治的需要，它作为完成"朝贡—赏赐—册封"这种朝贡礼仪的地点的使命渐渐被淡化，取而代之的是南京、中京。据《辽史》记载："辽圣宗统和二十七年（1009年）二月，'辛卯，皇太后崩于行宫。壬辰，遣使报哀于宋、夏、高丽。戊申，如中京。"⑤从中可以看出，辽圣宗接待来使是在中京。因此，辽圣宗确立宗藩关系之后，高丽朝贡陆路路线终点由开始的前往上京，转为前往南京，之后中京建成，进而转道中京，而东京则是朝贡路线的必经之地。

---

① 曾公亮：《武经总要》第四卷《中国兵书集成》，北京：解放军出版社，1992。
② 王绵厚，李健才：《东北古代交通》，沈阳：沈阳出版社，1990年，第200—201页。
③ 脱脱等：《辽史》卷六十《食货志下》，北京：中华书局，1974年，第929页。
④ 金富轼：《三国记》，长春：吉林文史出版社，2003年，第442—443页。
⑤ 脱脱等：《辽史》卷十四《圣宗五》，北京：中华书局，1974年，第164页。

3.辽朝与高丽的海路往来

辽朝、高丽之间往来以陆路为主，但隋唐时期的海路似乎还在沿用。

鸭绿江朝贡道，是一条主要以水路连结渤海国与唐朝中央政权的交通干线。其具体线路为，"从上京龙泉府（今黑龙江省宁安市渤海镇）出发，经旧国（今吉林省敦化市），路过大蒲柴河，取道抚松，抵达西京鸭渌府神州（今吉林省临江市），由此乘船顺鸭绿江而下，经桓州（今吉林省集安市）抵泊沟口（大蒲石河口），再循海岸行驶，过乌骨江（今辽宁省履河）、杏花浦、桃花浦、青泥浦（今辽宁省大连市），抵达都里镇（今辽宁省大连市旅顺口区），再转乘海船扬帆横渡乌湖海（渤海海峡），到达登州（今山东省蓬莱区）登岸。"①

辽朝虽然控制着这条到登州的航线，可是沿朝鲜半岛西岸航行到鸭绿江江口或到大连再转行陆路前往辽地，以及沿渤海国朝贡古道前往东北地区内陆的航线还在使用。②

二、辽朝与高丽经济往来

《辽史》载：辽太祖九年（915年），十月戊申，"钓鱼于鸭渌江，新罗遣使贡方物，高丽遣使进宝剑"。③但是，高丽于神册三年（918年）建国，而辽太祖建国号"契丹"于916年，其时王建尚为泰封国弓裔部将，不可能有遣使辽朝贡宝剑之举，故《辽史》所载不实。辽朝与高丽经济往来之展开，当始于天赞元年（922年）。④据《高丽史》载：是年春"二月，契丹来遗橐驼、马及毡"⑤，而高丽亦遣使报聘。但是，由于926

---

① 王绵厚，李健才：《东北古代交通》，沈阳：沈阳出版社，1990年，第165页。
② 王占峰：《高丽与辽、北宋朝贡路研究》，延边大学硕士学位论文，2008年。
③ 脱脱等：《辽史》卷一《太祖一》，北京：中华书局，1974年，第10页。
④ 魏志江：《辽金与高丽的经济文化交流》，《社会科学战线》，2000年第5期。
⑤ 郑麟趾：《高丽史》卷一，重庆：西南师范大学出版社，2014年，第12页。

年，辽朝灭渤海国，且与高丽境壤相接，令高丽忧惧不安，断绝了与辽朝的正常经济往来。据《高丽史》载，942年，"契丹遣使来遗橐驼五十匹。王以契丹尝与渤海连和，忽生疑贰，背盟殄灭，此甚无道，不足远接为邻。遂绝交聘，流其使三十人于海岛，系橐驼万夫桥下，皆饿死。"① 尽管此后辽朝仍于986年遣使高丽，即"契丹遣厥烈来请和"，② 但辽丽两国的政治关系已甚为恶化，经济往来则完全中断。直到统和十二年（994年），辽朝开始大规模征伐高丽，迫使高丽称臣朝贡，两国的经济往来方得以重新恢复。辽朝与高丽的经济往来主要有以下几种。

（一）朝贡贸易

辽朝与高丽宗藩关系的确立，不仅表明政治上辽朝已取得对高丽的宗主权，而且双方重新开始正常的经济往来。

1.高丽向辽朝进贡的物品

《契丹国志》卷二十一载，高丽向辽朝进贡的物品品目及数量主要有"金器二百两，金抱肚一条五十两，金钞锣五十两，金鞍辔马一匹五十两，紫花绵绸一百匹，白绵绸五百匹，细布一千匹，粗布五千匹，铜器一千斤，法清酒醋共一百瓶，脑元茶十斤，藤造器物五十事，成形人参不定数，无灰木刀摆十个，细纸墨不定数目。"③

《高丽史》亦载：高丽进贡品目，"甲寅，金元冲还自契丹……诏曰省所上表，谢恩今朝贡并进捧金吸瓶、银药瓶、幞头纱、纻布、贡平布、脑原茶、大纸、细墨、龙须蓥席等事，具悉。"④

关于金、银、铜，《高丽图经》卷二十三《杂俗二》，土产条载：

---

① 郑麟趾：《高丽史》卷二，重庆：西南师范大学出版社，2014年，第10—11页。
② 郑麟趾：《高丽史》卷三，重庆：西南师范大学出版社，2014年，第7页。
③ 叶隆礼：《契丹国志》卷二十一，贾敬颜，林荣贵点校，上海：上海古籍出版社，1985年，第203页。
④ 郑麟趾：《高丽史》卷六，重庆：西南师范大学出版社，2014年，第10页。

第五章 辽朝对东南部边界地区的管控

"地少金银而多铜器。"①《高丽史》卷四,"高丽显宗十三年(1022年)五月乙亥"条云:溟州上言,"银矿出于旌善县。"②高丽在八节贡献中,每次有金器三百五十两、铜器一千斤。③辽朝缺铜,铜钱、铜器的铸造受到限制,故高丽向辽朝进贡铜,是辽朝最为欢迎的一件事情。④

关于布帛类,《高丽图经》卷三,"城邑贸易"条载:"男女老幼,官吏工技,各以其所有,用以交易。无泉货之法,惟纻布银瓶,以准其直。"⑤

关于龙须草席、藤席,《辽史·圣宗五》载:"高丽进龙须草席。"⑥《辽史·属国表》载:"高丽进文化、武功两殿龙须草地席。"⑦《鸡林志》条载:"高丽人多织,有龙须席、藤席。今舶人贩至者,皆草席织之。狭而密紧,上亦有效图花。"⑧而藤席,《高丽图经》卷三十二"器皿"条说明了,藤樽及其用途,其中还对藤筐加以说明,称王府使用的高级藤筐"其直准白金一斤"。⑨

关于纸墨类,高丽生产的种类繁多,有白硾纸(亦称白纸、茧纸)、翠纸、青瓷纸等。《高丽史》卷五十三,"五行志一"载:"元宗十二年(1271年)二月戊申,楮市桥边民三百余户火。"⑩关于笔墨,《高丽图

---

① 徐兢:《宣和奉使高丽图经》卷二十三《杂俗二》,北京:国家图书馆出版社,2009年,第3—5页。
② 郑麟趾:《高丽史》卷四,重庆:西南师范大学出版社,2014年,第27页。
③ 陈述:《契丹社会经济史稿》,北京:三联书店,1978年,第136页。
④ 漆侠,乔幼梅:《中国古代经济史断代研究之六——辽夏金经济史》,保定:河北大学出版社,1994年,第108页。
⑤ 徐兢:《宣和奉使高丽图经》卷三,北京:国家图书馆出版社,2009年,第6—7页。
⑥ 脱脱等:《辽史》卷十四《圣宗五》,北京:中华书局,1974年,第163页。
⑦ 脱脱等:《辽史》卷七十《属国表》,北京:中华书局,1974年,第1150页。
⑧ 陶宗仪:《说郛三种》卷六,上海:上海古籍出版社,1988年,第131页。
⑨ 李龙范:《丽丹贸易考》,金渭显:《韩中关系史研究论丛》,香港:香港社会科学出版社,2004年,第56页。
⑩ 郑麟趾:《高丽史》卷五十三,重庆:西南师范大学出版社,2014年,第29—30页。

经》卷二十三，"杂俗土产"条载："松烟墨贵猛州者，然色昏而胶少，仍多沙石。黄毫笔软，弱不可书，旧传为猩猩毛，未必然也。"[1]

关于鹰鹘类，《辽史·耶律陈家奴》载："耶律仁先荐陈家奴，健捷比海东青鹘。"[2]《辽史·道宗一》载："许士庶畜鹰。"[3]然而清宁七年（1061年）四月辛未，"禁吏民畜海东青鹘。"[4]《辽史·张孝杰》载："帝谓孝杰可比狄仁杰，赐名仁杰，乃许放海东青鹘。"[5]《金史·太宗》载：天会二年（1124年）五月"乙巳，曷懒路军帅完颜忽剌古等言：'往者，岁捕海狗、海东青、鸦、鹘于高丽之境。'"[6]《高丽史》卷三，"高丽成宗十四年（995年）二月"条记载进鹰之事，"是月，遣李周祯如契丹献方物，又进鹰。"[7]关于海东青的产地，《契丹国志》卷十载："女真东北与五国为邻，五国之东邻大海，出名鹰，自海东来者，谓之海东青。"[8]叶子奇《草木子》称："海东青，鹘之至俊者也，出于女真。"[9]《辽金纪事》亦称："海东青出于女真东北铁甸等五国。"[10]林佶《全辽备考》卷下载："辽以东皆产鹰，而宁古塔尤多。"[11]

此外，高丽对契丹的输出品还有海东灵草——人参[12]，以及脑原茶、

---

[1] 徐兢：《宣和奉使高丽图经》卷二十三，北京：国家图书馆出版社，2009年，第3—5页。

[2] 脱脱等：《辽史》卷九十五《耶律陈家奴》，北京：中华书局，1974年，第1391页。

[3] 脱脱等：《辽史》卷二十一《道宗一》，北京：中华书局，1974年，第257页。

[4] 脱脱等：《辽史》卷二十一《道宗一》，北京：中华书局，1974年，第258页。

[5] 脱脱等：《辽史》卷一百一十《张孝杰》，北京：中华书局，1974年，第1487页。

[6] 脱脱等：《金史》卷三《太宗本》，北京：中华书局，1975年，第50页。

[7] 郑麟趾：《高丽史》卷三，重庆：西南师范大学出版社，2014年，第19—20页。

[8] 叶隆礼：《契丹国志》卷二十一，贾敬颜、林荣贵点校，上海：上海古籍出版社，1985年，第99页。

[9] 厉鹗：《辽史拾遗》卷十一，北京：商务印书馆，1936年，第207页。

[10] 厉鹗：《辽史拾遗》卷二（下），北京：商务印书馆，1936年，第207页。

[11] 林佶：《全辽备考》卷下，哈尔滨：黑龙江北方文艺出版社，2022年，第9—10页。

[12] 陈述：《契丹社会经济史稿》，北京：三联书店，1978年，第136页。

谷物等。[①]

2.辽朝回赐高丽的物品

《契丹国志》卷二十一记载了辽朝每次回赐物品品目及数量，主要有"犀玉腰带二条，细衣二袭，金涂鞍辔马二匹，素鞍辔马五匹，散马二十匹，弓箭器仗二副，细绵绮罗绫二百匹，衣著绢一千匹，羊二百口，酒果子不定数"。[②]

关于绫罗、丹丝，《高丽图经》卷二十三，"杂俗土产"条云："（高丽）不善蚕桑，其丝线织纴，皆仰贾人，自山东、闽、浙来。颇善织文罗、花绫、紧丝、锦罽。迩来北虏降卒工技甚众，故益奇巧，染色又胜于前日。"[③]曾赐匹缎于高丽。[④]

关于家畜类，述律后云："我有羊马之富，西楼足以娱乐。"[⑤]羊不仅是生活必需品，而且还被作为祭天用的牺牲，在黑山祭祀[⑥]和战胜祭祀[⑦]等重要的节庆活动中是不可缺少的贡品。羊还是辽朝对外贸易的大宗，《辽史·太宗下》："禁南京鬻牝羊出境。"[⑧]即辽太宗禁止对宋朝贸易输出牝羊。《辽史·食货志》载："时北院大王耶律室鲁以俸羊多阙，部人贫乏，请以羸老之羊及皮毛易南中之绢，上下为便。"[⑨]辽朝以羊输

---

① 叶隆礼：《契丹国志》卷二十一，贾敬颜，林荣贵点校，上海：上海古籍出版社，1985年，第203页。

② 叶隆礼：《契丹国志》卷二十一，贾敬颜，林荣贵点校，上海：上海古籍出版社，1985年，第204页。

③ 徐兢：《宣和奉使高丽图经》卷二十三，北京：国家图书馆出版社，2009年，第3—5页。

④ 陈述：《契丹社会经济史稿》，北京：三联书店，1978年，第132页。

⑤ 薛居正：《旧五代史》卷七十二《四夷附录第一》，北京：中华书局，1976年，第4页。

⑥ 脱脱等：《辽史》卷五十三《嘉仪下》，北京：中华书局，1974年，第879页。

⑦ 脱脱等：《辽史》卷五十一《礼志三》，北京：中华书局，1974年，第845页。

⑧ 脱脱等：《辽史》卷四《太宗下》，北京：中华书局，1974年，第46页。

⑨ 脱脱等：《辽史》卷六十《食货志下》，北京：中华书局，1974年，第929，930页。

出于高丽。《高丽史》卷九十三《徐熙传》云："逊宁赠以驼十首、马百匹、羊千头。"①《辽史·高丽》载：大安九年（1093年），"赐王运羊"。②当代学者陈述云："每年八节回赐高丽及奉使有鞍辔马九匹、散马十六匹、羊二百口。"③

此外，《契丹国志》卷二十一还记载，高丽"横进物件：粳米五百石、糯米五百石、织成五彩御衣不定数"④；辽朝"赐奉使物件：金涂银带二条，衣二袭，锦绮三十匹，色绢一百匹，鞍辔马二匹，散马五匹，弓箭器仗一副，酒果不定数。上节从人：白银带一条，衣一袭，绢二十匹，马一匹。下节从人：衣一袭，绢十匹，紫绫大衫一领。"⑤辽朝赐高丽使者银匣、银带。⑥

此外，辽朝对高丽尚有不时之赐予。据《高丽史》载，高丽宣宗五年（1085年），"是岁，辽遣使赐羊二千口、车二十三辆、马三匹。"⑦高丽为获取辽朝大量物品，频繁遣使朝贡，有时一年多达三次，如重熙十三年（1044年），三月、六月和十二月均有高丽遣使朝贡的记载。

可见，辽丽朝贡贸易，并非仅仅是物品等价交换的关系，对辽朝而言，只不过借此体现其与高丽的宗藩关系，而高丽则希图以朝贡的名义换取辽朝大量的生产品和生活用品。⑧辽朝奉行的仍然以儒家德治主义为基

---

① 郑麟趾：《高丽史》卷九十二，重庆：西南师范大学出版社，2014年，第3—4页。

② 脱脱等：《辽史》卷一百一十五《高丽》，北京：中华书局，1974年，第1522页。

③ 陈述：《契丹社会经济史稿》，北京：三联书店，1978年，第131页。

④ 叶隆礼：《契丹国志》卷二十一，贾敬颜，林荣贵点校，上海：上海古籍出版社，1985年，第203页。

⑤ 叶隆礼：《契丹国志》卷二十一，贾敬颜，林荣贵点校，上海：上海古籍出版社，1985年，第204页。

⑥ 陈述：《契丹社会经济史稿》，北京：三联书店，1978年，第132页。

⑦ 郑麟趾：《高丽史》卷十，重庆：西南师范大学出版社，2014年，第13页。

⑧ 魏志江：《论1020—1125年的辽丽关系》，《南京大学学报（哲学·人文·社会科学版）》，1997年第1期。

础，对周边国家经济实行"厚往薄来"的柔远主义政策。①

（二）榷场贸易

《金史》卷五十《食货五》载："榷场，与敌国互市之所也，皆设场官，严厉禁，广屋宇，以通二国之货，岁之所获亦大有助于经用焉。"②虽然此处记载的是金朝的榷场，但金朝继承的是辽宋的榷场，因而也适合于分析辽朝的榷场。③2002年版《辞海》将榷场定义为"宋、辽、金、元各在边境所设的互市市场"。④《中国大百科全书》则界定为"辽、宋、西夏、金政权各在接界地点设置的互市市场"。⑤可知，榷场是辽金时期的一种特殊的贸易形式，是禁榷和互市相结合的历史产物。⑥辽朝的榷场不仅是市易的场所，也是重要的交通道口或驿站。⑦

辽朝东边有对高丽设置的保州榷场。⑧如前文所述，保州是在开泰三年（1014年）辽朝发动第三次大规模征伐高丽战争之初所修筑的，并且应是高丽在辽朝所赐的"鸭绿江东数百里地"所建"六城"之外由辽朝重新修筑的一个州城。⑨保州的位置，据考证当位于今朝鲜平安北道义州及新

---

① 魏志江：《宗藩体制：东亚传统国际安全体制析论》，《现代国际关系》，2014年第4期。

② 脱脱等：《金史》卷五十《食货五》，北京：中华书局，1975年，第1113页。

③ 程嘉静：《辽代榷场设置述论》，《内蒙古社会科学（汉文版）》，2015年第2期。

④ 夏征农：《辞海》，上海：上海辞书出版社，2002年，第3754页。

⑤ 中国大百科全书总编辑委员会：《中国大百科全书》，北京：中国大百科全书出版社，第854页。

⑥ 程嘉静：《辽代榷场设置述论》，《内蒙古社会科学（汉文版）》，2015年第2期。

⑦ 项春松：《辽代历史与考古》，呼和浩特：内蒙古人民出版社，1996年，第204页。

⑧ 陈述：《契丹社会经济史稿》，北京：三联书店，1978年，第125页。

⑨ 赵永春，玄花：《辽金与高丽的"保州"交涉》，《中国边疆史地研究》，2008年第1期。

义州之间。①保州榷场的设置时间为开泰三年（1014年）。②但由于辽朝征伐高丽，榷场贸易受阻。

大安二年（1086年），辽朝又向高丽提出重开榷场贸易的动议，然一直遭到高丽方面的反对。据《高丽史》载，高丽宣宗三年（1086年）五月"丙子……又遣告奏使尚书右丞韩莹，时辽欲于鸭绿江将起榷场，故请罢之"。③又载，高丽宣宗五年（1088年）二月"甲午，以辽议置榷场于鸭江岸，遣中枢院副使李颜托为《藏经》烧香使，往龟州密备边事"。④又载，同年九月，高丽宣宗"遣太仆少卿金先锡如辽，乞罢榷场"。⑤辽道宗回诏曰："屡抗封章，请停榷易，谅惟细故，讵假繁辞。迩然议于便宜，况末期于创置，务从安帖，以尽倾输，释乃深疑，体予至意。"⑥可见辽道宗对高丽的请求表示谅解，遂取消了在保州设榷场的计划。⑦高丽肃宗六年（1101年）八月，"都兵马使奏：'今辽东京兵马都部署移文请罢静州关内军营。顷在大安中，辽欲于鸭江置亭子及榷场，我朝遣使请罢，辽帝听之，今亦宜从其请。'制可。"⑧其后直至辽朝灭亡，辽丽两国间的榷场贸易始终未能恢复。

（三）其他贸易

作为朝贡贸易的补充，不论是辽朝，还是高丽使臣，彼此出使对方，均进行所谓夹带贸易或随行兼从进行商业活动。⑨如辽朝"东京回礼使高

---

① 谭其骧：《中国历史地图集释文汇编（东北卷）》，北京：中央民族学院出版社，1988年，第134页。
② 脱脱等：《辽史》卷三十八《地理志二》，北京：中华书局，1975年，第459页。
③ 郑麟趾：《高丽史》卷十，重庆：西南师范大学出版社，2014年，第6页。
④ 郑麟趾：《高丽史》卷十，重庆：西南师范大学出版社，2014年，第10—11页。
⑤ 郑麟趾：《高丽史》卷十，重庆：西南师范大学出版社，2014年，第11页。
⑥ 郑麟趾：《高丽史》卷十，重庆：西南师范大学出版社，2014年，第13页。
⑦ 程嘉静：《辽代榷场设置述论》，《内蒙古社会科学（汉文版）》，2015年第2期。
⑧ 郑麟趾：《高丽史》卷十一，重庆：西南师范大学出版社，2014年，第21—22页。
⑨ 魏志江：《辽金与高丽的经济文化交流》，《社会科学战线》，2000年5期。

第五章 辽朝对东南部边界地区的管控

遂来，遂私献绫罗、彩缎甚多"。①高丽王室对入丽使臣及其兼从进行夹带贸易的行为，多采取鼓励的态度，如高丽显宗二年（1011年），特设置迎宾、会仙等客馆；高丽文宗九年（1055年），又设置娱宾、清河和朝宗等客馆，为使臣和商人寄宿提供便利。此外，高丽文宗十六年（1062年），辽朝特设"辽国买卖院于宣义南"②，为使臣和商人进行贸易提供固定场所。同时，高丽使臣赴辽朝，亦从事夹带贸易和民间商业活动，因此，高丽成宗朝大臣崔承老尝上疏，指责其有损国家体面，其谓："聘使且因贸易，使价烦多，恐为中国之所贱。且因往来，败船殒命者多矣。请自今因其聘使，兼行贸易，其余非时买卖，一皆禁断。"③虽然崔氏指责的是入宋使臣的情形，但于辽朝亦是如此，因此，高丽明宗十三年（1183年）八月，高丽明宗终于下诏加以禁绝，史载："是月，两府宰枢奏'每岁奉使如金者，利于懋迁，多赍土物转输之弊，驿吏苦之。夹带私馈，宜有定额，违者夺职'。诏可。"④高丽出于国家安全利益之需要而颁此禁令，但对使臣及兼从进行夹带贸易的行为，不可能真正将其禁绝。

由于朝贡贸易和夹带贸易并不能满足一般民众的需求，而辽丽间榷场贸易重开之事总是被制止，因而辽朝与高丽间存在着大量的走私贸易，亦称密贸易。据《高丽史》载：高丽肃宗六年（1101年）六月辛丑，"定州长今男盗官库铁甲四部，卖与东女真，事觉伏诛。"⑤《高丽史》又载，高丽高宗三年（1216年）闰七月，"先是，金再牒乞籴，国家令边官拒而不纳。自去年金人因兵乱资竭，争赍珍宝，款义、静州关外互市米谷，各以银一锭换米四、五石，故商贾争射厚利，国家虽严刑籍货，然犹贪渎无厌，潜隐互市不绝。"⑥诚如高丽恭让王时中郎将房士郎上疏云："今

---

① 郑麟趾：《高丽史》卷十，重庆：西南师范大学出版社，2014年，第24—25页。
② 郑麟趾：《高丽史》卷十，重庆：西南师范大学出版社，2014年，第12页。
③ 郑麟趾：《高丽史》卷九十三，重庆：西南师范大学出版社，2014年，第9—10页。
④ 郑麟趾：《高丽史》卷二十，重庆：西南师范大学出版社，2014年，第9—10页。
⑤ 郑麟趾：《高丽史》卷十一，重庆：西南师范大学出版社，2014年，第21页。
⑥ 郑麟趾：《高丽史》卷二十二，重庆：西南师范大学出版社，2014年，第4—5页。

也，令非严也，征商之徒，什五成群，牵牛带马，怀令夹银，日趋异城。驴骡驽钝之物遍于国中，愿自今潜行越江卖牛马及官印之马，卖彼不还者，以违制加刑。"①高丽一方面对日益猖獗的走私贸易实行严刑峻法，另一方面竟又通过西北面兵马使直接开展走私贸易活动。《高丽史》载高丽明宗十五年（1185年）正月，"辛丑，西北面兵马使李知命献契丹丝五百束。知命之陛辞也，王召入内殿，亲谕曰：'义州虽禁两国互市，卿宜取龙州库绽布，市丹丝以进。'故有是献。毅宗时，凡金国所赠丝绢等物，半入内府，以需御用；半付太府，以充经费。王即位以后，悉入内府，赐诸嬖媵，府藏虚竭，征求至此。"②

三、辽朝与高丽文化交流

辽朝与高丽在宗教、礼法、文学、史学、天文历法和艺术、语言文字等方面，都有着广泛的交流。

（一）宗教

辽朝向高丽赠佛经。③辽朝向高丽赠送《大藏经》，首次赠《大藏经》于高丽，始于清宁九年（1063年）三月，据《高丽史》载：是年"丙午，契丹送《大藏经》，王备法驾迎于西郊。"④咸雍八年（1072年）十二月庚寅，辽朝"赐高丽佛经一藏"。⑤寿昌五年（高丽肃宗四年，1099年），辽朝遣使萧朗至高丽，又赠《大藏经》一部。《高丽史》载：是年夏四月"丁亥，辽遣横宣使、宁州管内观察使萧朗来，兼赐

---

① 郑麟趾：《高丽史》卷八十五，重庆：西南师范大学出版社，2014年，第17—18页。
② 郑麟趾：《高丽史》卷二十，重庆：西南师范大学出版社，2014年，第13页。
③ 陈述：《契丹社会经济史稿》，北京：三联书店，1978年，第133页。
④ 郑麟趾：《高丽史》卷八，重庆：西南师范大学出版社，2014年，第14页。
⑤ 脱脱等：《辽史》卷二十三《道宗三》，北京：中华书局，1974年，第274页。

《藏经》"。①

　　值得一提的是高丽天台宗始祖、华严宗大师大觉国师义天为辽朝与高丽佛教文化的交流作出了重要贡献。义天（1055—1101年），俗姓王，名煦，字义天，高丽文宗第四子。义天于1090年编成了世界上第一部佛学章疏目录——《新编诸宗教藏总录》（俗称《义天录》）。《义天录》共三卷，按照佛教经典经、律、论的排列顺序，收录了正藏以外的经律论章疏科判著作。在三卷目录中，每一卷都录有辽人的佛学著作②。之后，义天以《义天录》作为目录底本，刊印了《高丽续藏经》，其中保存了诸多辽人所写的各种佛学著述，有些是《义天录》里所没有著录的，如行均的《龙龛手镜》、鲜演的《华严经玄谈抉择》等。③而鲜演还得到义天的倾慕："大辽中国，师徒翘首"④。此外，义天还同辽朝僧俗进行了频繁的交往，并留下了宝贵的文献，如耶律思齐给义天的三封信⑤等。其中，耶律思齐给义天的三封信，《辽史》《契丹国志》均不见记载，《高丽史》卷十一载："辽遣耶律思齐、李湘来，赐玉册圭印冠冕车略章服鞍马匹段等物。册曰……特行册命，咨尔权知高丽国王事熙。……是用遣使临海军节度使检校太傅兼御史中丞耶律思齐。使副太仆、昭卿文馆直学士李湘，持节备礼，册命尔特进、检校太尉兼中书令上柱国高丽国王，食邑一千户食实封七百户。肇我太祖……与辽无极，其惟敬哉。王受册于南郊。"⑥可见，耶律思齐于寿昌二年（高丽肃宗二年，1096年）奉辽道宗之命，作

---

① 郑麟趾：《高丽史》卷十一，重庆：西南师范大学出版社，2014年，第13—14页。
② 朱子方：《辽代佛学著译考》，《辽金史论集第二辑》，北京：书目文献出版社，1987年。
③ 王巍：《义天与辽和高丽的佛教文化交流》，《东北师大学报（哲学社会科学版）》，1994年第5期。
④ 朱子方，王承礼：《辽代佛教的主要宗派和学僧》，《世界宗教研究》，1990年第1期。
⑤ 东国大学校韩国佛教全书编纂委员会：《大觉国师外集》卷八《韩国佛教全书》（高丽时代篇一），汉城：东国大学出版社，1982年，第4页、第581—582页。
⑥ 郑麟趾：《高丽史》卷十一，重庆：西南师范大学出版社，2014年，第10—11页。

为册命使到高丽,结识了义天。①总之,义天不仅对保存和传播辽人的佛学著述起到了重要作用,还通过对佛教典籍的搜集、刊行,促进了辽朝与高丽的佛教文献交流、文化往来。

此外,高丽曾三次雕刻《大藏经》②,其中《高丽藏》的雕刻,是辽丽佛教典籍交流的重要事件。

(二)礼法

高丽礼法制度受辽朝礼法的影响。《高丽史》载:高丽文宗十二年(1058年)春二月"戊午,内史舍人、知东宫侍读事崔尚奏:'昨伴送丹使王宗亮,夜至金郊驿,宗亮见列炬曰:郊饯被酒,所以犯夜燃矩,徒肄衣单可闷,后宜侵早启行。尝闻贵朝引见客使,劝酒至夜,今观礼乐,一似中华,叹美不已!然三诣王府,宴必张灯,我朝之法,惟昏夕许用花烛;人臣会客,虽至侵夜,不得燃烛。'臣亦念王者,向明而治,宜于大昕接见宾客。况灯烛,亦民膏血。费用太多,恐失俭德。……'乞自今宴好之礼,止令卜昼,辞归之礼,宜用会朝时。'从之。"③此为高丽采纳契丹宴享之礼。④

(三)文学

文学交流多表现在使臣间的唱和酬答上。据《东国史略》载:"高丽肃宗明孝王七年天祚乾统二年(1102年),辽遣中书舍人孟初来贺生辰,兵部员外郎金缘为馆伴。初见其年少,颇易之。一日,并辔出郊,雷始霁,初唱云:'马蹄踏雪干雷动'。缘即对曰:'旗尾翻风烈火飞'。初愕然曰:'真天才也'。由是情好日笃,相唱和。及别,解金带赠

---

① 王承礼,李亚泉:《高丽义天大师著述中的辽人文献》,《社会科学战线》,1993年第2期。
② 魏志江:《辽金与高丽的经济文化交流》,《社会科学战线》,2000年第5期。
③ 郑麟趾:《高丽史》卷八,重庆:西南师范大学出版社,2014年,第6—7页。
④ 魏志江:《辽金与高丽的经济文化交流》,《社会科学战线》,2000年第5期。

之。"①金缘②，字仁存，为高丽一代名士。又据《朝鲜史略》载："金黄元，高丽人。睿宗朝官签书枢密院使。据《东国史略》云：'黄元自幼好学，登科，文词推为海东第一，与李载同在翰林齐名。时契丹使至，黄元作内宴，口号有'凤衔纶绋从天降，鳌驾蓬莱渡海来'，之句，使惊叹。"③以"海中鳌"美称契丹使。此外，据《高丽史》卷十"高丽宣宗元年（1084年）夏四月"条所载，辽人撰写的《祭高丽文宗大王辞》，虽非诗歌，然全辞以工整骈文写就，其用典之深奥、韵律之谐美、文笔之凝炼，堪称祭文中上乘之作；又载，高丽文宗二十九年（1075年），词臣朴寅亮所修之《陈情表》亦堪称文情并茂之佳作。④据《高丽史》本传载："辽尝欲过鸭绿江为界，设船桥，越东岸置保州城，显宗以来，屡请罢，不听。（文宗）廿九年，遣使请之，寅亮修《陈情表》曰：'普天之下，既莫非王土，王臣尺地之余，何必曰我疆我理'……辽主览之，寝其事。"⑤

（四）天文星历与史学

辽圣宗统治时期，翰林学士耶律纯精于星历占卜之术，尝撰《星命秘诀》四卷。《星命秘诀》，又称《星命总括》，其卷数所载非一，叶盛《菉竹堂书目》卷六谓"阴阳卜筮书《星命总括》五册"⑥。《四库全书总目》卷一〇九却谓："《星命总括》三卷，旧本题耶律纯撰。"⑦又《千顷堂书目》则谓："耶律纯《耶律学士星命秘诀》，五卷。"⑧耶律

---

① 郑麟趾：《高丽史》卷九十六，重庆：西南师范大学出版社，2014年，第2—3页。
② 郑麟趾：《高丽史》卷九十六，重庆：西南师范大学出版社，2014年，第2—3页。
③ 佚名：《朝鲜史略》卷六，浙江鲍士恭家藏本，第15—16页。
④ 郑麟趾：《高丽史》卷九十五，重庆：西南师范大学出版社，2014年，第12—13页。
⑤ 郑麟趾：《高丽史》卷九十五，重庆：西南师范大学出版社，2014年，第12—13页。
⑥ 叶盛：《菉竹堂书目》卷六，北京：国家图书出版社，2013年，第183—187页。
⑦ 纪昀：《四库全书总目提要》卷一〇九，海南：海南出版社，1999年，第30页。
⑧ 黄虞稷：《千顷堂书目》卷十三，上海：上海古籍出版社，1990年，第40页。

纯于统和二年（984年）使高丽，传其国禅师星命之学。其自序云："源髓老人得之于元斋，无斋得之于海上异人。"①据此可知，耶律纯自号"源髓老人"，高丽国师则号"元斋"。其所传星命之学，据丁丙《善本书室藏书志》卷十七载："前有统和二年八月十三日自识云：以翰林学士奉使高丽议地界，闻其国师积星躔之学，请于国王，命见。师询：学士论学，有何所得？因以得于生克制化外十条，各有详注，未审如何。师曰：'末矣！本之则无。吾有偏。正、垣、七、政、论，并日月，并明说，计八篇，又有二百字真经，二十五题，得之海上异人所传，而未尝泄。今子若不宝而重之，必招谴于天'。乃对师焚香设誓，拜而宝之。"②可见，辽朝星命术数之学，亦深受高丽之影响。

辽丽两国亦曾进行史学交流，如《春秋释例》等典籍，即由高丽赠送辽朝，据《高丽史》载，高丽睿宗八年（1113年）二月"庚寅，耶律固等将还，请《春秋释例》《金华瀛洲集》，王各赐一本"。③耶律固，为"牌印郎君"④。

（五）艺术与语言文字

艺术交流主要表现在契丹歌舞流传于高丽。早在统和十年（992年），契丹首次征伐高丽，并迫使其称臣后，高丽即"遣使契丹进妓乐"⑤，然契丹却之。但辽朝末年，契丹人大量入居高丽，因而契丹歌舞亦传入高丽。据《高丽史》载：高丽睿宗十二年（1117年）八月，高丽睿宗巡幸高丽南京（今朝国首尔），"契丹投化人散居南京圻内者，奏契丹歌舞、杂戏以迎驾，王驻跸观之。"⑥

---

① 魏志江：《辽金与高丽的经济文化交流》，《社会科学战线》，2000年第5期。
② 《星命总括》原序，《四库全书》，海南：海南出版社，1999年，第3—4页。
③ 郑麟趾：《高丽史》卷十三，重庆：西南师范大学出版社，2014年，第19页。
④ 脱脱等：《辽史》卷二十四《道宗四》，北京：中华书局，1974年，第289页。
⑤ 郑麟趾：《高丽史》卷三，重庆：西南师范大学出版社，2014年，第19页。
⑥ 郑麟趾：《高丽史》卷十四，重庆：西南师范大学出版社，2014年，第17页。

此外，辽丽间还进行语言、文字之交流。据《高丽史》载：高丽成宗十四年（995年），"遣童子十人于契丹习其语"[①]；统和十三年（995年）和统和十四年（996年），高丽曾二次派童子十人到辽朝学习契丹语[②]。高丽文宗统治时期，高丽还在开京刊印辽僧行均所撰《龙龛手镜》。[③]其内容据宋人沈括《梦溪笔谈》载："幽州僧行均集佛书中字为切韵训诂，凡十六万字，分四卷。"[④]故该书当为专门训释佛经文字字词音义的字书，由于辽丽两国佛教典籍交流之频繁，因而专门训释佛经文字的字书在辽丽两国间刊印流传，是完全可能的。《龙龛手镜》刊印，亦推动了两国语言、文字学之交流。

此外，高丽还受辽朝习俗的影响，如长期流传的风俗击球和秋千。《金史》载："金因辽旧俗，以重五、中元、重九日行拜天之礼。"重五日，"陈设毕，百官班俟于球场乐亭南。"[⑤]射柳和击球是辽朝的风俗。高丽每年端午节会选拔少年武官集于球场展开盛大华丽的竞技，这种竞技或源自辽朝。辽朝几次赠送酒和羊，酒和羊也对高丽饮食文化产生了影响。

小　结

圣宗朝，辽朝对东南部地区的治理逐渐稳定。由于各种原因，辽朝出兵征伐高丽。三次大规模的战争之后，双方不断交涉，辽朝东京道东南部

---

① 郑麟趾：《高丽史》卷三，重庆：西南师范大学出版社，2014年，第19—20页。
② 武玉环：《论辽与高丽的关系及辽的东部边疆政策》，《吉林大学社会科学学报》，2001年第4期。
③ 王巍：《义天与辽和高丽的佛教文化交流》，《东北师大学报（哲学社会科学版）》，1994年第5期。
④ 沈括：《梦溪笔谈》卷十五，张富祥译注，北京：中华书局，2016年，第3页。
⑤ 脱脱等：《金史》卷三十五《礼八》，北京：中华书局，1975年，第826页。

与高丽西北的分界基本稳定。保州是第三次辽丽战争之初辽朝修筑的一座州城，位于今朝鲜平安北道义州郡一带，出于地理位置重要、战略思想不同、军事摩擦不断等原因，双方均对保州之地十分重视。辽朝后期，两国虽然都能采取一些互让政策，维护两国的友好关系，但保州问题一直未能得到很好解决。最终，金朝将保州"割赐"给高丽。辽朝对东南部地区的行政、军事管辖，阻止了高丽的北进，维护了边界地区的稳定与发展。

第六章 总 结

  7—9世纪，辽东地区的地域格局是，高句丽的旧有疆域已活动着唐朝、渤海国、新罗三个政权，辽东地区的地域格局发生了明显的变化。在西部，以辽阳和平壤两个地区为中心，是唐朝的势力范围，即使唐军退出此区域，新罗与渤海国仍不敢越雷池一步。但尚有部分小部族羁縻于渤海国，渗透辽东地区。而东部则成为渤海国与新罗争夺的中心，双方兵戎相见，最终以龙兴江—大同江为界。辽东地区具有丰富的自然资源、开发历史悠久等诸多良好的条件，对契丹人具有较大的吸引力，契丹族建立政权并一步步使辽东地区成为自己的疆域。耶律阿保机采用了诸多措施对辽东地区进行了治理，包括设置府州，修筑长城，管理曷苏馆女真，开发经济等。耶律阿保机灭渤海国后，建立东丹国。辽太宗南迁东丹国，进一步控制辽东地区，并形成新的治理模式，其中东部地区由过去通过东丹国间接治理变为通过地方政府直接治理，改东丹国之南京为辽朝之东京，东丹国中台省也改隶于东京，至此东丹国实际上已被废去。至此，辽朝对东南部地区的统治能力大大加强。

  辽朝东南部地区分布有契丹人、汉人、渤海人、女真人、部族人、奚人等，在不同时期，这些民族的分布状况也有不同。辽朝历代统治者根据"因俗而治"的原则，对东南部地区的各民族采取了不同的治理措施。辽朝不但设置了不同机构管理东南部地区各民族，其统治措施还体现了提高行政效力、发展地方经济、重视文化建设等统治方略。但到辽朝末期，辽朝对东南部地区的管理体系逐渐失效，中央到地方的矛盾增加，民族矛盾不断升级。

　　辽朝除了在行政方面对东南部地区进行治理外，还从军事方面对东南部地区进行治理。辽朝在东南部地区进行军事部署，并建立了一套军事防御体系。但到辽朝末期，东南部地区诸多矛盾激化，边境摩擦不断发生。天灾的刺激促使各种矛盾终于全面爆发，致使辽朝东南部地区军事防御体系最终瓦解。

　　辽圣宗朝，辽朝对东南部地区的统治逐渐稳定。辽朝出于多种原因，决定出兵高丽。经过三次大规模的战争之后，双方不断交涉，辽朝与高丽的边境逐渐稳定下来。这时，高丽已经将边界从新罗时期的大同江，北推至清川江流域。保州是辽朝准备第三次进攻高丽之时在辽朝控制的鸭绿江下游东南岸修筑的一座州城，位于今朝鲜平安北道义州郡一带，由于地理位置重要、战略思想不同、军事摩擦不断等原因，辽朝与高丽双方均对保州之地十分重视。辽朝后期，两国虽然都能采取一些互让政策，维护两国的友好关系，但保州问题一直未能得到很好解决。最终金朝将保州"割赐"给高丽。为保障边界地区的稳定，辽朝采取了一套完整的管理模式，包括行政管理与军事部署两个方面，阻止了高丽的北进，维护了边界地区的稳定与发展。

　　总体上看，东南部地区环境复杂，辽朝能维持二百余年的统治，可见其治理有显著的成效。

　　第一，迁徙多个民族至东南部地区，形成这一区域新的民族结构，有利于辽朝的统治。辽朝东南部地区居住着契丹、汉、渤海、女真、奚及小部族之民，辽朝统治者根据这些民族的具体情况将其迁徙并安置，让他们杂居，再根据各民族的分布情况采取了不同的治理措施。对以辽阳为中心分布于辽东地区的渤海人、汉人，辽朝设置府、州、县等行政机构进行管理，而对分布在东南部边缘地区的女真及小部族之人，则设置大王府及节度使进行统辖。这些民族因不同的生产方式在东南部地区各自居住又相互牵制，共同生活在辽的治理体系之下，为维护这一地区的稳定作出了贡献。

第二，辽朝根据东南部地区的不同敌对势力，设置了一套完整的军事防御体系。辽朝在占据辽东地区后，逐步在此地兴建防御设施，随着辽丽战争的结束，这套体系逐步确立。在辽朝东南部地区，辽朝与高丽依边界陈兵对峙，与生女真各部紧密相连，与北宋隔海相望。根据这一形势，辽朝以辽阳为中心，在东南部地区由北向南依次在黄龙府、咸州、保州、辽东半岛四个区域设置相关防御设施。因敌对势力的实力不同，这四个防御地区中保州、黄龙府军事力量最为强大。辽朝以州城为中心，又设置了城、堡、军铺等各级防御机构或设施，又依据不同地区的地理环境，在黄龙府地区设置边壕，在保州设山城和浮桥。压力相对较小的咸州地区防御设施很好，而辽东半岛地区则由山城及三栅等构成了海防体系，与北宋对峙。正是因为这一套完善的军事防御体系，使辽朝对强邻环绕的东南部地区实施了长期的有效统治。

第三，维持与高丽的边界稳定。在辽朝东南部地区，与高丽接壤，双方划鸭绿江为界。三次辽丽战争之后，辽丽最终确定边界。辽朝在边界地区，采取一系列管理措施，维护了边界地区的稳定。

参考文献

一、著作

[1] 白寿彝. 中古时代·五代辽宋夏金时期 [M] //中国通史. 上海: 上海人民出版社, 1999.

[2] 蔡美彪. 辽金元史考索 [M]. 北京: 中华书局, 2012.

[3] 曾公亮. 武经总要 [M] //中国兵书集成. 北京: 解放军出版社, 1992.

[4] 陈尚胜. 中韩交流三千年 [M]. 北京: 中华书局, 1997.

[5] 陈述. 辽会要 [M]. 上海: 上海古籍出版社, 2009.

[6] 陈述. 契丹社会经济史稿 [M]. 北京: 三联书店, 1963.

[7] 陈述. 契丹政治史稿[M]. 北京：人民出版社，1986.

[8] 陈述. 全辽文[M]. 北京：中华书局，1982.

[9] 崔文印. 大金国志校正[M]. 北京：中华书局，1976.

[10] 刁书仁. 中朝关系史研究论文集[M]. 长春：吉林文史出版社，1997.

[11] 董浩. 全唐文[M]. 北京：中华书局，1983.

[12] 杜佑. 通典[M]. 北京：中华书局，1988.

[13] 段成式. 酉阳杂俎[M]. 北京：中华书局，1981.

[14] 方汝翼，周悦让. 登州府志[M]. 刻本. 1881（清光绪七年）.

[15] 冯家昇. 辽史证误三种[M]. 北京：中华书局，1959.

[16] 付百臣. 中朝历代朝贡制度[M]. 长春：吉林人民出版社，2008.

[17] 傅乐焕. 辽史丛考[M]. 北京：中华书局，1984.

[18] 盖之庸. 内蒙古辽代石刻文研究[M]. 呼和浩特：内蒙古大学出版社，2002.

[19] 顾铭学，刘永智，杨昭全，等. 中朝关系通史[M]. 长春：吉林人民出版社，1996.

［20］何天明．辽代政权机构史稿［M］．呼和浩特：内蒙古大学出版社，2004．

［21］洪皓．松漠纪闻［M］．翟立伟，标注．长春：吉林文史出版社，1986．

［22］黄虞稷．千顷堂书目［M］．上海：上海古籍出版社，1990．

［23］纪昀．四库全书总目提要［M］．海南：海南出版社，1999．

［24］姜维东．唐丽战争史［M］．长春：吉林文史出版社，2001．

［25］蒋非非，王小甫．中韩关系史（古代卷）［M］．北京：社会科学文献出版社，1998．

［26］金毓黻．渤海国志长编［M］．长春：社会科学战线杂志社，1982．

［27］金毓黻．东北通史［M］．北京：五十年代出版社，1981．

［28］黎靖德．朱子语类［M］．北京：中华书局，1986．

［29］李桂芝．辽金简史［M］．福州：福建人民出版社，2001．

［30］李健才．东北史地考略［M］．长春：吉林文史出版社，2001．

［31］李焘．续资治通鉴长编［M］．北京：中华书局，1979．

［32］李廷寿．北史［M］．北京：中华书局，1974．

[33] 李锡厚. 临潢集[M]. 石家庄：河北大学出版社，2001.

[34] 李孝聪. 中国区域历史地理[M]. 北京：北京大学出版社，2004.

[35] 李治亭. 东北通史[M]. 郑州：中州古籍出版社，2003.

[36] 厉鹗. 辽史拾遗[M]. 上海：商务印书馆，1936.

[37] 林鹄. 辽史百官志考订[M]. 北京：中华书局，2015.

[38] 林荣贵. 辽朝经营与开发北疆[M]. 北京：中国社会科学出版社，1995.

[39] 刘凤翥. 辽上京地区出土的辽代石刻文汇辑[M]. 北京：社会科学文献出版社，2009.

[40] 刘浦江. 二十世纪辽金史论著目录[M]. 上海：上海辞书出版社，2003.

[41] 刘浦江. 辽金史论[M]. 沈阳：辽宁大学出版社，1999.

[42] 刘浦江. 松漠之间——辽金契丹女真史研究[M]. 北京：中华书局，2008.

[43] 刘昫. 旧唐书[M]. 北京：中华书局，1975.

[44] 路振. 乘轺录[M]//契丹交通史料七种. 北平：北平文殿阁书

庄，1937.

[45] 罗继祖. 辽史校勘记[M]. 上海：上海人民出版社，1958.

[46] 马端临. 文献通考[M]. 北京：中华书局，1986.

[47] 欧阳修，宋祁. 新唐书[M]. 北京：中华书局，1975.

[48] 欧阳修. 新五代史[M]. 北京：中华书局，1974.

[49] 彭定求，等. 全唐诗[M]. 上海：上海古籍出版社，1986.

[50] 漆侠. 辽宋西夏金代通史[M]. 北京：人民出版社，2011.

[51] 钱仲联，马亚中. 陆游全集校注[M]. 杭州：浙江古籍出版社，2016.

[52] 任洛. 辽东志[M]//辽海丛书（第二卷）. 沈阳：辽沈书社，1985.

[53] 沈括. 梦溪笔谈[M]. 张富祥，译注. 北京：中华书局，2016.

[54] 沈括. 熙宁使契丹图抄[M]//贾敬颜. 五代宋辽金元人边疆行记十三种疏证稿. 北京：中华书局，2004.

[55] 舒焚. 辽史稿[M]. 武汉：湖北人民出版社，1984.

[56] 司马光. 资治通鉴[M]. 胡三省，音注. 上海：中华书

局，1956.

[57] 苏颂. 苏魏公文集 [M]. 北京：中华书局，1988.

[58] 孙昊. 辽代女真族群与社会研究 [M]. 兰州：兰州大学出社，2014.

[59] 孙进己. 东北民族史研究 [M]. 郑州：中州古籍出版社，1994.

[60] 孙进己. 女真史 [M]. 长春：吉林文史出版社，1987.

[61] 谭其骧. 中国历史地图集释文汇编·东北卷 [M]. 北京：中央民族学院出版社，1988.

[62] 佟冬. 中国东北史 [M]. 长春：吉林文史出版社，1987.

[63] 脱脱，等. 金史 [M]. 北京：中华书局，1975.

[64] 脱脱，等. 辽史 [M]. 北京：中华书局，1974.

[65] 脱脱，等. 宋史 [M]. 北京：中华书局，1977.

[66] 王承礼. 渤海简史 [M]. 哈尔滨：黑龙江人民出版社，1984.

[67] 王寂. 辽东行部志注释 [M]. 哈尔滨：黑龙江人民出版社，1984.

[68] 王绵厚，李健才. 东北古代交通 [M]. 沈阳：沈阳出版社，1990.

[69] 王溥. 五代会要 [M]. 上海：上海古籍出版社，2006.

［70］王钦若. 册府元龟［M］. 北京：中华书局，1960.

［71］魏国忠，朱国忱，郝庆云. 渤海国史［M］. 北京：中国社会科学出版社，2006.

［72］武玉环. 辽制研究［M］. 长春：吉林大学出版社，2001.

［73］向南，张国庆，李宇峰. 辽代石刻文续编［M］. 沈阳：辽宁人民出版社，2010.

［74］向南. 辽代石刻文编［M］. 石家庄：河北教育出版社，1995.

［75］项春松. 辽代历史与考古［M］. 呼和浩特：内蒙古人民出版社，1996.

［76］徐兢. 宣和奉使高丽图经［M］. 北京：国家图书馆出版社，2009.

［77］徐梦莘. 三朝北盟汇编［M］. 上海：上海古籍出版社，1987.

［78］许亢宗. 宣和乙巳奉使金国行程录［M］//赵永春. 奉使辽金行程录. 长春：吉林文史出版社，1995.

［79］薛居正. 旧五代史［M］. 北京：中华书局，1976.

［80］阎凤梧. 全辽金文［M］. 太原：山西古籍出版社，2002.

［81］杨复吉. 辽史拾遗补［M］. 上海：商务印书馆，1937.

［82］杨军. 中国与朝鲜半岛关系史论［M］. 北京：社会科学文献出

版社，2006．

[83] 杨若薇．契丹王朝政治军事制度研究［M］．北京：中国社会科学出版社，1991．

[84] 杨树藩．辽金中央政治制度［M］．台北：商务印书馆股份有限公司，1978．

[85] 杨树森．辽史简编［M］．沈阳：辽宁人民出版社，1984．

[86] 杨昭全，何彤梅．中国——朝鲜·韩国关系史（上、下）［M］．天津：天津人民出版社，2001．

[87] 杨昭全．中朝边界史［M］．长春：吉林文史出版社，1993．

[88] 杨昭全．中朝关系简史［M］．沈阳：辽宁民族出版社，1992．

[89] 杨昭全．中朝关系史论文集［M］．北京：世界知识出版社，1988．

[90] 杨昭全．中国——朝鲜·韩国文化交流史［M］．北京：昆仑出版社，2004．

[91] 叶隆礼．契丹国志［M］．贾敬颜，林荣贵，点校．上海：上海古籍出版社，1985．

[92] 叶盛．菉竹堂书目［M］．北京：国家图书出版社，2013．

[93] 于宝林．契丹古代史论稿［M］．合肥：黄山书社，1998．

[94] 余蔚. 中国行政区划通史（辽金卷）[M]. 上海：复旦大学出版社，2012.

[95] 宇文懋昭. 大金国志校正[M]. 崔文印，校正. 北京：中华书局，1976.

[96] 元好问. 中州集[M]. 北京：中华书局，1959.

[97] 张博泉，苏金源，董玉瑛. 东北历代疆域史[M]. 长春：吉林人民出版社，1981.

[98] 张国庆. 辽代社会史研究[M]. 北京：中国社会科学出版社，2006.

[99] 张修桂，赖青寿. 辽史地理志汇释[M]. 合肥：安徽教育出版社，2001.

[100] 张正明. 契丹史略[M]. 北京：中华书局，1979.

[101] 周斌. 东国史略[M]. 成都：巴蜀书社，2014.

[102] 周春，等. 全辽诗话[M]. 长沙：岳麓书社，1992.

[103] 爱新觉罗·乌拉熙春，吉本道雅. 韩半岛から眺めた契丹·女真[M]. 东京：京都大学学术出版会，2011.

[104] 朝鲜民主主义人民共和国科学院历史所. 朝鲜通史[M]. 延边朝鲜族自治州《朝鲜通史》翻译组，译. 长春：吉林人民出版社，1975.

[105] 岛田正郎. 大契丹国：辽代社会史研究［M］. 何天明，译. 呼和浩特：内蒙古人民出版社，2007.

[106] 金渭显. 韩中关系史研究论丛［M］. 陈文寿校，译. 香港：香港社会科学出版社有限公司，2004.

[107] 金渭显. 契丹的东北政策——契丹与高丽女真关系之研究［M］. 台北：华世出版社，1981.

[108] 金庠基. 高丽时代史［M］. 汉城：东国文化社，1961.

[109] 金宗瑞. 高丽史节要［M］. 台北：亚细亚文化社，1983.

[110] 李丙焘. 韩国史大观［M］. 许宇成，译. 台北：正中书局，1962.

[111] 李淳元. 韩国史［M］. 台北：台湾幼狮文化有限公司，1988.

[112] 李德懋，朴家齐. 钦定武艺图谱通志［M］. 韩国：韩国国家图书馆.

[113] 李基白. 韩国史新论［M］. 汉城：一潮阁，1967.

[114] 卢启铉. 高丽外交史［M］. 紫荆，金荣国，译. 延吉：延边大学出版社，2002.

[115] 日本国书刊行会. 韩国佛书解题词典［M］. 东京：国书刊行会，1982.

［116］藤原良房，春澄善绳. 续日本后纪［M］//李彦新，孙泓. 东北古史资料丛编（三）. 沈阳：辽沈书社，1990.

［117］郑麟趾. 高丽史［M］. 重庆：西南师范大学出版社，2014.

二、论文

［1］陈慧. 中国女真族的领土意识初探［J］. 史学集刊，2011（1）：34-38.

［2］陈凯军. 辽代边境防御策略与军事部署研究［D］. 锦州：渤海大学，2013.

［3］程尼娜. 辽代女真属国、属部研究［J］. 史学集刊，2004（2）：84-90.

［4］程尼娜. 唐代安东都护府研究［J］. 社会科学辑刊，2005（6）：129-124.

［5］董万崙. 关于辽代长白山女真几个问题的探讨［J］. 民族研究，1989（1）：78-82，61.

［6］董万崙. 辽代长白山女真"三十姓"部落联盟研究［J］. 北方文物，1999（2）：47-52.

［7］都兴智．试论耶律羽之家族与东丹国［J］．辽宁工程技术大学学报（社会科学版），2008（6）：616-619.

［8］都兴智．唐末辽东南部地区行政归属问题试探［J］．辽宁师范大学学报（社会科学版），2004（1）：115-117.

［9］杜鹃．辽朝边防研究［D］．沈阳：辽宁大学，2014.

［10］范树梁，程尼娜．辽代东丹国设置浅析［C］//冯永谦，孙文政．辽金史论集：第十一辑．长春：吉林文史出版社，2008.

［11］方广梅．辽代枢密院制度探析［D］．长春：长春师范学院，2011.

［12］高福顺．辽代生女真与高丽的隶属关系［J］．长春师范学院学报（社会科学版），1998（4）：19-25.

［13］耿涛．东丹国南迁缘由初探［J］．佳木斯大学社会科学学报，2015，33（06）：153-155.

［14］关树东．辽代熟女真问题刍议［J］．宋辽金元史研究，2008（13）．

［15］关亚新．辽代"特区"与"一朝两制"述论［J］．社会科学辑刊，1999（5）：114-117.

［16］郭满．辽代军队后勤保障制度研究［D］．长春：吉林大学，2009．

［17］何俊哲．耶律倍与东丹国诸事考［J］．北方文物，1993（3）：88-92．

［18］黄凤岐．试论辽圣宗时期的社会改革［C］//辽金史论集：第八辑．长春：吉林文史出版社，1994．

［19］黄为放．10-12世纪渤海移民问题研究［D］．长春：长春师范大学，2017．

［20］黄为放．辽代北面宰相制度研究［D］．长春：长春师范学院，2011．

［21］姜维公，姜维东．"辽"国号新解［J］．吉林大学社会科学学报，2014（1）：46-58，173．

［22］姜维公．《辽史·地理志》东京辽阳府条记事谬误探源［J］．中国边疆史地研究，2011（2）：119-129，150．

［23］姜维公．两唐书及《资治通鉴》关于安东都护府记载的不同［J］．古籍整理研究学刊，1990（2）：20-21．

［24］蒋金玲．辽代渤海移民的治理和归属研究［D］．长春：吉林大学，2004．

［25］蒋秀松. "东女真"与"西女真"［J］. 社会科学战线，1994（4）：167-176.

［26］蒋秀松. 女真与高丽间的"曷懒甸之战"［J］. 民族研究，1994（1）：83-89.

［27］金殿士. 试论辽太祖耶律阿保机经略辽东［J］. 沈阳师范大学学报（社会科学），1984（1）：8.

［28］景爱. 辽代女真人与高丽的关系［J］. 北方文物，1990（3）：50-54.

［29］康鹏. 东丹国废罢时间新探［J］. 北方文物，2010（2）：73-77.

［30］康鹏. 辽代五京体制研究［D］. 北京：北京大学，2007.

［31］李德山. 高句丽族人口去向考［J］. 社会科学辑刊，2006（1）：146-151.

［32］李龙. 辽朝军队军需装备研究［D］. 沈阳：辽宁大学，2013.

［33］李锡厚. 论辽朝的政治体制［C］//临潢集. 保定：河北大学出版社，2001.

［34］李自然，周传慧. 曷苏馆女真的几个问题［J］. 满族研究，2010（4）：16-17.

［35］梁玉多. 渤海遗民的流向——以未迁到辽内地和辽东的渤海遗民为中心的考察［J］. 学习与探索，2010（2）：233-236.

［36］林国亮. 高丽与宋辽金关系比较研究［D］. 延吉：延边大学，2012.

［37］林荣贵. 从房山石经题记论辽代选相任使之沿革［C］//陈述. 辽金史论集：第一辑. 上海：上海古籍出版社，1987.

［38］刘恒. 关于契丹迁东丹国民的缘起［J］. 北方文物，1998（1）：82-84.

［39］刘浦江. 辽《耶律元宁墓志铭》考释［J］. 考古，2006（1）：73-78.

［40］刘浦江. 辽朝的头下制度与头下军州［J］. 中国史研究，2000（3）：86-101.

［41］刘浦江. 辽代的渤海遗民——以东丹国和定安国为中心［J］. 文史，2003（1）：179-192.

［42］刘浦江. 试论辽朝的民族政策［C］//辽金史论. 沈阳：辽宁大学出版社，1999.

［43］刘浦江. 再谈"东丹国"国号问题［J］. 中国史研究，2008

（1）：93-98.

[44] 刘肃勇. 辽圣宗出兵高丽探析［J］. 东北史地，2008（4）：69-71.

[45] 刘一. 奚族研究［D］. 长春：吉林大学，2014.

[46] 刘子敏，金宪淑. 辽代鸭绿江女真的分布［J］. 东疆学刊，1998（1）：41-43.

[47] 刘子敏，金星月. 辽代女真长白山部居地辨［J］. 延边大学学报（社会科学版），1998（4）：57-61.

[48] 麻铃. 辽、金与高丽的战争［J］. 东北史地，2004（12）：7-9.

[49] 宋暖. 辽金枢密制度比较研究［D］. 沈阳：辽宁大学，2012.

[50] 苏金源. 辽代东北女真和汉人的分布［J］. 社会科学战线，1980（2）：182-188.

[51] 孙昊. 辽代的辽东边疆经略——以鸭绿江女真为中心的动态考察［J］. 贵州社会科学，2010（12）：105-108.

[52] 孙玮. 辽朝东京海事问题研究［D］. 大连：辽宁师范大学，2011.

[53] 田广林. 辽朝镇东关考［J］. 社会科学战线，2006（4）：

130-134.

[54] 王德忠. 辽朝对东丹国的统治政策及其评价[J]. 昭乌达蒙族师专学报（社会科学版），1987，（02）：37-43.

[55] 王建军. 辽朝枢密使研究[D]. 保定：河北大学，2007.

[56] 王立凤. 辽代节度使制度研究[D]. 长春：吉林大学，2008.

[57] 王绵厚. 唐末契丹进入辽东的历史考察[J]. 社会科学辑刊，1993（2）：79-85.

[58] 王颋. 辽的西南面经营及其与西夏的关系[C]//元史及北方民族史研究集刊：第6期. 南京：南京大学历史系元史研究室，1982.

[59] 王孝俊. 辽代人口研究[D]. 郑州：郑州大学，2007.

[60] 王旭东. 辽代五京留守研究[D]. 长春：吉林大学，2014.

[61] 王占峰. 高丽与辽、北宋朝贡路研究[D]. 延吉：延边大学，2008.

[62] 魏存成. 渤海政权的对外交通及其遗迹发现[J]. 中国边疆史地研究，2007，（03）：72-88，149.

[63] 魏志江，潘清. 女真与高丽曷懒甸之战考略[J]. 中山大学学报

（社会科学版），2001（5）：112-120.

［64］魏志江. 辽金与高丽的经济文化交流［J］. 社会科学战线，2000（5）：181-188.

［65］魏志江. 论辽与高丽关系的分期及其发展［J］. 扬州师院学报，1996（1）：87-93.

［66］吴凤霞. 契丹世选制的发展变化及其历史作用［J］. 内蒙古社会科学，1999（2）：49-52.

［67］武玉环. 春捺钵与辽朝政治——以长春州、鱼儿泊为视角的考察［J］. 北方文物，2015（3）：60-66.

［68］武玉环. 论辽圣宗的改革［J］. 史学集刊，1987（2）：26-29，45.

［69］武玉环. 论辽与高丽的关系及辽的东部边疆政策［J］. 吉林大学社会科学学报，2001（4）：76-80.

［70］武玉梅，张国庆. 辽朝军、兵种考探［J］. 黑龙江民族丛刊，1993（1）：46-52.

［71］向楠. 辽代渌州徙置辩［J］. 社会科学战线，1983（1）：172-175.

［72］辛时代．唐代安东都护府研究［D］．长春：东北师范大学，2013．

［73］杨保隆．辽代渤海人的逃亡与迁徙［J］．民族研究，1990（4）：93-103．

［74］杨军．东亚封贡体系确立的时间——以辽金与高丽的关系为中心［J］．贵州社会科学，2008（5）：117-124．

［75］杨军．高句丽人口问题研究［J］．东北史地，2006，（05）：11-16．

［76］杨雨舒．东丹南迁刍议［J］．社会科学战线，1993（5）：190-196．

［77］杨雨舒．辽代耶律羽之"墓志"所记东丹国史事考［J］．社会科学辑刊，1996（5）：100-102．

［78］张国庆．辽代社会基层聚落组织及其功能考探——辽代乡村社会史研究之一［J］．中国史研究，2002（2）：77-88．

［79］张国庆．契丹辽朝在辽沈地区的行政管理考略［C］//朔方论丛：第3辑．呼和浩特：内蒙古大学出版社，2013．

［80］张宏利．辽朝部族制度研究［D］．长春：吉林大学，2015．

[81] 张韬. 辽代道级行政区划研究［D］. 长春：吉林大学，2016.

[82] 张志勇. 辽朝选任官吏的方式考述［J］. 辽宁工程技术大学学报（社会科学版），2004（2）：184-187.

[83] 赵永春，玄花. 辽金与高丽的"保州"交涉［J］. 中国边疆史地研究，2008（1）：81-97，148-149.

[84] 郑毅. 略论辽朝边疆统驭方略的演变［J］. 黑龙江民族丛刊，2012（5）：86-97.

[85] 郑毅. 唐安东都护府迁治探佚［J］. 社会科学辑刊，2008，（06）：136-139.

[86] 高井康典. 尤李，译. 斡鲁朵与藩镇［C］//10—13世纪中国文化的碰撞和融合. 上海：上海人民出版社，2006.

[87] 吉本道雅.《辽史·地理志》东京辽阳府条小考——10—14世纪辽东历史地理的认识［C］//辽金历史与考古国际学术研讨会论文集（上）. 沈阳：辽宁教育出版社，2012.

[88] 金渭显. 东丹国变迁考［J］. 宋史研究论丛，2003（11）：10-31.

[89] 金渭显. 高丽对宋、辽、金人投归的收容政策［C］//中韩关系史

国际研讨会论文集. 韩国研究会,1983.

[90] 李龙范. 高丽与契丹的关系[C]//东洋学学术会议讲演抄:第6册. 檀国大学东洋学研究所,1976.

附　录

附表1　辽朝东南部边疆府州县表[①]

州县分类	州县类型	府州县名	性质(等级，军号)	地理位置	州县原属、发展	政治管理机构	军事管理机构
一般州县	府州县	东京辽阳府		今辽宁省辽阳市老城区			
		辽阳县		今辽宁省辽阳市老城区	渤海国长乐县		
		仙乡县		今辽宁省海城市小河口西北高坨镇附近	渤海国永丰县		
		鹤野县		今辽宁省辽阳市唐马寨镇	渤海国鸡山县		
		析木县		今辽宁省海城市东南之析木镇	渤海国花山县		

① 根据《辽史·地理志》《辽史地理志汇释》《中国历史地图集释文汇编》等作此表。

续表

州县分类	州县类型	府州县名	性质(等级,军号)	地理位置	州县原属、发展	政治管理机构	军事管理机构
一般州县	府州县	紫蒙县		今辽宁省辽阳市境	渤海国紫蒙县		
		兴辽县		今辽宁省辽阳市境	渤海国长宁县		
		肃慎县		今辽宁省辽阳市境			
		归仁县		今辽宁省辽阳市境			
		顺化县		今辽宁省辽阳市境			
		龙州：统州五、县三	黄龙府	今吉林省农安县	本渤海扶余府。太祖平渤海还，至此崩，有黄龙见，更名。保宁七年（975年），军将燕颇叛，府废。开泰九年（1020年），迁城于东北，以宗州、檀州汉户一千复置		
		黄龙县，属黄龙府		今吉林省农安县	本渤海长平县，并富利、佐慕、肃慎置		
		迁民县，属黄龙府		今吉林省农安县境	本渤海永宁县，并丰水、扶罗置		
		永平县，属黄龙府		今吉林省农安县境	渤海置		

续表

州县分类	州县类型	府州县名	性质(等级,军号)	地理位置	州县原属、发展	政治管理机构	军事管理机构
一般州县	府州县	益州,属黄龙府,统县一:静远县	观察	今吉林省农安县小城子乡			
		安远州,属黄龙府	怀义军,刺史	吉林省农安县以西、长春市九台区八面城以北、长岭县附近			
		威州,属黄龙府	武宁军,刺史	今吉林省农安县西稍偏南四十里的小城子乡			
		清州,属黄龙府	建宁军,刺史	吉林省境			
		雍州,属黄龙府	刺史	吉林省境			
		定理府	刺史	今辽宁省沈阳市东北懿路村	故挹娄国地		
		铁利府	刺史	今辽宁省抚顺市			
		长岭府		今吉林省梅河口市西南山城镇			
		镇海府	防御	今辽宁省庄河县城附近			南女直汤河司

-275-

续表

州县分类	州县类型	府州县名	性质（等级，军号）	地理位置	州县原属、发展	政治管理机构	军事管理机构
一般州县	节度州	开州，统州三、县一	镇国军，节度	今辽宁省凤城市凤凰城东南凤凰山堡（一说凤凰城）	渤海为东京龙原府，太祖时城废，圣宗时伐高丽还，复加完葺。开泰三年（1014年），迁双、韩二州千余户实之，号开封府开远军，节度；更名镇国军	东京留守	东京统军司
		开远县，隶开州		今辽宁省凤城市凤凰城东南凤凰山堡（一说凤凰城）	渤海龙原县，辽初废。圣宗东讨，复置以军额		
		盐州，隶开州		今凤城县和岫岩县一带	本渤海龙河郡，皆废		
		穆州，隶开州，统县一：会农县	保和军，刺史	今辽宁省鞍山市岫岩满族自治县东南大洋河附近	本渤海会农郡，皆废		
		贺州，隶开州	刺史	今辽宁省境	本渤海吉理郡，皆废		
		定州，故县一：定东县	保宁军	今朝鲜平安北道义州郡以东一带			
		保州，统州、军二、县一	宣义军，节度	今朝鲜平安北道义州郡与新义州市之间	开泰三年（1014年），辽置州	东京统军司	

续表

州县分类	州县类型	府州县名	性质(等级,军号)	地理位置	州县原属、发展	政治管理机构	军事管理机构
一般州县	节度州	来远县,隶保州		今朝鲜平安北道义州郡与新义州市之间	初徙辽西诸县民实之,又徙奚、汉兵七百防戍焉		
		宣州,隶保州	定远军,刺史	今朝鲜平安北道义州郡	开泰三年(1014年)徙汉户置州		
		怀化军,隶保州	刺史	今朝鲜平安北道义州郡与新义州市之间一带	开泰三年(1014年)置州		
		辰州,统县一:建安县	奉国军,节度	今辽宁省盖州市	渤海为盖州,辽徙其民于祖州。初曰长平军	东京留守司	
		卢州,统县一:熊岳县	玄德军,刺史	今辽宁省盖州市西南熊岳镇熊岳城	本渤海杉卢郡,皆废		南女直汤阿司
		兴州	中兴军,节度	今辽宁省沈阳市东北懿路村	渤海置州,皆废		
		海州,统州二、县一:临溟县	南海军,节度	今辽宁省海城市	渤海号南京南海府,皆废。太平中,大延琳叛,因尽徙其人于上京,置迁辽县,移泽州民来实之		
		耀州,隶海州,统县一:岩渊县	刺史	今辽宁省大石桥市西北岳州城	本渤海椒州,皆废		

-277-

续表

州县分类	州县类型	府州县名	性质(等级,军号)	地理位置	州县原属、发展	政治管理机构	军事管理机构
一般州县	节度州	嫔州,隶海州	柔远军,刺史	今辽宁省海城市东北向阳寨	本渤海晴州,皆废		
		渌州,统州四、县二	鸭渌军,节度	今吉林省临江市南葫芦套村对岸长城门	渤海号西京鸭渌府,皆废。大延琳叛,迁余党于上京,置易俗县居之	东京留守司	
		弘闻县,隶渌州		今吉林省临江市西南葫芦套村对岸长城门			
		神乡县,隶渌州		今吉林省临江市附近一带			
		桓州,隶渌州		今吉林省集安市西通沟			
		正州,隶渌州,统县一:东那县		今吉林省通化市	渤海置沸流郡		
		慕州,隶渌州		今吉林省通化市柳河县附近	本渤海安远府地		
		丰州,隶渌州		今吉林省抚松县境	渤海置盘安郡,皆废		

续表

州县分类	州县类型	府州县名	性质(等级,军号)	地理位置	州县原属、发展	政治管理机构	军事管理机构
一般州县	节度州	通州,统县四	安远军,节度	今吉林省四平市一面城村	渤海号扶余城。太祖改龙州,圣宗更今名。保宁七年（975年）,以黄龙府叛人燕颇余党千余户置,升节度		
		通远县,隶通州		今吉林省四平市一面城村			
		安远县,隶通州		今辽宁省开原市境			
		归仁县,隶通州		今辽宁省昌图县北四面城村			
		渔谷县,隶通州		今辽宁省开原市境			
		咸州,统县一	安东军,下,节度	今辽宁省开原市北城镇	渤海置铜山郡,开泰八年（1019年）置州		北女直兵马司
		咸平县,隶咸州		今辽宁省开原市北城镇	开泰中置县		
		信州,统州三（未详）、县二	彰圣军,下,节度	今吉林省公主岭市西北秦家屯镇秦家屯古城	本越喜故城。渤海置怀远府,今废。圣宗以地邻高丽,开泰初置州,以所俘汉民实之		黄龙府都部署司

-279-

续表

州县分类	州县类型	府州县名	性质(等级,军号)	地理位置	州县原属、发展	政治管理机构	军事管理机构
一般州县	节度州	武昌县,隶信州		今吉林省公主岭市西北秦家屯镇秦家屯古城	本渤海怀福县地,析平州提辖司及豹山县一千户隶之		
		定武县,隶信州		今辽宁省铁岭市东北一带	本渤海豹山县地,析平州提辖司并乳水县人户置。初名定功县		
		苏州,统县二:来苏县、怀化县	安复军,节度	苏州、来苏县,治今辽宁省大连市东北金州区;怀化县,在今辽宁大连市境			南女直汤河司
		复州,统县二:永宁县、德胜县	怀德军,节度	复州、永宁县,治今辽宁省瓦房店市西北复州城;德胜县,治今辽宁瓦房店市附近	兴宗置		南女直汤河司
		祥州,统县一:怀德县	瑞圣军,节度	今吉林省农安县东北六十里万金塔古城	兴宗以铁骊户置		黄龙府都部署司
	刺史州	铁州,统县一:汤池县	建武军,刺史	今辽宁省大石桥市北汤池村古城	渤海置州,皆废		
		崇州,统县一:崇信县	隆安军,刺史	今辽宁省抚顺市一带	渤海置州,皆废		

续表

州县分类	州县类型	府州县名	性质（等级，军号）	地理位置	州县原属、发展	政治管理机构	军事管理机构
一般州县	刺史州	宗州，统县一：熊山县	刺史	今鸭绿江一带	在辽东石熊山，耶律隆运以所俘汉民置。圣宗立为州。王甍，属提辖司		
		集州，统县一：奉集县	怀众军，下，刺史	今辽宁省沈阳市东南奉集堡	渤海置州		
		铜州，统县一：	广利军，刺史	今辽宁省海城市东南析木镇	渤海置		北兵马司
		析木县，隶铜州			渤海为花山县。初隶东京，后来属		
		媵州	昌永军，刺史	今吉林省公主岭市东北怀德镇东北约十里处			
		肃州，统县一：清安县	信陵军，刺史	今辽宁省昌图县昌图镇	重熙十年（1041年），州民亡入女直，取之复置		北女直兵马司
		安州	刺史	今辽宁省昌图县西北四面城村			北女直兵马司
	观察州	宁州，统县一：新安县	观察	今辽宁省瓦房店西北永宁镇	统和二十九年（1011年）伐高丽，以渤海降户置		东京统军司

-281-

续表

州县分类	州县类型	府州县名	性质(等级,军号)	地理位置	州县原属、发展	政治管理机构	军事管理机构
一般州县	观察州	归州,统县一:归胜县	观察	今辽宁省盖州市西南归胜县	太祖平渤海,以降户置,后废。统和二十九年(1011年),伐高丽,以所俘渤海户复置		
		宁江州	混同军,观察		清宁中置。初防御,后升		
	防御州	广州,统县一:昌义县	防御	今辽宁省沈阳市西南大高华堡	渤海为铁利郡,太祖迁渤海人居之,建铁利州,统和八年(990年)省。开泰七年(1018年)以汉户置		
		衍州,统县一:宜丰县	安广军,防御	今辽宁省辽阳市西南太子河左岸唐马寨镇	以汉户置。初刺史,后升军		东京统军司
隶宫州县		沈州,统州一、县二	昭德军,中,节度	今辽宁省沈阳市老城区	渤海建沈州,皆废,太宗置兴辽军,后更名	初隶永兴宫,后属敦睦宫	东京都部署司
		乐郊县,隶沈州		今辽宁省沈阳市老城区	太祖俘蓟州三河民,建三河县,后更名		
		灵源县,隶沈州		今辽宁省沈阳市境	太祖俘蓟州吏民,建渔阳县,后更名		

续表

州县分类	州县类型	府州县名	性质(等级,军号)	地理位置	州县原属、发展	政治管理机构	军事管理机构
隶宫州县		岩州,隶沈州,统县一:白岩县	白岩军,下,刺史	今辽宁省沈阳市东北燕州城	渤海白岩城,太宗拔属沈州	初隶长宁宫,后属敦睦宫	
		辽州,统州二、县二	始平军,下,节度	今辽宁省新民市东北辽滨塔村	渤海为东平府,太祖改为州,军曰东平,太宗更为始平军	隶长宁宫	北女直兵马司
		辽滨县,隶辽州		今辽宁省新民市东北辽滨塔村			
		安定县,隶辽州		今辽宁省新民市一带			
		祺州,隶辽州,统县一:庆云县	祐圣军,下,刺史	今辽宁省康平县东南小塔子村	渤海蒙州地,太祖以檀州俘于此建檀州,后更名	隶弘义宫	北女直兵马司
		银州,统县三	富国军,下,刺史	今辽宁省铁岭市	本渤海富州,太祖以银冶更名	隶弘义宫	北女直兵马司
		延津县,隶银州		今辽宁省铁岭市	渤海富寿县		
		新兴县,隶银州		今辽宁省铁岭市迤东一带	本故越喜国地,渤海置银冶,尝置银州		
		永平县,隶银州		今辽宁省铁岭市境	本渤海优富县,太祖以俘户置		

续表

州县分类	州县类型	府州县名	性质(等级,军号)	地理位置	州县原属、发展	政治管理机构	军事管理机构
隶宫州县		同州,统州一(未详)、县二	镇安军,下,节度	今辽宁省开原市西南中固镇	渤海为东平寨,太祖置州,军曰镇东,后更名	隶彰愍宫	北女直兵马司
		东平县,隶同州		今辽宁省开原、铁岭二市境	产铁,拨户三百采炼,随征赋输		
		永昌县,隶同州		今辽宁省开原、铁岭二市境			
		韩州,统县一:柳河县	东平军,下,刺史	今辽宁省昌图县西北八面城东南古城址	太宗置三河、榆河二州。圣宗并二州置	隶延昌宫	北女直兵马司
头下军州		贵德州,统县二	宁远军,下,节度	今辽宁省抚顺市城北高尔山前	太宗时察割以所俘汉民置。后以弑逆诛,没入焉。圣宗建贵德军,后更名	隶崇德宫	东京都部署司
		贵德县,隶贵德州		今辽宁省抚顺市城北高尔山前	渤海为崇山县		
		奉德县,隶贵德州		今辽宁省抚顺市西北古城子	渤海缘城县		

续表

州县分类	州县类型	府州县名	性质(等级，军号)	地理位置	州县原属、发展	政治管理机构	军事管理机构
头下军州		双州，统县一	保安军，下，节度	今辽宁省沈阳市北石佛寺村畔古城	渤海置安定郡，久废。沤里僧王从太宗南征，以俘镇、定二州之民建城置州。察割弑逆诛，没入焉	故隶延昌宫，后属崇德宫	北女直兵马司
		双城县，隶双州		今辽宁省沈阳市北石佛寺村畔古城			
		遂州，统县一：山河县	刺史	今辽宁省昌图境	渤海美州地，采访使耶律颇德以部下汉民置。穆宗时，颇德嗣绝，没入焉	隶延昌宫	
未记载性质		汤州		今辽宁省辽阳市西北一带	渤海置州，皆废		
		荣州		今辽宁省康平县东北齐家坨子一带			

-285-

附表2　东京留守一览表

当时辽朝统治者	姓名	家族情况	任职起止时间	担任东京留守前所历官职	担任东京留守后罢免、迁官或致仕
辽景宗	耶律隆先		保宁三年—乾亨元年（971—979）		
辽圣宗	耶律抹只①	仲父隋国王之后	统和元年—统和六年（983—988）	林牙、枢密副使、南海军节度使、枢密副使	大同军节度使、迁开远军节度使
辽圣宗	萧恒德②	国舅少父房之后，萧排押之弟	统和六年—统和十三年（988—995）	南面林牙、北面林牙	行军都部署
辽圣宗	耶律斡腊③	奚迭剌部人	统和十四年（996）	护卫太保、行军都监	
辽圣宗	萧排押④	国舅少父房之后	统和十五年—统和二十二年（997—1004）	左皮室详稳、南京统军使、北、南院宣徽使	北府宰相

---

① 脱脱等：《辽史》卷八十四《耶律抹只》，北京：中华书局，1974年，第1308页。
② 脱脱等：《辽史》卷八十八《萧恒德》，北京：中华书局，1974年，第1342—1343页。
③ 脱脱等：《辽史》卷九十四《耶律斡腊》，北京：中华书局，1974年，第1382页。
④ 脱脱等：《辽史》卷八十八《萧排押》，北京：中华书局，1974年，第1341—1342页。

续表

当时辽朝统治者	姓名	家族情况	任职起止时间	担任东京留守前所历官职	担任东京留守后罢免、迁官或致仕
辽圣宗	耶律弘古①	遥辇鲜质可汗之后	统和二十三年—统和二十七年（1005—1009）	南京统军使	迁侍中
	耶律隆祐②		统和二十八年—开泰元年（1010—1012）	燕京山河都指挥使、武宁军节度使、上京留守	
	耶律团石		开泰二年—开泰三年（1013—1014）		
	善宁③		开泰四年（1015）		
	耶律八哥④	五院部人	开泰七年—太平六年（1018—1026）	枢密院侍御、上京留守、北院枢密副使	降西北路都监

---

① 脱脱等：《辽史》卷八十八《耶律弘古》，北京：中华书局，1974年，第1346页。
② 内容据《辽代石刻文续编》中《耶律隆祐墓志》相关记载。
③ 脱脱等：《辽史》卷十五《圣宗六》，北京：中华书局，1974年，第176页。
④ 脱脱等：《辽史》卷八十《耶律八哥》，北京：中华书局，1974年，第1281—1282页。

续表

当时辽朝统治者	姓名	家族情况	任职起止时间	担任东京留守前所历官职	担任东京留守后罢免、迁官或致仕
辽圣宗	萧孝先[1]	淳钦皇后弟阿古只五世孙，父陶瑰，为国舅详稳，萧孝穆之弟	太平七年—太平九年（1027—1029）	国舅详稳、南京统军使、汉人行宫都部署、上京留守	北府宰相、北院枢密使、南京留守
辽圣宗	萧孝穆[2]	淳钦皇后弟阿古只五世孙，父陶瑰，为国舅详稳	太平十年（1030）	西北路招讨使、西北路招讨都监、北府宰相、南京留守	南京留守、北院枢密使
辽圣宗	萧惠[3]	淳钦皇后弟阿古只五世孙，萧排押为其伯父	重熙元年—重熙二年[2][4]（1032—1033）	国舅详稳、契丹行宫都部署、南京统军使、右夷离毕、知东京留守事、西北路招讨使	契丹行宫都部署、南院枢密使、北府宰相、北枢密使

---

[1] 脱脱等：《辽史》卷八十七《萧孝先》，北京：中华书局，1974年，第1333—1334页。
[2] 脱脱等：《辽史》卷八十七《萧孝穆》，北京：中华书局，1974年，第1331—1332页。
[3] 脱脱等：《辽史》卷九十三《萧惠》，北京：中华书局，1974年，第1373—1376页。
[4] 脱脱等：《辽史》卷九十三《萧惠》，北京：中华书局，1974年，第1373—1376页记载："兴宗即位，知兴中府。历顺义军节度使、东京留守、西南面招讨使，加开府仪同三司、检校太师，兼侍中，封郑王，赠推诚协谋竭节功臣。重熙六年，复为契丹行宫都部署，加守太师，徙王赵。"

续表

当时辽朝统治者	姓名	家族情况	任职起止时间	担任东京留守前所历官职	担任东京留守后罢免、迁官或致仕
辽兴宗	萧普古[①]		重熙三年（1034）	北府宰相、北院枢密使	南院枢密使
	萧朴[②]	国舅少父房之族，父劳古，以善属文，为圣宗诗友	重熙初	南面林牙、左夷离毕、北府宰相、北院枢密使	升南院枢密使
	萧撒八[③]	萧孝穆之子	重熙十年（1041）	北院宣徽使	出为西北路招讨使
	萧孝忠[④]	萧孝穆之弟	重熙七年—重熙十一年（1038—1042）	殿前都点检、北府宰相	北府宰相、北院枢密使
	萧塔列葛[⑤]	五院部人、八世祖只鲁、以功为北府宰相，世预其选	重熙十二年（1043）	西南面招讨使、左夷离毕	以世选为北府宰相
	耶律侯哂[⑥]	北院夷离堇蒲古只之后。祖查只，北院大王。父忽古，黄皮室详稳	重熙十二年—重熙十三年（1043—1044）	西南巡边官、南京统军使、北院大王	侍中

---

① 脱脱等：《辽史》卷十七《圣宗八》记载北京：中华书局，1974年，第200页。

② 脱脱等：《辽史》卷八十《萧朴》，北京：中华书局，1974年，第1280—1281页。

③ 脱脱等：《辽史》卷八十七《萧撒八》，北京：中华书局，1974年，第1333页。

④ 脱脱等：《辽史》卷八十一《萧孝忠》，北京：中华书局，1974年，第1285—1286页，《辽代石刻文编》中有《萧孝忠墓志》，第416页。

⑤ 脱脱等：《辽史》卷八十五《萧塔列葛》，北京：中华书局，1974年，第1318页。

⑥ 脱脱等：《辽史》卷九十二《耶律侯哂》，北京：中华书局，1974年，第1368页。

续表

当时辽朝统治者	姓名	家族情况	任职起止时间	担任东京留守前所历官职	担任东京留守后罢免、迁官或致仕
辽兴宗	萧孝友[①]	淳钦皇后弟阿古只五世孙，父陶瑰，为国舅详稳，萧孝穆之弟	重熙十六年—重熙十七年（1047—1048）[②]	西北路招讨使、南院枢密使、北府宰相	上京留守、北府宰相
	萧塔列葛[③]	五院部人、八世祖只鲁、以功为北府宰相，世预其选	重熙十八年—重熙十九年（1049—1050）	西南面招讨使、左夷离毕	以世选为北府宰相
	萧阿剌[④]	北院枢密使孝穆之子也	重熙十九年—重熙二十年（1050—1051）	同知北院枢密使	西北路招讨使、北府宰相、南院枢密使、北院枢密使
	耶律仁先[⑤]	孟父房之后，父瑰引，南府宰相	重熙二十一年—重熙二十三年（1052—1054）	北面林牙、北院枢密使、契丹行宫都部署、北院大王、知北院枢密使	南院枢密使、北院大王、南院枢密使、西北路招讨使

---

① 脱脱等：《辽史》卷八十七《萧孝友》，北京：中华书局，1974年，第1334页。

② 脱脱等：《辽史》卷八十七《萧孝友》，第1334页记载："十年，加政事令，赐效节宣庸定远功臣，更王吴。后以葬兄孝穆、孝忠，还京师，拜南院枢密使，加赐翊圣协穆保义功臣，进王赵，拜中书令。丁母忧，起复北府宰相，出知东京留守。会伐夏，孝友与枢密使萧惠失利河南，帝欲诛之，太后救免。复为东京留守，徙王燕，改上京留守，更王秦。"

③ 脱脱等：《辽史》卷八十五《萧塔列葛》，北京：中华书局，1974年，第1318页。

④ 脱脱等：《辽史》卷九十《萧阿剌》，北京：中华书局，1974年，第1355页。

⑤ 脱脱等：《辽史》卷九十六《耶律仁先》，北京：中华书局，1974年，第1395—1397页。《辽代石刻文编》中《耶律仁先墓志》记载："王父讳思忠，圣宗皇帝朝，为南宰相。"

续表

当时辽朝统治者	姓名	家族情况	任职起止时间	担任东京留守前所历官职	担任东京留守后罢免、迁官或致仕
辽道宗	萧孝友	淳钦皇后弟阿古只五世孙，父陶瑰，为国舅详稳，萧孝穆之弟	清宁元年—清宁二年（1055—1056）		
	耶律贴不①		清宁三年—清宁五年（1057—1059）		西京留守
	萧阿剌②	北院枢密使孝穆之子也	清宁六年—清宁七年（1060—1061）	西北路招讨使、北府宰相、南院枢密使、北院枢密使	
	耶律何鲁扫古③	孟父房之后	寿昌六年（1100）	祗候郎君、安州团练使、节度使、左护卫太保、知西北路招讨使事	迁惕隐，兼侍中

---

① 脱脱等：《辽史》卷二十一《道宗一》记载，清宁三年六月辛未，"以……魏国王贴不东京留守"。

② 脱脱等：《辽史》卷九十《萧阿剌》，北京：中华书局，1974年，第1355页。

③ 脱脱等：《辽史》卷九十四《耶律何鲁扫古》，北京：中华书局，1974年，第1384—1385页。

续表

当时辽朝统治者	姓名	家族情况	任职起止时间	担任东京留守前所历官职	担任东京留守后罢免、迁官或致仕
辽天祚帝	耶律淳[①]		乾统三年—乾统六年（1103—1106）		南府宰相
	萧保先		天庆四年—天庆六年（1114—1116）		

---

① 脱脱等：《辽史》卷三十《天祚皇帝四》，北京：中华书局，1974年，第352页。

后　记

　　自攻读博士学位以来，我的研究重点始终聚焦于辽朝东南部地区的民族分布与治理问题。2018年博士论文答辩的完成，标志着博士论文得以成型。本书的主体内容即源于此篇博士论文。学术探索从未止步——博士毕业后，我进一步深化了相关研究，尤其在辽朝与高丽的交往方面，我系统考察了双方的政治往来、经济往来、文化交流等内容，最终将这些思考整合到博士论文中，从而形成了本书。

　　本书的出版离不开众多师友的鼎力相助。

　　首先要向我的恩师姜维公老师致以最深切的谢意。无论是博士论文的写作，还是本书的出版，姜维公老师都给予了我最大的帮助与指导。姜维公老师品格高尚，学术态度严谨，史学功底扎实，理论视野开阔。在我整个研究生学习阶段中，他始终以诲人不倦的精神指引我的学术道路：在学习上，姜维公老师不断地鼓励我、教导我，给予了我极大的帮助；在生活上，姜维公老师对我关心备至，为我指点迷津；在为人处世方面，姜维公老师也给予我正确的引导。您永远是我心中最尊敬的恩师！

特别感谢吉林大学杨军老师在我博士论文开题及定稿阶段提供的宝贵指导，其严谨的学术作风与扎实的史学功底令我获益良多。同时，感谢付百臣老师、于逢春老师、姜维东老师：付百臣老师博学多才、通晓古今，开阔了我的学习思路；于逢春老师理论水平极高，新颖独特的教学方法使我收获颇丰；姜维东老师注重考据学，使我受益匪浅。此外，还要感谢历史文化学院的李晓光老师，黄为放师兄，刘伟坤、张奚铭、郑丽娜等学弟学妹们。

特别致谢张鹤泉老师。张鹤泉老师在百忙之中抽出时间为我审阅初稿，提出修改意见，为研究成果把好了至关重要的质量关。

家人的支持是我永恒的支柱。感谢父母数十年含辛茹苦的养育，你们始终如一的包容与鼓励，赋予我砥砺前行的勇气。感谢我的爱人，一路陪伴我、爱护我、支持我。

本书的出版承蒙多方支持。衷心感谢支持本书出版的吉林大学出版社。感谢所有被引用文献的作者，他们的研究成果为本书奠定了坚实的学术基础。感谢山西省高等教育百亿工程项目（山西医科大学"双一流"创建行动）的子项目——省级重点马院培育项目的全力支持，使本书得以最终呈现。

武宏丽

2024年5月